엄마의 멘탈 수업

CALM FOR MOMS

엄마의 멘탈 수업

**아이에 대한 불안과 걱정을 이겨내는
4단계 멘탈 관리 공식**

데니즈 머렉 지음 | 신솔잎 옮김

현대
지성

추천의 글

'근거 없는 자신감'이라는 말이 유행처럼 번지던 시절이 있었다. 전국 다양한 지역의 강연장에서 만나는 부모들이 지역, 학군, 아이의 학년과 수준, 부모의 경제력과 학벌이라는 다양한 차이에도 불구하고 대부분 비슷한 심리적 압박감에 시달리고 있음을 피부로 느낀다. 지금의 대한민국 부모는 '근거 없는 불안감'과 '근거 없는 열등감'에 시달리며 모두가 점점 더 괴로워하고 있다. 부모를 둘러싼 불안과 열등감에는 명확한 근거가 없다는 점을 깨닫지 못한 채, 그 감정에 더욱 깊이 빠지면서 그런 자신을 자책하기도 한다. 이 점이 무척이나 마음 아프다. 아이를 잘 키우고 싶다는 본능에 가까운 단순한 바람이 만들어낸 실체 없는 감정이라는 사실을 모두에게 알려주고 싶다.

『엄마의 멘탈 수업』은 지금의 육아를 힘들게 만드는 부모의 심리적 어려움이 실체가 없음을 또렷하게 확인시켜주고, 이런 식의 근거 없는 불안과 열등감에서 빠져나오기 위해 당장 오늘부터 어떤 실천과 노력이 동반되어야 하는지 친절하게 알려주는 지침서다. 한없이 비극적이고 심각해 보이는 지금의 나와 아이의 상황을 조금 더 객관적으로 바라볼 기회를 따스한 문체와 일상의 사례들로 소개하고 있다. 양육이라는 매일의 도전 앞에서 자주 지치고 불안에 휩싸이고 무거운 걱정에 빠지고 할 일을 제대로 못하고 있는 듯한 열등감에 사로잡힌 부모라면, 이 책을 통해 저자의 유쾌하고 긍정적인 설득에 안도하고 평안함과 양육에 관한 자신감을 얻게 될 거라 확신한다.

이은경
'슬기로운초등생활' 대표
『나는 다정한 관찰자가 되기로 했다』 저자

나는 차례를 읽으며 이 부분에서 멈추고 생각했다. '통제할 수 있는 일은 통제하라' '통제할 수 없는 일은 놓아줘라'. 내가 늘 강조하는, 정말 중요한 말이다. 그러나 실천이 어려운 이유는 매우 단단한 멘탈이 필요한 일이기 때문이다. 아주 사소한 일까지 통제하며 해결하려는 이유는 멘탈이 강해서가 아니라 반대로 너무나 약하기 때문이다. 눈앞에 펼쳐지는 상황을 가만히 지켜볼 수 없어서, 비록 사는 게 너무 힘들지만 '그럼에도' 나가서 지칠 때까지 싸우는 것이다.

『엄마의 멘탈 수업』은 통제할 수 없는 아주 사소한 일까지 신경 쓰며 결국에는 자신을 망치는 모든 엄마에게 아주 든든한 힘이 되어준다. 엄마의 멘탈은 엄마의 삶에서만 끝나지 않는다. 엄마가 자신의 일상에서 일어나는 모든 일에 어떻게 대응하는지 아이가 매일 보고 느끼며 그대로 배우기 때문이다. 그래서 많은 경우에 엄마의 일이 아이의 일이 되고, 엄마의 감정은 아이의 감정이 된다. 그러니 모두를 위해 이 책을 추천한다. 모든 엄마는 젊고 아름답다. 그러나 한편으로 다음 사실을 기억할 필요가 있다. 멋진 젊음은 누구에게나 주어지지만, 근사한 노년은 모두에게 주어지지 않는다. 현재뿐 아니라 가정의 미래까지 생각한다면, 이 책이 주는 지혜를 내면에 담아보라.

김종원
『너에게 들려주는 단단한 말』『부모의 어휘력』 저자

십수 년간 다양한 교육 현장에서 만난 엄마들에게는 공통점이 있었다. 저마다 상황은 다르지만, 무수한 도전과 걱정으로 가득 차 있었다는 점이다. 특히 아이들에게 최선을 다하고도 걱정과 불안으로 방황하는 엄마가 많았다. 이런 현실에서 걱정을 효과적으로 다루는 방법을 제시하는 책 『엄마의 멘탈 수업』이 출간되어 반갑다.

전 세계를 오가며 마음을 다스리는 방법을 강연하는 저자인 데니즈 머렉은 엄마들이 겪는 심리적 어려움을 이해하고 이를 극복할 수 있는 구체적이고 실질적인 방법을 책에서 소개한다. 책에서 제시하는 4단계 CALM 프로세스는 엄마들이 걱정과 스트레스를 효과적으로 덜어내고 걱정을 내면의 평화로 바꿀 수 있도록 도와준다. 특히 이 책은 일상에서 쉽게 접할 수 있는 현실적인 사례와 따라 하기 쉬운 단계별 가이드를 제공해 엄마들이 실제로 적용해볼 수 있도록 돕는 데 방점을 찍는다. 또 책 곳곳에 담긴 다양한 활동과 게임은 학습 효과를 높이고, 독자들에게 즐거움을 준다.

『엄마의 멘탈 수업』은 육아와 양육으로 인한 걱정과 불안에서 벗어나고 싶은 엄마들을 위한 책이다. 이 책으로 많은 엄마가 내면의 평화를 찾고, 아이들과의 관계에서 더욱 긍정적이고 만족스러운 경험을 할 수 있게 될 것이라고 확신한다.

방종임
'교육대기자TV' 대표
『자녀교육 절대공식』 저자

누구나 엄마로 살다 보면 복잡한 생각과 감정에 사로잡힐 때가 있다. 아이를 키우는 일상에서 자연스럽게 발생하는 소소한 상상은 어느새 눈덩이만 한 걱정으로 변하고, 불안을 넘어 공포심마저 느껴진다. 하지만 늘 아이가 우선인 부모는 자신의 혼란스러운 마음을 뒤로 제쳐두는 것에 익숙해지고, 해소되지 못한 마음은 그렇게 차곡차곡 쌓여만 간다. 그러다 신체적·심리적 역치를 넘는 순간, 부정적인 방향으로 소용돌이치는 자신의 생각과 감정에 압도되는 경험, 이른바 '멘붕'을 경험한다. 엄마가 행복해야 아이가 행복하다는데, 내가 불행하면 안 된다는 생각에 불행한 마음마저 꾹꾹 숨기기에 급급하다.

『엄마의 멘탈 수업』은 이러한 내적 갈등을 경험하느라 이러지도 저러지도 못하며 위축된 엄마들의 마음을 찬찬히 구체적으로 이해할 수 있도록 돕는다. 엄마의 멘탈이 중요하다는 사실을 잘 알고 있지만 문제를 해결할 수 없을 것 같은 무력감에 빠진 수많은 엄마에게 용기를 주고, 구체적이면서 실질적인 방법들을 제시한다. 하나씩 따라 하다 보면 어느새 자신이 원하는 마음에 가까워지고 자연스럽게 양육에 대한 효능감도 회복될 것이다.

정우열
정신건강의학과 전문의
『엄마니까 느끼는 감정』 저자

모든 엄마는 걱정을 한다. 걱정이 어찌나 자연스럽고 중요하게 느껴지는지 그것 말고 다른 방법이 있다는 사실을 잊을 때도 많다. 엄마들의 걱정을 잠재우는 완벽한 공식을 찾아낸 데니즈 머렉은 경험과 학술적 지식을 기반으로 마음을 편안하게 가라앉히는 여러 전략을 알려줌으로써 독자들에게 위안을 주고 방향성을 제시한다. 『엄마의 멘탈 수업』은 훌륭한 양육 동반자로, 갓 아이가 태어난 엄마라면 누구나 곁에 두어야 한다.

캐런 클아이먼

'산후 스트레스 센터' 설립 이사
『너무 사랑하지만 힘든 걸 어떡해』(한문화, 2020) 저자

『엄마의 멘탈 수업』은 부모가 걱정을 줄이는 법을 깨우치고 자녀를 더욱 잘 양육하는 데 필요한 책이다. 아이들이 부모의 스트레스에 영향을 받는 만큼, 걱정 또한 아이들에게 전염될 수 있다. 우리가 걱정을 잘 관리할수록 아이들에게도 이롭다. 데니즈 머렉이 제시하는 4단계 CALM 프로세스는 쉽고 실용적이어서 곧바로 실생활에 적용할 수 있다. 현실적인 사례와 따라 하기 쉬운 단계별 가이드로 가득한 이 책은 걱정을 줄이고 삶과 자녀 양육을 더욱 충만하고 더욱 행복하게 즐길 수 있도록 돕는다. 걱정이 많아 고민인 사람과 자신의 마음을 통제하고 개선하는 길로 나아갈 준비가 된 이에게 이 책을 추천한다!

신시아 C. 머치닉

교육 전문 컨설턴트
『양육 나침반』(The Parent Compass) 공동 저자

린지와 브리애나에게

이 책에서 소개하는 CALM 프로세스는 원래 나를 위해 만든 것이었다. 이 프로세스는 내 개인적 갈등과 경험에서 만들어져 지금과 같이 발전해왔다. 이 프로세스는 내 걱정과 불안을 낮춰주었을 뿐 아니라 내 워크숍에 참석했거나 내 책을 읽었거나 내 온라인 강의를 수료한 수천 명의 걱정과 불안을 낮추는 데 도움이 되었다.

한편 나는 이 프로세스를 설명하기 위해 내 삶에 실제로 벌어졌던 괴로운 경험들을 이 책에 써야만 했다. 우울증(7장), 알코올의존증(15장), 섭식 장애(15장과 19장)가 그러하다. 이러한 이야기를 읽는 것이 몇몇 독자들에게는 트리거가 될 수 있음을 미리 밝혀둔다.

또한 이 책이 의료 전문가를 대신하는 용도로 쓰이길 원하지 않는다는 점도 분명히 밝히고 싶다. 신체적·정신적 문제를 경험하고 있다면 반드시 의료 전문가와 상담해서 전문적인 돌봄을 받길 바란다.

데니즈 머렉

시작하며

걱정에 시달리는 엄마들이여, 이 책을 읽어보라. 이 책에는 걱정을 내면의 평화로 바꿔주는 4단계 프로세스가 담겨 있다. 단계적으로 진행되는 이 프로세스를 통해 이미 전 세계 수천 명의 엄마들이 걱정에서 해방되었다.

당신은 걱정을 멈추고 내면의 평화를 얻기 위한 쉽고 효과적인 방법을 찾아 이 책을 집어 들었을 것이다. 바로 이 책에서 당신이 찾던 것을 얻게 될 테니 훌륭한 선택을 내린 셈이다! 걱정에서 해방되는 새로운 삶으로 첫발을 내딛은 것을 축하한다.

✦ 걱정에서 해방되는 양육법이 주는 선물

걱정을 평화로 바꾸는 방법을 배우는 일은 당신뿐만 아니라 당신의 자녀에게도 선물이 된다. L. R. 크노스트(작가이자 육아 도움 단체 창립자―옮긴이)가 썼듯이 "부모는 아이들이 거대한 감정에 압도당할 때 경험하는 혼돈에 같이 휘말리지 말고 도리어 아이에게 평온함을 나누어주어야 한다".[1] 여기서 문제는 우리가 갖고 있지 않은 것을 나눌 수는 없다는 점이다. 당신은 CALM 프로세스를 배우며 혼돈 속에서 평온함을 찾고 걱정을 내면의 평화로 바꾸는 방법을 알게 될 것이다. 이로써 가족 안에 돌고 도는 걱정의 사이클에 종지부를 찍고 자신의 평온함을 어린 자녀, 아직 10대이거나 성인이 된 자녀, 심지어 손주들에게도 나눌 수 있다.

이 책이 육아서가 아니라는 점을 알아두길 바란다. 이 책에서는 자녀 양육법을 조언하지 않는다. 대신 걱정이 많은 엄마를 위해 개발된 4단계 프로세스를 알려준다. 이 프로세스는 부모들을 대상으로 테스트를 거쳐 만들어졌으며, 간단하면서도 스트레스와 걱정을 낮추는 데 효과적이다. 엄마들은 이 전략을 이용해 더욱 행복하게 양육에 몰입할 수 있다.

CALM 프로세스는 자녀를 양육하는 엄마들에게 초점을 맞춘 전략이지만, 아이를 키우면서 스트레스와 걱정을 줄일 방법을 찾는 사람이라면 누구에게든 적용할 수 있다. 걱정을 당신이 꿈꾸는 내면의 평화로 바꾸기에 앞서 몇 가지 기억해야 할 사항이 있다.

✦ 첫째, 걱정을 멈출 수 있다!

과거에 아무리 걱정을 많이 했더라도, 심지어 현재 걱정에 휩싸여 있다 해도 걱정은 반드시 멈출 수 있다. 내가 해냈으므로 당신도 할 수 있다. 한 가지 말하자면, 나는 누구보다 걱정이 많은 사람이었다. 내 아이들을 걱정했고, 사람들이 나를 어떻게 생각할지 걱정했고, 돈과 인간관계도 걱정했다. 내가 사랑스러운지, 호감형인지, 충분한 사람인지 걱정했다. 어떤 주제든 말만 하라. 이미 내가 다 걱정했던 것일 테니. 심지어 엄마는 그런 나를 보고 이렇게 말씀하셨다. "데니즈, 이 세상에 걱정할 일이 모두 사라진다 해도 너는 또다시 걱정거리를 찾아낼 거야."

끊임없이 걱정만 하느라 두 딸이 어렸을 때는 양육의 즐거움을 누리지 못했다. 20대 후반이 되어 국제 비즈니스 트레이닝 기업에서 세미나 리더로 일하며 내 생각을 통제하는 법을 되찾고 나서야 비로소 걱정에서 해방되었다. 당시 나는 '여성의 자존감' '갈등과 충돌' '잡동사니를 치우고 삶의 체계를 세우는 법' '대하기 힘든 사람들을 상대하는 법' 등을 주제로 트레이닝을 진행했다. 이러한 전략을 배우고 다른 사람에게 가르친 지 18개월이 지나자 스스로 더는 걱정하지 않는다는 사실을 깨달았다. 이런 생각이 들었다. '잠깐, 세상에서 걱정이라면 제일가는 내가 걱정을 멈출 수 있다면 누구에게나 희망이 있어.' 이를 계기로 나는 걱정을 연구하기 시작했다. 내 생각이 어떻게 달라졌는지 살폈고, 당신이 이 책에서 배우게 될 4단계 프로세스를 만들었다.

이 4단계 프로세스가 바로 CALM(평온한) 프로세스다. CALM

엄마의 멘탈 수업

이라는 이름은 각 단계의 첫 글자를 따서 붙였다.

- **자신의 추측을 의심하라** Challenge Your Assumptions.
- **통제할 수 있는 일은 통제하라** Act to Control the Controllable.
- **통제할 수 없는 일은 놓아줘라** Let Go of the Uncontrollable.
- **마음의 주인이 되어라** Master Your Mind.

이 프로세스는 실제로 여러 사람에게 효과가 있었다! 나는 몸소 만성적인 걱정을 경험한 사람이고, 20년이 넘는 세월 동안 걱정에서 벗어나는 법을 연구해왔다. 나를 비롯한 수천 명이 CALM 프로세스의 효과를 본 것처럼 당신도 효과를 볼 것이다. 이 4단계는 다음과 같은 도움을 준다.

- **건강하지 않은 사고 습관을 고친다.**
- **스트레스의 실질적인 영향력을 낮춘다.**
- **혼돈 속에서 내면의 평화를 찾는 법을 배운다.**
- **부정적인 생각을 긍정적인 다짐으로 바꾼다.**

CALM 프로세스는 따라 하기만 해도 걱정을 멈출 수 있을 정도로 간단하다. 어두운 터널 끝에 빛이 있다는 이야기를 들어본 적이 있는가? 걱정이라는 길고 긴 터널을 걷다 보면 삶에서 빛이 점점 희미하게 느껴지겠지만, CALM 프로세스를 따라가다 보면 마침내 터널 끝에 있는 '빛'을 마주할 수 있을 것이다. 다만 알아두 어야 할 점이 있다. 빛이란 터널 끝에만 있는 것이 아니다. 빛은 지 금도 당신을 둘러싸고 있다. 직접 보거나 느낄 수 없다 해도 빛은 언제나 당신 곁에 있다. 이제부터 경험하게 될 것이다. 걱정을 모 두 내려놓을 때 찾아오는, 믿기 어려운 평화와 행복 말이다. 누구 나 내면을 평화롭게 유지하며 살아갈 수 있고, 이 책을 마칠 즈음 이면 당신이 몸소 그런 삶을 경험하고 있을 것이다.

✦ 둘째, 당신은 내면의 평화를 누릴 자격이 있다!

당신은 진정으로 내면의 평화를 누릴 자격이 있는 사람이다! 최상의 삶을, 가장 행복한 삶을 누릴 자격이 있다. 누구나 한 번쯤 자신이 가치 있는 사람인지, 중요한 사람인지, 호감 가는 사람인 지, 사랑스러운 사람인지, 심지어 '자격이 있는' 사람인지 의심하 지만, 이제는 그런 의심 속에서 살지 않아도 된다. 이 책에 소개된 전략을 따라가면 스스로를 가두는 잘못된 믿음에서 자유로워질 수 있다. 당신은 내면의 평화가 가득한 삶을 살 자격이 충분하다 는 사실을 명심하길 바란다. 이 책에서 내면의 평화가 가득한 삶 이 무엇인지 마주하게 될 것이다.

엄마의 멘탈 수업

✦ 셋째, 당신은 이미 첫발을 뗐다!

당신은 이 책을 펼치고 걱정에서 해방되는 삶으로 향하는 옳은 길에 발을 내딛었다. CALM 프로세스는 우울증이나 중독, 별거, 이혼 등 삶의 커다란 도전을 헤쳐 나가는 데 도움을 준다. 또한 이 프로세스는 일상 속 사소한 걱정, 예를 들어 사람들이 당신을 어떻게 생각할지 걱정하는 마음과 자신이 엄마의 역할을 다하고 있지 못한다는 두려움을 다루는 데 유용하다(그러나 엄마들이여, 아이를 키우는 일은 아주 힘들고 당신은 이미 제 역할을 충분히 다하고 있음을 우선 명심하라!). 또한 어수선한 환경, 소음 같은 자극이 유발하는 스트레스를 줄이고 엄마가 되면서 느끼는 압박감을 다루는 방법을 알려준다.

✦ 이제 시작해보자!

이 책을 집어 든 당신은 꿈꾸는 삶을 향해 올바른 선택을 했다! 4단계 프로세스를 바탕으로 당신을 이끄는 역할을 맡은 나는 책 안에서 당신 곁을 지키며 내 임무를 다할 예정이다.

『엄마의 멘탈 수업』은 내 첫 책 『CALM: 걱정 많은 여성들을 위한 입증된 4단계 프로세스』(*CALM: A Proven Four-Step Process*

Designed Specifically for Women Who Worry)를 바탕으로 하고 있다.[2]

첫 번째 책과 마찬가지로 이 책 또한 다섯 부로 구성되어 있다.

1부에서는 CALM 프로세스의 단계를 하나씩 소개할 예정이다. 당신은 부정적인 추측이 불필요한 걱정을 일으킨다는 사실을 깨닫고, 그러한 추측에 대항하는 여섯 가지 구체적인 전략을 배우게 될 것이다. 2부에서는 걱정을 행동의 동력으로 삼는 법을 배운다. 행동 계획을 세우고, 계획을 따르는 데 걸림돌이 되는 두려움을 극복하고, 스트레스가 신체와 정서에 미치는 영향을 줄이고, 가치를 기반으로 결정하며, 대담하게 행동하는 법을 익힌다. 3부는 자신의 통제 밖에 있는 걱정을 내려놓는 전략을 소개한다. 과거와 미래에 대한 걱정, 현재 일어나고 있지만 통제할 수 없는 일에 대한 걱정 말이다. 불편한 감정, 아픔, 불쾌한 일, 엄마의 죄책감, 맘 셰이밍(엄마의 양육 방법을 두고 엄마를 비판하거나 판단하는 행위—편집자), 완벽주의, 두려움을 놓아주는 방법을 알아본다. 4부는 마음의 주인이 되는 법, 긍정적인 새로운 생각을 마음에 심는 방법, 자신과 대화하는 방법을 바꾸어 내면의 평화를 회복하면서 부정적인 생각을 밀어내는 기술을 설명한다. 내적 대화에 따라 마음에 걱정이 자리할지, 침착함이 자리할지가 크게 달라지는 만큼 대단히 중요한 기술이다.

마지막으로 5부에서는 4단계를 하나로 정리한다. 바로 여기서 전체 요약본을 제공한다. 5부는 언제든 걱정이 찾아올 때 활용할 수 있는 한눈에 보는 개인용 요약 노트로, 이것만 잘 활용해도 내면의 평화를 다시 회복할 수 있다!

책 곳곳에 재미있는 활동과 게임을 숨겨놓았다. 책을 읽어가며 퍼즐과 흥미로운 트레이닝, 농담, CALM 엄마들의 행복 빈칸 채우기 게임 등을 마주할 것이다. 학습 효과를 높이고 배운 내용을 다시 한번 새기면서 한 번씩 웃음을 전하기 위해 전략적으로 고안해낸 코너다. 현실에서 문제를 마주한 엄마들의 실제 경험담도 실었다. 이들의 이야기가 당신에게 희망과 영감을 전해주길 바란다. 이 책을 집어 든 것만으로 당신은 이미 더욱 평온하고 즐거우며 걱정에서 해방되는 양육의 여정을 시작했다! 이제 본격적으로 떠나보자.

차례

1부

자신의 추측을 의심하라

Challenge Your Assumptions

2부

통제할 수 있는 일은 통제하라

Act to Control the Controllable

3부

통제할 수 없는 일은 놓아줘라
Let Go of the Uncontrollable

4부

마음의 주인이 되어라
Master Your Mind

5부

CALM 프로세스 실천하기

자신의 추측을
의심하라

Challenge
Your
Assumptions

걱정을 단숨에 흘려보내려면
자신의 추측을 의심해야 한다.

얼마 전 이제 스물여섯 살인 딸 브리애나와 아마존 홈페이지에서 전자책 독자들이 가장 많이 밑줄 그은 책과 구절을 확인할 수 있다는 이야기를 나눴다. 사람들이 밑줄을 많이 그은 책 중 하나가 성경인데, 그 안에서 가장 밑줄을 많이 그은 구절이 "아무것도 염려하지 말라Be anxious for nothing"라는 이야기였다.

흥미로운 사실을 알게 된 나는 브리애나에게 물었다. "왜일까? 사람들이 '아무것도 염려하지 말라'는 구절에 가장 많이 밑줄을 그은 이유가 무엇일 것 같아?"

딸은 이렇게 답했다. "아, 너무 쉬운 질문이네요! 사람들은 아무 이유 없이for no reason 늘 걱정하니까요."

"잠깐." 내가 말했다. "좀 전에 한 말 말인데, 그러니까 너는 '아무것도 염려하지 말라'를 '아무 이유 없이 괜한 걱정을 사서 하라'는 뜻으로(부정 명령문을 긍정문으로) 이해한 거야?"

"네." 딸이 말했다. "저는 아무 이유 없이 늘 걱정하니까 축복을 몇 배나 받은 거죠."

해당 구절이 사실 아무것도 걱정하지 말라는 뜻이라는 설명을 한 뒤 우리는 그녀의 엉뚱한 해석에 한바탕 크게 웃었다.

내 딸의 해석에 공감할 수 있는가? 당신도 괜한 스트레스가 더해질 때면 축복을 몇 배나 받는다고 느끼는가? 엄마들이여, 마음을 단단히 먹길 바란다. 이제부터 배우게 될 첫 번째 단계를 통해 수많은 걱정을 단숨에 흘려보내게 될 테니 말이다. CALM 프로세스의 첫 번째 단계는 C, 즉 자신의 추측에 이의를 제기하는 것 Challenge이다.

인간은 추측 제조기다. 어린 자녀가 당신과 눈을 충분히 맞추지 않는 것 같은가? 당신의 추측이다. 10대 자녀의 귀가 시간이 점점 늦어지는 것 같은가? 당신의 추측이다. 누군가 소셜미디어에서 다른 엄마와 당신을 비교하는 것 같은가? 당신의 추측이다. 누구든지 추측을 한다. 추측은 주변에서 벌어지는 일의 앞뒤 맥락을 파악하고 이해하는 데 유용하다. 하지만 부정적 추측은 수많은 걱정을 불러일으킨다. 우리가 하는 걱정 대부분은 일이 잘못될지도 모른다는 추측, 나쁜 일이 벌어질 거라는 추측에서 비롯된 결과다. 부정적인 추측은 걱정을 낳는다.

이제부터 배울 추측을 부수는 여섯 가지 전략에는 '괜한 걱정을 하기'에 앞서 자신의 추측에 이의를 제기하고 내면의 평화를 회복하기 위해 자문할 수 있는 다양한 질문이 포함되어 있다. 이에 앞서 스트레스 반응이 무엇인지 먼저 살펴보겠다.

1장

스트레스 반응에
제동 걸기

상상 위험 vs. 실제 위험

시골에 있는 새집으로 이사한 첫 주, 한밤중에 침실 문이 쾅 소리
를 내며 닫혔고, 나는 그 소리에 번쩍 잠이 깼다.

'방금 뭐였지?'

심장이 세차게 뛰었다. 1층 침실 창밖으로 불빛이 깜빡였다.

'경보가 울리고 있잖아!'

집에는 다른 사람들에게 위험을 알리기 위한 외부 조명 장치
가 달려 있었다. 이웃들이 너무 멀리 사는 탓에 삐삐거리는 소리
장치 대신 깜박이는 조명 경보를 단 것이었다.

누군가 집에 침입한 듯했다. '안 돼! 애들이 위험해!'

당장 위층에 있는 두 딸의 침실로 달려가야 한다는 생각이 들

었다. 곧바로 이런 생각이 뒤따랐다. '잠깐, 침입자가 벌써 위층에 있으면 어쩌지? 날 기절시켜버리면 내가 애들을 구할 수가 없잖아. 개들을 데려오자!'

침대에서 뛰쳐나온 나는 지하실로 내려가 덩치가 어마어마한 저먼 셰퍼드 두 마리를 풀었다. 그리고 즉시 몸을 돌려 두 다리가 허락하는 한 가장 빠르게 위층으로 달려갔다. 모든 일이 너무 순식간에 진행되어서 누가 먼저 딸들의 방에 도착했는지 제대로 기억조차 나지 않는다.

두 딸은 아무 일 없이 곤히 잠들어 있었다. 남편과 나는 개를 이끌고 무엇 때문에 경보가 울렸는지 파악하기 위해 집을 둘러봤다.

'아!' 우리 침실과 연결된 욕실 뒷문이 열려 있었다. 문을 제대로 닫지 않은 모양이었다. 밤이 되자 바람 때문에 욕실 문이 열리며 경보가 울렸고, 바람에 침실 문이 확 당겨져서 세게 닫힌 것이었다.

수수께끼가 풀렸다. 잠재적 위협이 사라졌고, 가족은 모두 안전했다. 이 사실을 깨닫자 몸과 마음이 진정되었다.

내 몸에서 스트레스 반응이 제대로 작동한 덕분에 즉시 행동할 수 있는 판단력과 용기가 생겼다. 단언컨대 엄마들이여, 위험을 마주한 상황에서 가족을 지켜야 한다는 생각이 들면 이를 행할 능력을 발휘하게 된다! 여기에는 과학적인 근거가 있다.

✦ 스트레스 반응의 과학

두뇌에는 위험을 경계하는 부위가 있다. 바로 편도체다. 편도체는 '투쟁-도피-경직 반응'이라고 하는 스트레스 반응을 가동한다. 소리와 이미지를 해석하는 편도체는 무언가를 위협으로 인지하는 순간, 시상하부에 메시지를 보내 경보를 울린다. 편도체로부터 메시지를 받은 시상하부는 교감신경계에 즉시 액셀을 밟으라는 신호를 보내 위험에 반응하는 데 필요한 에너지를 신체에 공급한다.

교감신경계가 급히 액셀을 밟을 때 어떤 일이 벌어질까? (양쪽 신장 위쪽에 자리한) 부신에서 에피네프린(아드레날린이라는 이름으로 잘 알려진 호르몬)이 혈관으로 분비된다. 혈관을 따라 아드레날린이 온몸에 퍼지면 생리적 변화가 일어난다. 심장은 근육 등 생명 유지에 필요한 기관에 혈액을 내보내기 위해 평소보다 빨리 뛴다. 혈압이 상승하고 호흡이 가빠진다. 가능한 한 많은 산소를 들이마시기 위해 폐의 소기도가 확장된다. 산소가 더 많이 들어오니 두뇌는 더욱 명민해진다. 시력과 청력, 그 외 다른 감각들도 날카로워진다. 임시 저장소에 저장되어 있던 혈당(글루코오스)과 지방이 분비되어 전신에 에너지를 공급한다.

한편 이 모든 일이 너무나도 순식간에 벌어져 두뇌 속 시각중추는 우리가 보고 있는 대상이 무엇인지 정확히 파악할 기회조차

엄마의 멘탈 수업

얻지 못한다. 꽤 놀라운 시스템이다. 이게 끝이 아니다.

처음 아드레날린이 한차례 분비된 후에도 두뇌가 무언가를 위협이라고 인식하는 상태가 계속되면 시상하부는 스트레스 반응의 두 번째 시스템을 활성화한다. 이 두 번째 시스템을 HPA 축(정확히는 시상하부-뇌하수체-부신 축)이라고 한다. HPA 축은 교감신경계에 일련의 호르몬 신호가 진행되는 동안 액셀을 '계속' 밟으라는 신호를 보낸다. 시상하부는 CRH(부신피질자극호르몬 방출호르몬)라는 호르몬을 내보낸다. CRH는 뇌하수체에 ACTH(부신겉질자극호르몬)라는 또 다른 호르몬을 방출하라고 지시한다. ACTH는 부신에 코르티솔이라는 또 다른 호르몬을 분비하도록 지시해 신체를 기민하게 만들고 경계 태세를 유지하게 한다.

위협이 사라지면 부교감신경계(휴식과 소화 반응을 촉진하는 신경계)는 스트레스 반응을 중단한다. 코르티솔 수치가 떨어지고, 신체는 진정되기 시작한다. 이 놀라운 프로세스는 편도체가 잠재적 위협이 있다고 경고를 울리는 데서 시작한다.

침실 문이 '쾅!' 하고 닫힌 그날 밤, 내 편도체는 그 정보를 (문이 닫힌 소리에 이어 집 외부 조명이 깜박이는 상황을) 이해하고 호르몬의 연쇄 작용을 불러일으켰다. 내 심장이 세게 뛰었던 것도 이런 연유였다. 내 머리에서 가족을 지키기 위해 할 수 있는 조치가 무엇인지 빠르게 떠올릴 수 있었던 이유도 마찬가지였다. 깊이 잠을 자던 사람이 빛의 속도로 위아래 층을 전력 질주하는 육상 세계 챔피언으로 변신할 수 있었던 것도 이 덕분이었다(뭐, 실제로 그 정도로 빠르진 않았겠지만 느낌상으로는 충분히 그랬다).

꽤 멋지지 않은가? 이를 통해 알 수 있는 좋은 소식과 그리 좋지만은 않은 소식, 굉장히 좋은 소식이 있다. 좋은 소식은 혹시나 비상사태가 발생했을 때 자신에게 아이를 지킬 능력이 있는지 걱정하며 밤을 새울 필요가 없다는 것이다. 당신은 이 능력을 이미 가지고 있으니까! 빠른 판단에 필요한 또렷한 정신과 행동하는 데 필요한 신체적 에너지는 경계 태세에 들어간 편도체가 알아서 공급해줄 것이다. 따라서 그 걱정은 목록에서 지워도 된다. 휴!

이제 그리 좋지만은 않은 소식을 알려주겠다. 빠르게 작동하는 경이롭고도 멋진 당신의 편도체는 실제 위험과 상상 위험을 구별하지 못한다. 다시 말해 정말로 자기 자신과 자녀들을 보호해야 하는 상황이든 벌어질지도 모르는 일을 걱정('혹시'라는 생각에 밤을 지새우게 만드는 걱정)하는 상황이든 스트레스를 유발할 만한 생각을 떠올릴 때 편도체는 이를 실제 위협으로 받아들이고 경보를 울린다. 편도체는 당신이 그저 최악의 시나리오를 떠올리고 혹시 일어날지도 모르는 일을 상상하는 중이라는 사실을 이해하지 못한다. 걱정을 계속하면 두뇌는 HPA 축에 활성화를 유지하라는 신호를 보내고, 결국 진짜 비상사태에 당신을 보호하도록 설계된 호르몬들이 오히려 당신의 건강을 해치고 만다.

예컨대 아드레날린이 치솟은 상태가 계속되면 혈관과 동맥이

엄마의 멘탈 수업

손상되고 혈압이 높아지며 심장마비와 뇌졸중 위험이 커진다. 코르티솔 수치의 상승으로 체중과 지방 조직이 증가하기도 한다. 코르티솔 수치가 높아지면 식욕이 왕성해지고 여분의 영양소는 지방으로 축적되기 때문이다.

하지만 걱정하지 않아도 된다. 이제 굉장히 좋은 소식이 나올 차례니까. CALM 프로세스는 마음과 몸, 정신 훈련으로 스트레스 반응을 중단할 수 있도록 돕는다. 그리고 지금 당신은 그 프로세스를 배우는 중이다. 다행이지 않은가?

더 자세히 들어가기에 앞서 간단히 요약하자면, 당신의 두뇌는 실제 위험과 상상 위험을 구별하지 못한다. 벼룩시장에 내걸린 명품 브랜드 핸드백에 속는 것처럼 당신의 마음은 상상 위험에 속아 넘어간다.

하지만 이는 진짜가 아니다! 폴리에스테르 재질의 '샤넬' 패니팩에 11달러를 지불할 사람이 있을까? 뭐, 좋다. 한 번은 속아도 두 번은 속지 않을 테니.

✦ 스스로에게 질문하기: 내가 실제로 위험에 처해 있는가?

누군가 당신의 양육 방식을 부정적으로 평가했고, 이를 들은 당신이 스스로 '좋은 엄마'인지 걱정하기 시작하는 상황을 떠올려보자. 상상 위험에 속지 않고 스트레스 반응을 중단하기 위해서는 추측을 부수는 질문을 던져야 한다. "내가 실제 위험에 처해 있는가?" 아니라는 대답이 나올 것이다(자기 의심에서 벗어나는 방법은 8장에서 배운다).

별거 중이거나, 이혼 절차를 밟고 있거나, 아이의 행복과 경제적 안정을 걱정하는 상황은 어떠한가? 실제 위험인가? 아니다. 그런 '기분'이 들 수는 있지만 당신은 아직 안전하고, 앞서 언급한 상황에서 당신이 걱정을 멈추도록 도울 여러 전략이 이 책에 등장한다. 그러니 계속 읽어나가길 바란다.

전 세계 엄마들의 감정을 요동치게 하는 또 다른 시나리오를 들어보겠다. 바로 지저분하고 어수선한 환경이다.

난장판인 거실에 앉아 있다고 생각해보자. 널브러진 옷가지, 정리해야 할 서류, 치워야 할 장난감 들이 끝없이 늘어져 있다(우리 집은 결코 이럴 일이 없다는 생각이 든다면 이번 훈련을 위해 어수선하고 지저분한 상태의 집을 상상해보자. 흠, 아직도 심박수가 오르지 않는가?). 이 어수선한 환경으로 인해 당신의 감정이 요동치기 시작한다. 당신은 의문에 빠진다. '뭐부터 시작해야 하지? 내가 좋은 엄마였다면 집이 이런 꼴은 아니었을 텐데. 집을 깨끗하게 치우고 가족들에게 필요한 것을 공급해주는 게 내 일이잖아.'

환경이 어수선하다는 데서 오는 스트레스와 더불어 돈, 가족,

엄마의 멘탈 수업

자녀의 행복 등을 둘러싼 만성적인 걱정이 누적된 심리적 스트레스는 앞서 말한 '스트레스 반응'을 촉발한다. 호르몬이 온몸에 급격히 분비되면서 심장이 세게 뛰고 혈압이 오르고 호흡이 빨라졌다면 스트레스 반응이 촉발된 것이다.

이때 깊이 심호흡을 한 뒤 스스로에게 물어보자. "내가 실제 위험에 처해 있는가?"

위의 상황에서 당신은 실제 위험에 처해 있는가? 힌트를 주자면 답은 '아니요'다. 장난감 더미가 너무 높게 쌓인 나머지 당장이라도 무너져 당신을 질식시킬 상황이 아니라면 말이다. '항상' '절대로' 같은 극단적인 단어를 쓰지 않으려고 노력하지만, 인형과 레고 블록, 비디오 게임 더미에 깔려 숨이 막히는 일은 절대로 벌어지지 않을 거라고 제법 확신한다. 그렇다 해도 당신이 엉망인 집을 바라보며 끊임없이 걱정한다면 투쟁-도피-경직 메커니즘이 지속적으로 활성화되는데, 앞서 언급했듯이 이는 당신의 건강을 해친다.

따라서 의식적으로 자신이 실제로 위험에 처해 있지 않다는 사실을 인식함으로써 스트레스 반응을 중단해야 한다. 다만 위의 질문에 어떻게 답해야 할지 모르는 상황이라면? 가령 가학적인 관계에 놓여 있고, 위 질문에 "지금 이 순간은 위험에 처해 있지 않지만, 다음 달에는 그럴지도 모른다"라고 답하는 상황을 생각해보자. 바로 이런 경우가 두 번째 단계인 A Act를 실행할 때다. 통제할 수 있는 일을 통제하기 위해 행동하라. 자신의 안전을 지키기 위해 적절한 기관이나 조직에 도움을 요청해야 한다. 어쩌면 지금 당장 상담 센터나 인근 보호기관에 연락해야 할지도 모른다. 이런 경우라면 걱정을 긍정적인 동력으로 활용해 행동에 나서야 한다. 이 방법은 2장에서 좀 더 자세하게 다룰 예정이다.

한편 "내가 실제 위험에 처해 있는가?"라는 질문의 대답은 대부분 '아니요'다. 정말로 위험에 빠진 상황이라면(경보가 울리고 누군가 집에 침입했을지도 모르는 상황처럼 잠재적인 위험에 처했다면) 당신은 이미 스스로를 지키기 위해 어떤 행동을 했을 것이다. 스트레스 반응이 그러지 않고는 못 배기게 만들었을 테니까.

의식적으로 자신이 실제 위험에 처하지 않았다는 사실을 인식했다면 깊고 차분하게 호흡을 들이마셨다가 내쉰다. 이를 몇 차례 반복한다. 그리고 스스로에게 분명히 말한다. "나는 안전해. 실제로 나를 위협하는 것은 없어." 그러고 나서 깊고 차분한 호흡을 계속하며 현재에 집중해야 한다. 그 일환으로 시각, 청각, 후각, 미각, 촉각 등 오감에 집중해보기를 추천한다.

지금 바로 당신이 해볼 수 있는 훈련법이 있다. 발가락을 꼼지락대는 것이다. 어떤 느낌인가? 발가락이 따뜻한가? 부드러운 양말이나 슬리퍼를 신고 있는가? 지금 어떤 소리가 들리는가? 새가 지저귀거나 시계가 째깍거리거나 자동차 엔진이 웅웅거리는 소리가 들리지는 않는가? 입에 민트맛 캔디 하나를 넣어도 좋다. 그

엄마의 멘탈 수업

맛은 어떠한가? 시원한 맛인가? 혀에서 어떤 느낌이 드는가? 부드러운가?

잠들기 직전에 스트레스 반응이 느껴진다면 의식적으로 현재에 집중하며 방 안 물건들을 머릿속에서 가나다 순서대로 정리해보자. 귀걸이, 담요, 선풍기, 안락의자, 이불, 컵 순서로 말이다.

침입자로부터 아이들을 지키기 위해 개들과 위층으로 뛰어 올라갔던 날, 나는 이 방법으로 스스로를 진정시켰다. 모든 것이 괜찮고 진짜 위험은 없다는 사실을 깨닫고 몇 차례 심호흡을 한 다음, 강아지들을 쓰다듬은 후 다시 지하실에 데려다주고 침대에 누웠다. 그리고 내 방에 있는 물건들을 순서대로 나열하다가 도중에 잠이 들었다.

핵심은 두뇌가 당신이 진짜 위험에 처했는지 상상 위험을 겪고 있는지 그 차이를 구별하지 못한다는 점이다. 두려운 시나리오가 떠오르면 두뇌는 당신을 안전하게 지키기 위해 투쟁-도피-경직 반응을 시작한다. 실제 위험으로부터 자신을 보호해야 하는 상황에서 이 자동적인 반응은 대단히 멋진 역할을 한다. 하지만 당신에게 다가온 유일한 위협이 그저 당신의 생각일 뿐이라면 이 반응은 도리어 신체 건강을 해친다. 의식적으로 생각을 현재의 순간으로 되돌리고 자신이 실제로 위험에 처해 있지 않음을 인식함으로써 몸과 마음에 이롭게 행동해야 한다.

2장

사실과 의견 구분하기

생각을 세 개의 시험대에 올리기

내 딸 브리애나가 초등학교 3학년일 때, 학교에서 숙제를 하나 받아왔다. 문장 스무 개를 읽고 어떤 것이 사실이고 의견인지 구별하는 숙제였다. 그중 네 개의 문장과 내 딸의 답변을 아래에 소개하겠다.

- 어떤 집은 개를 반려동물로 기른다. (사실)
- 개는 고양이보다 나은 반려동물이다. (의견)
- 사과는 나무에서 열린다. (사실)
- 바나나에서는 역겨운 맛이 난다. (사실)

딸아이의 답변을 검토하다 답을 잘못 쓴 마지막 문장을 발견했다. 나는 말했다. "브리애나, 바나나에서 역겨운 맛이 나는 게 사실이라고 적었는데 엄마는 오늘 아침에 바나나를 한 개 먹었잖아. 그럼 바나나가 역겹다는 게 사실일까, 의견일까?" 아이는 이렇게 답했다. "엄마가 오늘 아침에 역겨운 바나나를 먹은 건 사실이잖아요!"

내 첫 책에서 스스로에게 제동을 거는 신념을 의심하는 게 중요하다고 설명하며 위의 대화를 사례로 들었다. 그날 아침, 아이의 숙제를 검사하던 중 불현듯 깨달음이 찾아왔다. 바로 우리가 고집하는 몇몇 신념(이로움보다 해를 더 많이 끼치는데도 계속 고수하는 신념)이 실제로는 의견에 불과할지라도 사람들은 그것이 사실인 것처럼 믿으며 살아간다는 점이다.

의견이 사실인 것처럼 맹목적으로 믿는 실수를 멈춰야 한다. 이 둘을 헷갈린 탓에 과거에 경험한 비난과 거부, 폄하의 고통을 짊어지고 사는 사람이 너무도 많다. 심지어 이로 인해 희망과 꿈을 포기해버린 이들도 있다.

✦ 스스로에게 질문하기: 진실인가? 사실인가? 유익한가?

당신에게 제동을 거는 이야기를 듣거나 그러한 믿음을 품게 될 때마다 의심해야 한다. 스스로에게 이렇게 물어보자. "내가 지금 들은 이야기가 사실인가, 의견인가?" 의견일 때가 많을 것이다. 부정적인 의견이 당신의 현실이 되도록 두어선 안 된다.

이 질문을 적용해야 할 중요한 대상이 하나 더 있다. 맹목적인 신념 말고 자신의 추측을 의심할 때도 이 질문을 활용할 수 있다. 그렇다면 추측이란 정확히 무엇일까? 추측은 아무런 근거 없이 당신이 진실이라고 믿는 (또는 당연하게 여기는) 무언가를 뜻한다. 이해했는가?

한번 생각해보자. 수입 증명서 없이 대출을 승인받을 수 있을까? 운전 실력을 증명하지 않고도 면허증을 발급받을 수 있을까? 신원을 확인하는 증명서 없이 비행기에 탑승하거나 외국에 입국할 수 있을까?

물론 아니다. 이처럼 더는 부정적인 추측이 당신의 마음으로 들어가도록 허락해서는 안 된다. 어떠한 추측을 하고 이로 인해 걱정이 몰려온다면 생각을 점검해야 한다. 당신의 추측이 옳다고 입증할 증거가 있는가? 무엇인가? 자신의 생각을 세 개의 시험대에 올려라. 스스로에게 이렇게 묻는 것이다.

- **"이것이 진실true인가?"**
- **"이것이 사실fact인가?"**
- **"이것이 유익한가?"**

엄마의 멘탈 수업

내가 아직 10대였을 때, 나는 이 질문을 할 줄 몰랐다. 내 추측을 스스로 의심할 줄 알았더라면, 사장이 주유소에서 뛰어나와서 "데니즈, 당장 집에 가!"라고 소리쳤던 날에도 덜 괴로웠을 텐데 말이다.

열일곱 살이었던 나는 파트타임으로 주유소에서 일했다. 한 고객이 멋진 붉은색 스포츠카를 끌고 주유소에 들어왔다. 주유를 하는 동안 나는 자동차 오일을 확인하고 앞 유리를 닦았다. 그러고 나서 돈을 받고 주유소 안에 들어가 잔돈을 챙겼다. 잔돈을 건넨 후에 나는 활짝 웃으며 말했다. "멋진 주말 보내세요!"

그는 차를 몰고 떠났다. 주유 호스를 달고 말이다! 내가 그만 깜빡 잊고 차에서 주유 노즐을 빼지 않은 것이다. 주유기 본체가 부서졌고 온 사방에 유리가 튀었다. 바로 그 순간 사장이 뛰쳐나와 내게 집으로 가라고 소리쳤다.

그곳을 나온 나는 극심한 자책과 걱정에 휩싸인 채 토론토의 거리를 몇 시간 동안 헤맸다. '이럴 수가. 해고를 당하다니! 어떻게 그렇게 멍청한 짓을 벌일 수 있지? 도저히 집에 못 가겠어. 너무 창피해. 친구와 가족들에게 첫 직장을 잃었다는 이야기를 어떻게 하지?' 이런 생각이 끊이질 않았다.

나는 결국 집으로 돌아갔고, 그날 저녁 사장의 전화를 받았다. 그는 이렇게 말했다. "데니즈, 넌 해고되지 않았어. 그때 너무 화가 나서 혹시나 내가 후회할 말을 할까 봐 널 집으로 보낸 거야."

내 경험담에서 무엇을 배웠는가? 당신이(또는 당신의 자녀가) 지금 실수를 저질러서 걱정하고 있다면 내가 주유소를 엉망으로 만들어놓고도 일자리를 잃지 않았다는 사실을 떠올리길 바란다! 나 혼자 사실도 아닌 부정적인 추측을 거듭하며 스스로를 불안에 빠뜨렸다. 내 추측은 보기 좋게 빗나갔고 나는 생각 이상으로 훨씬 긍정적인 결말을 맞이했다. 나는 내가 해고되지 않았다고 말하는 사장에게 이렇게 대꾸했다. "제가 거길 어떻게 다시 가요. 너무 부끄럽다고요!"

"하지만 네가 얼마나 훌륭한 직원인데." 그는 이렇게 말했다. 그러고는 자신의 주유소(불과 몇 시간 전에 사실상 내가 다 부숴놓은 것이나 다름없는 그 주유소)에서 다시 일하라고 나를 설득하기 위해 시급을 50센트나 인상했다. 운이 좋은 나는 제안을 받아들이고 남은 여름 내내 주유소에서 일했다. 그렇다, 우리가 저지른 실수의 결과가 상상만큼 나쁘지 않을 때도 많다.

혹시나 하는 생각, 최악의 시나리오를 떠올리는 대신 '사실'만 갖고 판단하는 법에 익숙해져야 한다. 온갖 생각으로 마음이 동요할 때면 자신의 추측을 시험대에 올려라. 스스로에게 질문하라. "나는 지금 어떤 추측을 하고 있는가? 이 추측은 사실을 바탕으로 하고 있는가? 내가 하는 생각이 진실임을 뒷받침하는 근거가 있는가? 지금 하는 생각이 내게 유익한가?" 주유소 사건 당시 내 생각을 시험하는 법을 알았다면 추측을 의심할 수 있었을 테고 걱정에서 금방 벗어날 수 있었을 것이다. 다음 과정을 살펴보자.

추측: 나는 해고를 당했고, 모든 이가 내 실수를 비판할 것이다.

- 이것이 진실인가? 뭐, 정말로 그러한 것처럼 느껴진다. 내가 사고를 쳤기 때문에 해고를 당하고 모든 이에게 비판을 받아 마땅하다는 생각이 들 수도 있다.

▶ 당신에게 힌트를 주겠다. 당신이 하는 모든 생각이 진실은 아니고, 무언가 진실처럼 느껴진다고 해서 정말 진실인 것도 아니다. 이에 관해서는 4장에서 좀 더 자세히 배운다.

- 이것이 사실인가? 사실이 아니다. 내 상사가 "당장 집에 가!" 라고 외친 것은 사실이나, "넌 해고야!"라고 말하진 않았다.

▶ 당신의 추측은 사실에 근거하고 있는가? 아니라면 상세한 정보를 모두 파악해야 한다. 걱정을 유발하는 추측에 대항하는 최고의 방어책은 사실만으로 판단하는 것이다.

- 이것이 유익한가? 전혀 아니다. 집에 가기 너무 부끄러운 나머지 토론토 거리를 몇 시간이나 헤맸다. 내게 유익하지 않은 추측이다.

▶ 당신의 추측이 유익한가? 아니면 최악의 시나리오를 계속 떠올리며 스스로를 두려움에 빠뜨리고 있는가?

자신의 생각을 점검해야 한다. 최근 당신의 걱정거리는 무엇이었는가? 당신이 느끼는 불안함이 부정적인 추측에서 비롯되었는가? 그렇다면 자신의 추측을 의심해야 한다. 자신의 생각을 시험해야 한다. 스스로에게 이렇게 물어보라. "내가 지금 하는 추측이 진실인가? 사실인가? 유익한가?"

· 쉬 어 가 기 ·

사실인가, 의견인가?

이제 당신 차례다. 내 딸 브리애나는 사실과 의견을 구별하는 숙제를 마쳤다. 이제 우리의 숙제를 할 때다. 먼저 아래의 시나리오를 읽어보고 나열된 문장을 살핀다. 그중 무엇이 사실이고 의견인지 동그라미로 표시하면 된다.

시나리오
당신은 아이와 마트 안 농산물 코너에 있다(자녀가 두 명 이상이라면 한 명을 선택해 상상한다). 그때 한 여성이 당신과 아이를 바라보는 모습이 눈에 들어온다. 그 여성이 비죽 웃음을 짓는다. 그리고 옆에 선 남성에게 몸을 기울여 당신에게 들리지 않는 소리로 무언가를 말한다. 두 사람이 웃음을 터뜨린다. 여성은 다시 한번 당신이 있는 방향을 쳐다보고는 바나나를 집어 들어 카트에 넣었고, 이내 두 사람은 몸을 돌려 사라진다.

엄마의 멘탈 수업

- 그 여성은 당신과 당신 아이에 관한 이야기를 했다. (사실/의견)
- 당신은 마트 안 농산물 코너에 있었다. (사실/의견)
- 그 남성과 여성은 당신을 보고 웃은 것이다. (사실/의견)
- 그 여성은 당신과 당신 아이 쪽을 쳐다봤다. (사실/의견)
- 그 여성은 바나나를 구매했다. (사실/의견)
- 바나나에서는 역겨운 맛이 난다. (사실/의견)

결과

이 중에서 단 하나만 사실이다. 무엇인지 찾아냈는가? 당신이 마트 안 농산물 코너에 있었다는 문장만 사실이다. "잠깐만요!" 당신은 이렇게 말할지도 모른다. "그 여성이 바나나를 구매했잖아요. 바나나를 카트에 넣는 모습을 내가 봤어요." 그렇다. 여성이 바나나를 카트에 넣은 것은 맞다. 계산대에서 바나나를 꺼내 값을 지불했을 가능성도 크다. 하지만 직접 보지 않고 실제로 구매했다고 말할 수는 없다. 우리가 지금 단계에서 확실히 아는 것은 그 여성이 카트에 바나나를 넣었다는 사실뿐이다.

"그런데 그 여성이 나와 내 아이를 쳐다본 건 사실이에요. 우리를 보는 것을 내가 봤다고요." 사실일까? 그 여성에게 직접 물어보지도 않고 실제로는 다른 대상을 본 게 아니라고 확신할 수 있는가? 당신 머리 위에 있는 표지판을 본 건 아니었을까?

이 훈련의 핵심은 사실과 의견의 차이를 분명하게 파악하는 것이다. 우리가 의견을 사실로 착각한 탓에 평화와 행복, 기쁨 대신 언짢음과 걱정, 두려움을 느끼는 경우가 빈번하다.

✦ 감정은 생각에서 나온다

이제 자신의 추측을 의심하는 데 도움이 될 중요한 이야기를 하겠다. 추측이 진실처럼 느껴지더라도 그것이 항상 진실인 것은 아니다. 무언가 진실인 것 같다고 해서 그것이 진실이 되는 것도 아니다.

예를 들어 앞서 '쉬어가기'에 등장한 시나리오에서 그 여성이 실제로 당신과 아이가 있는 쪽을 바라봤고, 남성에게 당신에 관해 이야기했다고 가정해보자. 여성이 어떤 이야기를 했는지 들리지 않는 상황에서 당신은 어떠한 감정을 느끼겠는가?

- 여성이 당신을 평가하고 비판적인 이야기를 했다고 추측한다면, 당신은 자신에게 어딘가 문제가 있는 것처럼 느끼거나 상대의 비판에 분노를 느낄 것이다.
- 여성이 당신이 있는 방향을 잠시 바라본 것 같지만 당신에 관해 이야기한 것 같지 않다면, 당신도 별 감정이 들지 않을 것이다.
- 여성이 당신 쪽을 바라보고 당신에 관해 긍정적인 이야기를 한 것 같다면, 당신은 기분이 좋을 것이다.

감정은 생각에서 나온다. 감정은 일어난 일을 머릿속에서 재해석해 새로운 이야기를 만들어내면서 당신이 그 일에 의미와 중요도를 얼마나 부과하는지에 따라 달라진다. 상황을 평가하는 방

엄마의 멘탈 수업

식에 따라 당신의 감정이 결정되는 것이다.

당신이 상황을 평가하는 방식은 과거 경험에 따라 크게 달라진다. 어떠한 사건이 자주 벌어지거나 크게 각인되면 두뇌는 비슷한 상황이 닥쳤을 때 가능한 한 빠르고 효율적으로 해석하고 반응할 수 있도록 신경 통로를 만든다. 가령 어렸을 때 개에게 물린 적이 있다고 해보자. 성인이 된 당신이 아이와 길을 걷고 있는데 개를 데리고 있는 사람이 맞은편에서 다가오고 있다. 그럼 당신은 과거의 경험 때문에 공황 상태에 빠지거나 두려움 또는 불안함을 느낄 수 있다. 어쩌면 아예 길을 건너버릴지도 모른다. 반면 개에게 물린 경험이 없는 사람은 개가 있다는 사실조차 인식하지 못할 가능성이 크다.

상황을 판단하는 방식에 영향을 미치는 또 다른 요인은 성장기에 당신 곁에 있었던 사람들이다. 부모님, 선생님, 코치, 유명인사 등 수많은 사람이 당신의 신념 체계에 대단히 큰 영향을 미친다. 그들의 생각과 신념이 당신에게 투영되어 사고방식에도 영향을 준다.

누구나 인격이 형성되는 시기에 토대가 될 만한 경험을 겪고, 그렇게 탄생한 신념과 지각은 우리의 삶 면면에 영향을 미친다. 그 경험이 굉장히 긍정적일 때도 있다. 과거 경험이 대체로 긍정적이라면(사랑을 듬뿍 받으면서 자랐거나 존중과 건설적인 비판, 적절한 칭찬과 독려를 받았다면) 자기 자신을 바라보는 시각이 긍정적이고 현실적일 확률이 높다.

반면, 유년 시절에 부정적인 경험을 자주 겪었다면(자주 무시당하거나 비난과 조롱을 받고, 놀림 또는 괴롭힘을 당했거나 부모와 선생님으로부터 심한 압박을 받았다면) 자신을 바라보는 시각이 부정적이고 자신감이 부족하며 열등감을 느끼는 동시에 스스로를 의심할 수 있다. 믿기 어렵겠지만 이러한 과거의 경험은 상당한 지구력을 발휘해서 성인이 된 후에도 자의식에 지속적인 영향을 끼칠 수 있다.

과거의 경험이 성인이 된 후의 삶에 어떤 영향을 미칠까? 좋지 않았던 경험이 문제를 일으키기도 하는데, 이는 과거의 경험이 부정적인 의미와 판단, 해석을 유발하는 신경 통로를 만들기 때문이다. 이 신경 통로는 감정에 영향을 미치고 감정은 행동에 영향을 미친다. 이에 관해서는 4부에서 좀 더 자세히 배운다. 지금은 신경 통로를 볼링장 레인 양쪽에 있는 거터라고 이해하면 된다. 볼링공이 거터에 빠지면 벗어나지 못하고 그 길로 레인 끝까지 굴러간다. 마찬가지로 우리가 한 가지 해석만을 고수한다면 그 거터를 더욱 깊고 단단하게 만드는 것과 같고, 이렇게 되면 볼링공이 다른 길을 거쳐 레인 끝으로 도달하기 매우 어려워진다. 그렇게 만들어진 신경 통로는 더욱 강력해져서 긍정적인 해석과 판단의 가능성을 모두 제거하기 시작한다.

하지만 좋은 소식도 있다. 당신이 변화를 만들 수 있는 삶의 지

엄마의 멘탈 수업

점에 서 있다는 것이다. 당신은 스스로 마음의 훈련사가 될 수 있다. 이 책에서 배울 전략을 활용해 당장 마음을 훈련할 수 있다. 사실과 의견을 구별하려고 꾸준히 노력한다면 자신이 마주한 상황을 더욱 정확하게 판단하고 괜한 걱정을 유발하는 추측을 흘려보내고 마침내 평온함을 느낄 수 있을 것이다.

3장

걱정을 유발하는 원인, 홀트HALT

부정적인 추측을 일으키는 네 원인

운전 중이던 나는 일시 정지 표지판 앞에서 차를 멈추고 기다렸다. 다른 차는 한 대도 보이지 않았지만, 나는 계속 멈춰서 기다렸다. 아이들은 차 뒷좌석에, 출장을 마치고 기차역에서 내 차에 올라탄 남편은 옆자리 보조석에 앉아 있었다. 나는 태어난 지 여섯 주 된 갓난아이와 두 살 난 딸을 홀로 돌보며 이틀을 보내느라 잠을 거의 못 자서 기진맥진한 상태였다.

내가 계속 멈춰 있자 남편은 이해가 안 된다는 듯한 표정으로 텅 빈 교차로를 이리저리 둘러보다 이렇게 말했다. "음, 지금 지나가도 될 것 같은데?"

사실 나는 너무 피곤한 나머지, 잠깐이라도 쉬기 위해 일시 정

엄마의 멘탈 수업

지 표지판에 파란불이 들어오길 기다리고 있었다!

엄마가 되면 인생에 굉장한 혜택이 여럿 따라온다(어찌 된 일인지 "더 록" 드웨인 존슨의 악력을 뽐내는 아기의 손아귀에서 가위를 빼앗기 위해 씨름을 할 정도로 뛰어난 엄마 파워가 생기는 것도 그중 하나다). 한편 '엄마의 삶 패키지'에는 아주 늦게 잠들고(또는 불면의 밤을 보내고) 아침 일찍 깨는 생활도 포함되어 있다. 수면 부족은 심각한 결과로 이어진다. 몸이 피곤하면 걱정을 불러일으키는 부정적인 생각에 휩싸일 확률이 높다. 다음과 같은 상황에 처하면 부정적인 추측에 빠지기 더욱 쉽다.

- **배고픔**Hungry
- **분노**Angry
- **외로움**Lonely
- **피로**Tired

오랫동안 12단계 프로그램('익명의 알코올의존자들'이라는 단체에서 만든 중독 회복 프로그램으로 약물, 도박, 섭식 등 여러 중독 및 장애를 치료하는 데 차용되고 있다—옮긴이)에서는 단어의 머리글자를 따서 만든 홀트HALT라는 용어를 사용해왔다. 이 용어는 배가 고프거나 화가 나거나 외롭거나 피곤할 때 그 상태에서 벗어나려는 경향을 보이는 데서 비롯되었다. 걱정도 마찬가지다. 이 네 증상 중 하나를 경험할 때 우리는 그릇된 추측을 하고 걱정할 가능성이 더욱 커진다.

자신이 부정적인 추측을 하고 있다는 생각이 든다면 잠시 이 증상들을 살펴보고 지금 어떤 증상을 겪고 있는지 확인해야 한다. 하나 이상을 경험하고 있다면 부정적인 방향으로 추측하기 쉬운 상태에 처해 있음을 인지해야 한다. 다음 내용을 바탕으로 자신의 욕구를 돌보고 어떤 증상이 걱정을 유발했는지 살펴보자.

✦ 스스로에게 질문하기: 배가 고픈가?

배가 고플 때 당신이 떠올린 추측은 틀릴 가능성이 크다. 균형 잡힌 시각을 회복하기 위해서는 허기가 부정적인 추측을 유발할 수 있음을 알아야 한다. 그리고 적당히 음식을 섭취해 허기를 채운다. 걱정이나 스트레스에 시달리고 있다면 현명하게 건강한 음식을 선택하자. 그러지 않으면 나중에 자신이 먹은 음식에 죄책감을 느끼고 더 크게 걱정할 수도 있다.

이 방법의 핵심은 추측과 생각, 감정이 악화되기 전에 밥을 먹는 것이다. 온종일 허기를 느끼지 않으려면 식사 때마다 단백질을 포함하는 게 좋다. 단백질(고기, 닭고기, 생선, 달걀, 콩, 식물, 유제품, 견과류, 씨앗류)은 허기를 채울 뿐 아니라 하루를 보낼 에너지를 주고 정신을 또렷하게 하며 집중력을 높여준다. 아침 식사에도 단백질을 포함해야 할까? 당연하다! 단백질을 추가하면 맛도 더 좋아진다. 무지방 플레인 그릭 요거트 200그램은 단백질 20그램을 함유한다. 크기가 큰 달걀 두 개에는 단백질 13그램이 포함되어 있다. 땅콩버터 2스푼을 먹으면 단백질 8그램을 섭취할 수 있다. 하루 내내 포만감을 주고 배고픔이 불러오는 부정적 추측에서 벗어나게 해줄 맛있는 단백질 음식이 세상에 가득하다.

로미오와 줄리엣의 부모님이 아몬드를 한 줌 먹었다면 이야기는 행복한 결말을 맞이했을지도 모른다.

배고픔을 한 단계 넘어서면 '행거hanger'가 찾아온다. 행그리hangry('배고픈hungry'과 '화난angry'이 합쳐져 배고파서 화가 난 상태를 의미한다—옮긴이)를 경험해본 적이 있는가? 배고픔은 부정적인 추측의 주된 원인일 뿐만 아니라 언짢은 감정을 일으키는 핵심 요인이기도 하다. 마침내 음식을 앞에 두고 "으으음…"이라는 혼잣말을 내뱉은 적이 있는가? 어쩌면 당신의 입이 행복한 감정에게 이제는 돌아와도 안전하다고 신호를 보내는 소리일지도 모른다.

✦ 스스로에게 질문하기: 화가 나는가?

분노는 강력한 감정이다. 이 감정은 경솔한 결정을 유도하고 부정적 생각을 끌어올린다. 누구나 가끔 분노나 조급함을 느낄 때가 있고, 그 정도는 큰 문제가 아니다. 19장에서 분노라는 감정(혹은 그와 유사한 감정)이 문제를 일으키기 전에 내면의 평화를 회복하는 시스템을 배울 것이다.

우선 지금은 분노로 유발된 잘못된 추측을 잠재울 방법을 살펴보도록 하자. 먼저, 이 강력한 감정이 최악의 시나리오를 떠올리게 하는 주범임을 인정해야 한다. 그다음에는 잠시 멈춰서 깊고 차분하게 호흡한다. 분노는 생각을 가속하는데, 이때 심호흡이 생각의 속도를 느리게 하는 데 도움이 된다. 이 과정이 익숙해지면 격한 액션 영화를 보면서 파트너에게 "저 헐크도 심호흡을 몇 번 한다면 헬리콥터를 빌딩에 내동댕이치고 싶은 충동이 들지 않을 텐데"라고 말하는 느긋한 엄마가 될 것이다.

차분하게 호흡을 몇 차례 반복했다면 이제 자신의 감정을 적어본다. 다만 이메일을 작성하고 발송 버튼을 누르지 않도록 주의하라! 화가 난 상태에서 이메일이나 메시지를 보내는 건 그리 좋은 생각이 아니다. 그 순간만큼은 속이 시원할지 몰라도 이는 당신에게 더욱 큰 스트레스만 안겨준다. 해방감을 경험할 수 있는 더 좋은 방법은 종이 위에 감정을 모두 쏟아낸 뒤 종이를 찢어서 버리는 것이다!

종이에 감정을 모두 쏟아내면서 분노를 잠재적으로 충족되지 못한 욕구로 인식해야 한다. 마음이 어떻게 아픈가? 어떤 면에서 더 많은 도움과 지지가 필요한가? 배우자나 자녀들에게 집안일에 좀 더 협력해달라고 요청해야 하는가?

분노를 이용해 충족되지 못한 욕구를 발견하고 그 욕구를 돌볼 수 있다면 분노는 선물이 된다. 자기 돌봄에 관한 이야기가 등장하는 9장에서 이를 좀 더 자세히 배울 것이다. 우선 지금 단계에서는 분노를 느낄 때마다 그 감정이 부정적인 추측을 일으키는 주범임을 유념하는 정도면 충분하다.

✦ 스스로에게 질문하기: 외로운가?

엄마의 삶은 때로 외롭다. 불안과 우울감이 찾아오기도 하는데, 이런 감정 때문에 홀로 침잠하면서 다른 사람들과 보내는 시간을 피하기도 한다. 엄마가 되면 관심사가 달라진다. 무엇보다 약속을 잡고 시간을 내기 상당히 어려워진다. 당신처럼 감당하기 어려운 감정에 짓눌리고 있는 다른 엄마와 아이 없이 만나는 약속을 잡으려고 시도해본 적이 있는가? 마치 인질 석방을 위한 협상을 하는 것 같다. "추수감사절을 지나 목요일에 도서관 앞에서 만나요. 제가 무지방 카푸치노를 준비할게요. 8분간 아무런 방해 없이 대화를 나눌 수 있어요. 당신이 요구한 헬리콥터는 어렵겠지만 택시라면 문제없어요."

외로움을 느낄 때 '어쩌면' '그래서' '혹시나' 하는 불안한 생각과 부정적인 추측이 더 많이 떠오른다는 사실을 인지해야 한다. 어떤 생각이 드는 이유가 무엇인지 알기만 해도 걱정에 휩싸인 마음을 진정시키는 데 도움이 된다.

외로움이라는 감정을 충족되지 못한 욕구로 이해해야 한다. 인간은 연결이 필요하다. 우리는 홀로 지낼 수 없는 존재다. 물론 소중한 지인과 만날 시간을 내기조차 쉽지 않을 수 있다. 하지만 소통 과정이 거창할 필요는 없다. 짧게라도 문자를 보내고 싶은 친구가 있는가? 오늘 연락을 하거나 안부를 물어볼 수 있는 사람이 누가 있을까?

아이를 키우며 조금이나마 여유를 누릴 수 있는 시기에 접어들었다면 새로운 취미나 관심사를 만들어보길 바란다. 모자 속에 들어온 벌에 온 신경이 쏠리는 것처럼 한 가지 생각에 사로잡혀 있는가? 그렇다면 도시의 양봉 단체에 가입하면 된다. 걸음 소리마저 조심스러울 정도로 위축되어 있는가? 파워 워킹을 하는 그룹 활동이 당신에게 딱 맞을지도 모른다. 업홀스터리(낡은 소파나 침대 등 가구에 천과 가죽을 새롭게 씌우는 작업—옮긴이) 수업은 어떨까? 의자 가장자리에 간신히 앉을 정도로 긴장이 가득한 엄마의 삶을 보내고 있다면, 이왕이면 정말 멋진 의자가 낫지 않겠는가!

엄마라는 역할이 주어진 인생에서 스스로 정체성을 지켜나가야 건강하게 살 수 있다. 타인과 유대감을 쌓기 위해 할 수 있는

엄마의 멘탈 수업

일을 하길 바란다. 사람들과 긴밀한 사이를 유지하면서 새로운 관계를 만드는 것도 좋다.

✦ 스스로에게 질문하기: 피곤한가?

아이가 태어나기 전, 바쁘고 피곤하다고 느꼈던 날들을 되돌아본 적이 있는가? 나는 있다. 그리고 그때만 하더라도 내게 잠잘 시간과 자유 시간이 얼마나 많았는지 새삼 깨달았다. 물론 아이가 있는 삶은 그 무엇과도 바꿀 수 없고, 아마 당신도 나와 같은 생각을 할 거라고 믿는다. 엄마가 되는 경험은 굉장히 보람 있는 일이다. 아이의 웃음소리를 듣고, 아이와 포옹하고, 어마어마한 사랑이 내 심장 안으로 울컥 밀려드는 모든 경험은 불면의 밤, 정신없는 일과를 감수할 가치가 있다.

다만 몸이 좀 피곤한 날(또는 완전히 지치는 날)에는 피로감이 부정적인 생각을 유발할 수 있다는 사실을 인식해야 한다. 피로에 맞설 수 있게 도와주는 간단한 방법을 소개하겠다.

___ 수분을 충분히 섭취한다

잠을 충분히 자야 한다는 이야기가 가장 먼저 나올 거라고 예상했는가? 물론 숙면은 활력과 정서적 건강에 중요한 역할을 한다. 그러나 부모라면 누구나 육아할 때 잠이 부족한 시기를 통과해야 한다. 아직 아이가 신생아일 때, 아이가 밤마다 잠에서 깰 때, 아이가 아플 때, 10대 아이가 통금 시간을 넘겨서 집에 오지 않을 때 말이다. 아이를 가진 부모라면 내 말뜻을 쉽게 이해할 것이다.

당신이 지금 어느 시기에 있든 그 끝은 분명히 오고, 당신은 무사히 살아남을 것이다! 충분히 잘 수 없는 시기에 우리가 할 수 있는 일이 있다. 바로 수분 섭취다. 탈수 상태에 빠지면 더욱 심각한 피로감을 느낄 수 있고, 피로감은 부정적인 추측을 불러오므로 물을 충분히 마셔야 한다. 수분 섭취는 피로감을 낮출 뿐만 아니라 에너지를 높이고 체내 독소를 배출해준다. 피곤할 때는 스스로 이렇게 물어보자. "오늘 물을 충분히 마셨는가?"

___ 잠을 충분히 잔다

자녀를 양육할 때 어느 정도 잘 수 있는 시간이 확보된다면 가급적 수면을 1순위에 두어야 한다. 산제이 굽타 박사는 저서 『킵샤프』(니들북, 2021)에 이렇게 적었다. "만성적인 수면 부족은 치매와 우울증, 기분 장애, 학습과 기억 문제, 심장 질환, 고혈압, 체중 증가, 비만, 당뇨, 낙하 관련 부상, 암의 위험을 높인다. 심지어 의사 결정을 할 때 부정적인 정보에 집중하도록 만들기도 한다."[3]

부정적인 정보에 집중할수록 걱정의 강도도 커진다. 네 가지 원

엄마의 멘탈 수업

인 중에서 피로에 관한 내용이 가장 긴 이유도 이 때문이다. 충분히 잠을 자는 데 도움이 되는 몇몇 아이디어를 소개한다.

체내 시계를 리셋한다. 체내 시계가 제멋대로 돌아가는 고장 난 시계처럼 느껴진다면 리셋이 필요한 시기다! 매일 같은 시간에 깨고 같은 시간에 잠을 자야 한다. 체내 시계가 잘 자리 잡으면 알람이 울리기도 전에 잠에서 깨는 일이 어느새 익숙해진다. 내 경험상 알람 소리가 날 깨우기를 기다리기보다 자연스럽게 눈을 뜰 때 훨씬 상쾌하다.

걱정거리를 글로 적는다. 우리는 때로 무엇을 걱정하고 있는지 잊어버릴까 봐 머릿속으로 몇 번이나 곱씹곤 한다! 걱정거리 때문에 밤에 잠들지 못한다면 침대맡에 펜과 종이를 마련하라. 잠들기 직전에 걱정거리가 떠오르면 바로 종이에 기록하라. 이렇게 쓰레기를 버리듯 정신적으로 무언가를 쏟아내면 걱정을 비우고 잠들 수 있다. 글로 적으면 걱정되는 중요한 일을 잊지 않을 수 있고 잠을 자지 않을 때는 이 책에서 배운 전략을 이용해 걱정거리를 해결할 방안을 찾아볼 수 있다. 다만 되도록 핸드폰에는 기록하지 말자. 전자 기기의 불빛이 수면 사이클과 수면의 질에 영향을 줄 뿐만 아니라, 침대에서 뒤척이며 잠들지 못하던 중에 왔을지 모를 문자를 확인하고 싶다는 유혹에 시달리기 쉽다.

마그네슘을 섭취한다. 잠드는 게 어렵거나 새벽에 자주 깬다면 의사와 상담을 추천한다. 자연요법 치료가 도움이 될 때도 있다. 문제를 해결하고 필요한 만큼 잘 수 있도록 도와줄 전체론적 치료법(신체의 한 부위에 문제가 발생하면 신체 전체 건강에 영향을 준다고 보고, 이를 바탕으로 치료법을 고안하는 의학의 한 형태—편집자)이 있을 수 있다. 마그네슘은 숙면에 큰 도움이 된다(다만 아이를 임신했거나 치료를 받고 있거나 다른 약을 복용하고 있다면 반드시 마그네슘을 섭취하기 전에 전문 의료진과 먼저 상담해야 한다).

캐모마일 차를 마신다. 캐모마일은 안정과 진정 효과로 유명하며, 잠들기 전에 마시기 가장 좋은 차다! 캐모마일 차는 긴장된 근육을 이완해줄 뿐만 아니라 수면을 유도하는 효능이 있다(이번에도 역시 아이를 임신했거나 치료를 받고 있거나 약을 복용하고 있다면 전문 의료진과 먼저 상담해야 한다).

위 전략은 깊은 잠을 자는 데 훨씬 도움이 된다. 매일 밤 한 번도 깨지 않고 숙면할 수 있다면 걱정에 휩싸인 마음이 쉽게 진정될 것이다.

이제부터 머릿속에 떠오르는 어떠한 추측으로 걱정이 일기 시작한다면 걱정을 유발하는 원인, 즉 홀트를 살펴보라. 스스로에게 이렇게 물어라. "배가 고픈가, 화가 나는가, 외로운가, 피곤한가?" 이 중에 하나라도 해당한다면 부정적인 생각이 드는 이유가 바로 이 증상 때문일 수 있으니 앞서 소개한 방법을 하나씩 시도

엄마의 멘탈 수업

해보길 바란다. 부정적인 생각이 내면의 평화를 무너뜨리기 전에 그 원인이 무엇인지 차근차근 살펴보자.

· 쉬 어 가 기 ·

 # 주방, 늦은 저녁

엄마와 10대 아이가 식탁에 앉아 있다. 엄마는 찐 채소가 든 그릇과 구운 닭가슴살이 담긴 접시를 내려놓는다. 아이는 이상한 표정을 짓는다.

아이   (불만스럽게 끙 앓는 소리를 내며) 새로운 요리예요?

엄마   맞아. 이제부터 좀 더 건강하게 먹기로 했어. 단백질을 섭취하면 온종일 배고파서 짜증날 일이 없거든. 그러면 더 현명하게 판단할 수 있고, 부정적인 생각도 줄일 수 있지.

아이   네?

엄마   이런 식단을 먹으면 더욱 건강하고 오래 살 수 있다는 말이야.

아이   이렇게 먹으면 정말 오래 살 수 있는 거예요, 아니면 이런 식단 때문에 사는 게 지겨워져서 그렇게 느끼는 걸까요?

4장

확률
평가하기

확률 vs. 가능성

아이가 유치원에 갈 시기가 가까워졌을 때였다. 나는 인근 공립 초등학교를 방문해 교장 선생님을 만나보기로 했다. 남편과 학교 복도를 걷던 중에 수업 종료를 알리는 종이 울렸다. 아이들이 순식간에 교실에서 줄지어 나와 복도를 가득 메웠다.

나는 남편을 돌아보며 이렇게 말했다. "복도에 애들이 이렇게 나와 있는 것 좀 봐. 감독하는 사람도 없어. 내가 아무 애나 붙잡아 데려가도 아무도 모를 것 같은데." 이런 생각이 들기 시작하자 걱정이 된 우리 부부는 그 길로 학교를 나와 아이를 사립학교에 입학시켰다.

넬슨 만델라는 이런 말을 했다. "당신의 선택이 두려움이 아닌 희망을 반영하길 바란다." 내 두려움은 만델라의 현명한 조언과는 정반대로 나를 이끌었다. 나는 아이가 더욱 나은 교육을 받길 원해서 사립학교를 선택한 게 아니었다. 우리가 방문했던 공립학교와 달리 사립학교에는 외부인을 통제하는 정책이 있었기 때문이다. 사립학교에 출입하려면 벨을 눌러야 했고, 부모의 확인이 있어야 아이가 학교를 나설 수 있었다.

당시만 해도 나는 걱정이 매우 많은 사람이었고, 내 추측을 의심하는 법을 깨닫기 전이었다. 그 결과, 나는 내 두려움을 따라 선택을 내렸다. 지금 당신이 배우고 있는 내용을 그때의 내가 알았더라면 걱정을 잠재우고 우리 가족에게 무엇이 최선인지를(경제적으로도) 고려할 수 있었을 것이다. 사립학교의 학비는 상상을 초월했다. 아이고야!

✦ 스스로에게 질문하기

내가 걱정하는 일이 실제로 벌어질 확률이 10점 만점을 기준으로 몇 점이나 되는가?

내가 지금 알고 있는 것을 그때도 알았더라면 스스로에게 이렇게 물었을 것이다. "내가 걱정하는 일이 실제로 벌어질 확률이 얼마나 될까?" 다시 말해, "내 아이가 학교에서 유괴를 당할 확률이 어느 정도나 될까?"

대답은 아마도 '아주 낮다'일 것이다.

당신은 어쩌면 '하지만 데니즈, 그런 일이 진짜 벌어질 수도 있잖아요'라고 생각할 수 있다. 그렇게 생각한다면 복권에 당첨되는 일 또한 실제로 일어날 수 있음을 기억하길 바란다. 실제로 벌어질 수 있다고 해서 유괴를 당할 확률이 지극히 낮다는 사실은 달라지지 않는다. 내가 방문한 공립학교에서 개교 이후 30년이 넘는 동안 유괴 사건이 몇 건이나 벌어졌는지 아는가? 0건이다!

나쁜 일은 언제든 벌어질 수 있고 실제로 벌어지기도 한다는 사실을 부정하진 않겠다. 부모로서 아이를 교육하고 대비시키는 등 예방책을 마련하는 일은 중요하다.

우리 엄마는 내가 어렸을 때 낯선 사람과 절대로 대화를 나누지 말라고 가르쳤다. 엄마는 그 조언을 내가 제대로 이해했는지 확인하기 위해 여러 번 질문하며 시험했다. "데니즈, 낯선 사람이 사탕을 준다고 하면 어떻게 해야 하지?" 내 대답은 늘 같았다. "사탕을 받고 엄청, 엄청 빠르게 도망치기." 엄마는 사탕도 받지 말고 낯선 사람에게서 도망쳐야 한다고 가르쳤다. 그런 엄마에게 나는 달리기가 엄청 빨라서 내 몸도 지키고 공짜 사탕도 받을 수 있다고 장난쳤다.

비록 엄마 눈에는 미덥지 않아 보였을지 몰라도 나는 엄마가

　　　　　　　　　　엄마의 멘탈 수업

해주신 말들을 진심으로 마음에 새기고 있었다. 실제로 낯선 사람이 나를 차에 태우려 했던 날에도 엄마의 말을 떠올렸다. 내가 여덟 살 때였다.

비가 오던 그날, 나는 학교 뒷마당까지 길게 뻗은 목조 계단의 가장 아래 칸에 서 있었다.

낯선 남성이 내 바로 옆에 차를 세웠다. "학교 가는 길이니?" 보조석 창문을 내리며 그가 물었다.

"네." 내가 대답했다. 계단 꼭대기를 가리키며 말을 이었다. "저기가 우리 학교예요."

"차에 타렴. 데려다줄게." 그가 말했다.

"저기 계단 위가 바로 학교인데요?" 내가 말했다. 지름길 용도로 만든 계단이었다. 계단이 없었다면 가파른 언덕길로 돌아가야 해서 학교 정문까지 족히 20분은 더 걸렸을 것이다.

"비가 오잖니. 차에 타. 내가 데려다줄게." 그가 다시 한번 말했다.

무언가 이상한 기분이 들어서 나는 더 말하지 않고 곧장 계단 위로 뛰어 올라갔다. 엄마나 선생님에게는 낯선 사람을 만났다고 말하지 않았다. 친구에게 말했는지도 잘 기억이 나지 않는다. 다만 그 남자 차에 절대로 타서는 안 된다는 사실을 내가 분명히 알고 있었다는 기억은 또렷하다.

내 첫 책 『CALM』의 「두려움을 행동의 동력으로 바꾸기」 장에서 내가 열네 살 때 겪었던 유사한 경험담을 적었다. 중요한 점은 내 인생에서 낯선 사람으로부터 도망쳐야 했던 일이 두 번이나 일어났다는 점이다. 내 아이가 학교에서 유괴를 당할까 걱정하는 이유도 이런 경험 때문일 가능성이 크다. 앞서 설명했듯이, 우리가 느끼는 두려움 대부분은 과거의 경험에서 비롯되는데, 이에 관해서는 뒤에서 더욱 자세하게 이야기할 예정이다.

우선 여기서는 지금 당신에게 걱정거리를 안기는 생각이 무엇인지 살펴봐야 한다. 실제로 일어날까 걱정하는 일이 무엇인가? 10점 만점 척도로 그 일이 실제로 벌어질 확률을 평가해보자. 1은 일어날 확률이 거의 없고 10은 일어날 확률이 매우 높다는 뜻이다.

- 걱정 평가 점수가 5점 이하인가? 확률 점수가 이렇게 낮다면 당신이 걱정하는 일이 벌어지지 않을 거라는 명확한 신호다. 위험성이 낮다는 사실을 인정하는 것만으로도 내면의 평화를 회복하는 데 도움이 된다.
- 걱정 평가 점수가 9점 이하인가? 엄마들이여, 진정하라. 당신이 걱정하는 일이 벌어지지 않을 확률은 여전히 높다. 과거를 돌아보면, 당신이 불안에 떨었던 일이 실제로는 일어나지 않았던 적이 많지 않은가?
- 걱정 평가 점수가 10점인가? 이 점수는 당신이 걱정하는 일이 벌어질 확률이 매우 높다는 의미다. 먼저, 깊이 심호흡하길 바란다. 아직 희망은 있으니까! CALM 프로세스의 남은

엄마의 멘탈 수업

단계를 통해 (설사 10점짜리 걱정이라도) 당신이 통제할 수 있는 일을 준비하고 통제 밖에 있는 일은 마음에서 내려놓는 법을 배우며 걱정을 지울 수 있다.

✦ 저스틴이 평정심을 찾은 사연

내가 진행하는 CALM 온라인 교육 과정[4]을 듣는 저스틴은 확률을 평가하는 전략으로 공황 상태에서 벗어날 수 있었다. 2020년 코로나19 팬데믹이 시작되었을 당시, 그녀는 아들이 다니는 학교에서 보낸 코로나바이러스 공문을 이메일로 받았다.

그녀는 걱정에 빠져 이런 생각을 했다. '왜 이런 메일을 보내는 거지? 학교에 바이러스가 돌고 있다는 의미일까? 우리 아이가 걸렸을 가능성이 있다는 걸까?'

걱정에 빠지면 스스로 이런 질문을 하게 될 때가 많다. "내가 걱정하는 일이 실제로 벌어질 가능성이 있을까?" 정답은 '그렇다'이다. 어떤 일이든 벌어질 수 있다. 어떤 상황이든 무언가 잘못될 수 있다는 무한한 가능성이 떠올라 굉장한 불안감이 찾아오는 것도 바로 이 때문이다. 따라서 역으로 바라볼 줄 알아야 한다. "그것이 가능한가?"라고 묻기보다는 "그럴 확률이 얼마나 되는가?"라고 물어야 한다. 10점 만점 중에서 걱정하는 일이 벌어질 확률이 얼마나 되는가?

저스틴은 이 확률을 가늠하기 위해 사실만을 따져보기로 했다. 우선 다른 학교에 다니는 아이를 둔 친구에게 전화를 걸어 비슷한 메일을 받았는지 물었고, 그 친구도 메일을 받았다는 답변을 들었다. 이 정보 덕분에 저스틴은 아들의 학교에 코로나바이러스가 발생해서(큰 정신적 고통을 유발한 추측 중 하나였다) 메일이 발송된 게 아니라는 사실을 깨달았다. 메일은 해당 지역의 학교에 다니는 아이를 둔 모든 학부모에게 발송된 안내문이었다.

그다음, 저스틴은 당시 캐나다 전국에서 코로나바이러스 발생 건수가 40건도 안 된다는 사실을 입수했다. 이를 바탕으로 그녀는 확률 척도에서 아들이 해당 질병에 걸릴 확률을 상당히 낮게 평가했고(그 당시에는), 그러자 마음이 편안해졌다. 이렇듯 생각을 조금만 바꾸면 걱정은 내면의 평화로 쉽게 전환될 수 있다.

이는 위험을 등한시하는 행동이 아니다. 앞에서 언급했듯이 예방책은 중요하다. 저스틴은 (아이에게 올바른 손 씻기 방법을 가르치는 등) 권장 안전 수칙을 따랐지만, 학교에서 메일을 받는 순간 극심한 불안감이 싹트기 시작했다. 하지만 스스로에게 "코로나바이러스가 전국에 40건 정도 발생했고 우리가 사는 지역에서는 아무도 걸리지 않았는데, 오늘 내 아들이 바이러스에 감염되어서 집에 올 확률이 얼마나 될까?"라고 물으며 내면의 평화를 회복할 수 있었다. 이 질문의 답은 '그럴 확률이 없다'였다.

엄마의 멘탈 수업

이렇듯 추측을 부수는 프로세스는 패닉 상태에 빠지지 않도록 돕기 위해 만들어졌는데, 이는 위기가 닥쳤을 때 중요한 역할을 한다. 세계보건기구who에 소속된 저명한 전염병학자인 브루스 에일워드 박사는 2020년 3월 CTV의 뉴스 프로그램인《W5》와 진행한 인터뷰에서 이렇게 말했다.

우리는 지금 질병이 전개되는 과정을 지켜보고 있는 만큼 걱정해야 하고, 상황을 잘 알고 있어야 하며, 옳은 일을 하고 또 해내야 합니다. 하지만 패닉에 빠지는 건 전혀 도움이 되지 않습니다. 바다 한가운데서 배가 가라앉는 와중에 구명정도 없고 수영도 못하는 상황이야말로 바로 패닉에 빠질 때입니다. 지금은 그런 상황이 아닙니다.

우리는 현 상황을 어떻게 관리해야 하는지 알고, 할 수 있는 일도 상당히 많습니다. 우려하고 대비해야 하지만 패닉에 빠지는 일은 이 상황에서 우리에게 전혀 도움이 되지 않을 것이고, 그럴 필요도 없습니다. 스스로를 지키기 위해 개인 차원에서 할 수 있는 일이 많습니다.[5]

바로 이것이다. 일을 대비하고 패닉에 빠지지 않는 것.

두려움에 떨며 살아가는 대신에 자신의 추측을 의심하고, 벌어질 가능성이 없는 일에 관한 걱정을 거두고(지금 당신이 배우는 것처럼), 통제할 수 있는 일은 통제하고(2부에서 다룬다), 통제할 수 없는 일은 마음에서 내려놓아야 한다(3부에서 다룬다).

'혹시나' 하는 생각이 머리를 가득 채운다면 당신이 걱정하는 일이 실제로 벌어질 확률이 10점 만점에 몇 점이나 되는지 평가하라. 이에 더해, "내가 걱정하는 일이 실제로 벌어질 수 있는가?"가 아니라 "내가 걱정하는 일이 실제로 벌어질 확률이 얼마나 되는가?"라고 물어보자. 이 사소한 생각의 전환이 패닉 상태에 빠지는 일을 막아주고 마음에 평온함을 가져다준다.

· 쉬어 가기 ·

사랑으로 채우기

이 장에서는 걱정이 실제로 벌어질 확률을 평가해 자신의 추측을 의심하는 법을 배웠다. 그리고 내가 어렸을 때 보호자가 곁에 없어도 내가 안전하게 지낼 수 있도록 엄마가 나를 대비시키고 준비시켰다는 이야기도 나누었다. 당신 역시 중대한 결정을 내려야 하는 순간이 닥치면 아이들의 귓가에 당신의 목소리가 분명히 울릴 수 있도록 자녀를 훈련시키고 있을 것이다. 이 점을 염두에 두면 마음의 안정을 유지

엄마의 멘탈 수업

하는 데 도움이 된다.

'사랑으로 채우기'라는 게임을 추천한다. 아이가 이 게임을 할 수 있을 정도로 충분히 자랐거나 기꺼이 함께해줄 파트너가 있다면 아래의 질문에 답을 적게 한다. 당신이 직접 답을 적어도 좋다.

1. 아이와 관련해 어떤 걱정거리가 있는가?
2. 아이에게 몇 번이고 거듭 말해줄 한 가지 조언이 있다면 무엇인가?
3. 아이의(또는 아이들의) 이름은 무엇인가?

질문에 대한 답변으로 아래 편지 속 빈칸을 채우면 된다. 이 양식은 『똑똑: 멋진 엄마에게 보내는 상황별 편지 박스』(Knock Knock: Letters to My Wonderful Mom Read Me When Box)에서 발췌했다.[6]

엄마에게,

엄마, 엄마가 저를 걱정하신다는 걸 알아요. 큰일도, 작은 일도, 그리고 [1번 질문 답변]. 하지만 제가 항상 조심한다는 걸 알아주시면 좋겠어요. 엄마의 말은 늘 제 귓가에 맴돌고 있어요. "[2번 질문 답변]"라는 말씀도요. 그러니 우리가 실제로 함께하지 않을 때조차도 우리는 함께 있는 거나 마찬가지예요! (전부 다 괜찮을 거예요.)

사랑을 담아, [3번 질문 답변].

내 딸 린지가 나를 위해 편지에 빈칸을 채워줬다. 린지는 결혼했고 두 아이의 엄마가 되었다. 내 딸이 완성한 편지를 함께 보자.

엄마에게,

제가 잘 챙겨 먹는지, 브리애나와 내가 정말로 행복한지 엄마가 늘 걱정하고 계신 걸 알아요. 하지만 제가 항상 조심한다는 걸 알아주시면 좋겠어요. 엄마의 말은 늘 제 귓가에 맴돌고 있어요. "엄마가 쓴 책을 꼭 읽어봐야 한다니까"라는 말씀도요(정말 재밌어요. 사랑해요, 엄마!). 그러니 우리가 함께하지 않을 때조차도 우리는 함께 있는 거나 마찬가지예요! (전부 다 괜찮을 거예요.) 그리고 저와 브리애나도 모두 괜찮을 거예요!

사랑을 담아, 린지가

이 편지를 읽으면 굉장한 위안이 찾아온다. 편지의 빈칸을 채우며 모든 일이 괜찮을 거라는 사실을 아이의 목소리로 (또는 당신의 목소리로) 다시 한번 되새기길 바란다!

엄마의 멘탈 수업

5장

'혹시'라는 생각 그만두기

세 가지 해결책

임신 소식을 알리자마자 엄마는 내게 단언했다. "이제부터 네 인생에서 걱정에 시달리지 않는 날이 없을 거야."

당시 스물두 살이었던 나는 엄마가 틀렸다고 생각했다. '당연히 지금은 걱정되지. 이제 막 아이가 생겼으니까. 혹시 아이가 움직이지 않으면? 어딘가 이상이 생기면? 출산 중에 혹시 나쁜 일이 벌어지면? 두려운 시기잖아. 그래도 아이가 태어나고 내 두 눈으로 건강한 모습을 확인하면 더는 걱정하지 않을 거야.'

마침내 그날이 왔다. 아니, 온 줄 알았다. 출산 예정일이 이미 지난 상황이었다. 윽! 예정일이 7일이나 지난 나는 유도 분만을 하기 위해 병원으로 향했다. 진통이 밤새 이어졌다. 다음 날 아침,

유도 분만에 성공하지 못했다는 이야기를 들었고 의료진은 나를 다시 집으로 보냈다. 이 상황이 그리 마음에 들지 않았다.

그로부터 6일이 지난 후에 어떤 일이 벌어졌는지 짐작이 가는가? 아직도 아이가 나오지 않았다. 위생 시트로 다리를 가린 채 진찰대에 앉아 있는 나에게 산부인과 의사가 말했다. "내일 유도 분만을 다시 진행할 예정입니다."

"제발 그러지 마세요. 지난번에도 실패했잖아요." 나는 거듭 사정했다.

"이번에는 아이와 함께 병원을 나설 거라고 제가 약속할게요." 의사는 장담했다.

당시 아이를 가지기 전 체중에서 무려 24.5킬로그램이 증가한 나는 아이를 빨리 낳고 싶었다. 내일 출산을 할 거라는 의사의 약속을 믿고 다시 한번 유도 분만을 진행하기로 결정했다.

진통 속에서 또 한 번의 기나긴 밤과 끝나지 않을 것만 같은 하루를 보낸 후 의사가 병실로 찾아왔다. "자궁 경부가 안 열리네요." 그가 말했다. "퇴원하셔야 할 것 같습니다."

안 돼애애애애애애애! 나는 이 상황이 너무나 끔찍했고, 앞으로도 계속 이런 식으로 상황이 흘러갈까 봐 걱정되었다.

예정일로부터 17일이 지난 어느 날, 산부인과 의사가 전화를 걸었다. "오늘 오후에 병원으로 오세요." 곧장 이런 생각이 들었다. '혹시 무언가 잘못되었으면 어떡하지?'

엄마의 멘탈 수업

병원에 도착하자 그는 이렇게 말했다. "내일 제왕절개 수술을 예약하시는 게 좋겠습니다. 아이를 계속 품고만 있을 수는 없죠."

수술받을 생각에 긴장했지만 마침내 끝이 난다는 데 안심하기도 했다. 드디어 아이를 만날 수 있다. 드디어 '혹시나' 하는 모든 생각에 종지부를 찍을 수 있다.

바로 그날 밤, 진통이 저절로 시작되었다. 유도 분만도, 제왕절개 수술도 하지 않고 아이가 나오려고 했다. 출산 예정일을 18일 넘긴 다음 날 오후 건강한 딸을 출산했다. 이제 아이에 대한 걱정은 모두 끝이 나겠지?

틀렸다. 걱정은 멈추지 않았다. 실제로 아이가 태어난 후 걱정이 더욱 많아졌다. 혹시 아이가 잘 먹지 못한다면? 혹시 이 발진이 심각한 거라면? 회사에 복귀한 후 좋은 베이비시터를 찾지 못한다면? 내가 당했던 것처럼 혹시라도 아이가 학교에서 괴롭힘을 당한다면? 혹시 아이가 시험에 통과하지 못한다면? 혹시 아이가 견학을 갔다가 다치기라도 한다면?

당신에게도 익숙한 이야기인가? 자녀를(또는 자녀들을) 두고 어떤 걱정을 하는가? 안전이나 건강, 행복, 영양, 발달, 교우 관계, 교육, 미래? 이것 말고 다른 걱정거리가 더 있는가? 이 심리를 깊이 들여다보면, 걱정하는 마음이 자신에게 일종의 초능력을 주기 때문에 열심히 걱정하면 그 일이 내 아이에게 벌어지지 않도록 막을 수 있는 힘이 생긴다고 믿는 엄마가 많은 듯하다. 하지만 단지 걱정한다고 해서 원치 않은 일이 벌어지는 것을 막을 수 없다. 걱정은 그저 육아의 즐거움을 앗아갈 뿐이다.

✦ 스스로에게 질문하기: 무엇이?

"혹시?"가 아니라 "무엇이?"라고 질문해야 한다. 이 질문의 목적은 당신의 의식을 현재로 되돌리는 데 있다. 걱정에 휩싸일 때면 보통 우리는 미래에 잘못될 수도 있는 일을 떠올린다. 당신의 미래는 아직 오지 않았다. 당신의 과거는 이미 지나갔다. 당신은 바로 지금, 이곳에 머물고 있다.

지금 바로 이 순간에 무슨 일이 벌어지고 있는가? 지금 이 순간, 당신은 안전하다. 지금 이 순간, 당신에게는 통제할 수 있는 일은 통제하고, 통제할 수 없는 일은 마음에서 내려놓을 힘이 있다. 이 내용을 CALM 프로세스의 다음 단계에서 배운다.

일터로 복귀하기 전 좋은 보육 서비스 제공자를 찾을 수 있을지 걱정하는 상황을 가정해보자. "무엇이?"라고 물으면 "혹시나"의 게임을 멈출 수 있다. 지금 이 순간, 당신은 아직 복직하지 않은 상태로, 아이와 함께 있다. 지금 이 순간, 당신과 아이 모두 안전하다. 바로 이 순간에 베이비시터를 알아볼 수 있고, 친구에게 추천해달라고 부탁할 수도 있으며, 전화를 돌려 몇몇 지원자와

엄마의 멘탈 수업

면접을 볼 수도 있다. 지금 당신에게는 아무런 문제가 없다. 느리게 몇 차례 심호흡한 뒤 생각을 현재로 되돌리자.

현재 당신에게 일어난 일 중에서 좋은 일은 무엇이 있는가? 때때로 우리는 문제가 생길 여지가 있는 모든 일에 너무 매몰되는 바람에 아무 문제 없이 좋은 현재를 보지 못한다. 당신의 뜻대로 진행되고 있는 일은 무엇인가? 오늘 당신이 감사하게 생각하는 일은 무엇인가? 어떤 좋은 일이 생길 수 있는가? 지금 좋은 무언가에 집중한다면 평정심과 마음의 평화를 유지하는 데 도움이 된다.

✦ 스스로에게 질문하기: 1년 후에도 중요한 일인가?

이 질문의 목적은 균형 잡힌 시각을 되찾는 것에 있다. 올해 추수감사절은 친정 식구들과 보내기로 했는데 혹시나 시어머니가 화를 내면 어떡하지? 혹시나 아이 때문에 회사에 병가를 써야 하는 상황이 생기면? 하루를 즐겁게 보내느라 또는 계속 미뤄왔던 어떠한 일을 해치우느라 오늘 아침에 받은 메시지와 문자에 답장을 못 하는 상황이 생기면? 좋다. 이 중에서 1년 후에도 여전히 중요한 일이 있는가? 그렇지 않다. 사실, 우리가 걱정하는 일 대부분은 길게 보면 그리 중요하지 않을 때가 많다.

걱정에 사로잡힐 때 이 질문을 던져 큰 그림을 그릴 수 있다.

질문에 대한 답이 '아니요'라면 마음이 한결 편해진다. 한편, 답이 '그렇다'라면 세 번째 해결책으로 넘어가야 한다.

✦ 자기 확언:
나는 잘 감당할 수 있고, 내 아이들도 할 수 있다!

엄마들이여, 지금껏 당신의 인생에서 감당해온 모든 일을 떠올려보길 바란다. 예상치 못한 상황을 마주한 순간들과 예상했던 것보다 훨씬 힘들었지만 잘 처리해낸 모든 일을('엄마로서의 인생' 같은 것 말이다) 잠시 떠올려보길 바란다. 당신은 당신에게 벌어진 모든 일을 잘 처리해왔다. 당신이 인생의 모든 도전을 손쉽게, 눈물 한 번 쏟지 않고 이겨냈다고 말하는 게 아니다. 다만 과거를 무사히 헤쳐나온 당신이 지금 이 책을 읽고 있다는 뜻이다. 브라보, 엄마들이여!

자주 인용되는 미국의 작가 린다 우튼의 문장이 있다. "엄마가 된다는 것은 자신에게 있는 줄 몰랐던 힘을 배우고 존재하는지 몰랐던 두려움을 상대하는 것이다." 당신은 강한 사람이다! 지금껏 삶이 당신에게 준 시련을 모두 잘 감당해왔다. 당신 앞에 어떤 일이 닥치든 잘 감당할 수 있다는 사실을, 당신의 가족 또한 그러하리라는 사실을 믿어야 한다. 내일을 걱정하는 대신 확언을 시작하라. "나는 잘 감당할 수 있고, 내 아이들도 할 수 있다!"

엄마의 멘탈 수업

게다가 당신이 걱정했던 일 대부분은 실제로 벌어지지 않았다. 우리에게 벌어지는 큰일들은 보통 가장 험난한 상상에 미치지 못할 때가 많다. 살면서 예상치 못한 전개를 경험한 적이 있는가? 그 일을 잘 감당해낸 자신에게 놀라지는 않았는가? 10대 시절, 생명이 위험할 뻔한 상황에 갑작스럽게 휘말린 나 자신에게 무척이나 놀랐던 일이 있었다.

내 책상 서랍에는 나와 내 친구의 사진과 함께 "13세 소녀가 얼어붙은 심코호수에 빠진 친구를 구하다"라는 헤드라인이 적힌 기사가 들어 있다. 그렇다. 열세 살 때 나는 얼어붙은 강에 빠진 적이 있다. 나는 친구 두 명과 강물이 언 심코호수 위를 걷고 있었다. 두 친구는 대화를 나누고 있었고 나는 혼자 이리저리 돌아다녔다. 강 위 얼음이 녹아 있어서 부츠로 녹은 얼음을 한곳에 모은 뒤 그 위로 점프해 얼음이 사방으로 튀는 모습을 구경했다.

마지막으로 만든 얼음 산은 제법 크고 멋졌다. 얼음 가루가 멋지게 날릴 거라고 기대하며 온 힘을 다해 그 위로 점프했다. 다른 때와 달리 바지 무릎 부분이 축축해졌다. 이런 생각이 들었다. '안 돼! 내가 얼음 위로 넘어졌나 봐. 바지가 다 젖었어.' 이내 수영장에 다이빙한 것처럼 내 머리카락들이 사방으로 흩날리는 느낌이 들었다. '오, 세상에. 얼음 위에 넘어진 게 아니야. 깨진 얼음 사이 물속으로 떨어진 거야!'

얼음 밑으로 떨어진 상황에서 예상치 못한 일이 벌어졌다. 나는 패닉에 빠지지 않았다. 도리어 침착해졌다. 스트레스 반응 때문에 그런 반응이 나타났다는 것을 이제는 알고 있다. 투쟁-도피-경직 반응이 가동되어 정신이 또렷해졌고, 덕분에 대단히 위험한 상황에 대처할 수 있었다. 생각은 굉장히 분명해졌다. '주머니에서 손을 빼고, 장갑과 부츠도 벗고, 발을 계속 차면서 수면 가까이에 있어야 해.'

다행히 곧 한 친구가 내가 보이지 않는다는 것을 깨달았다. 친구는 다른 친구를 바라보며 물었다. "데니즈 어디 갔어?" 친구는 얼어붙은 강바닥을 훑어보다 구멍을 발견했다. 구멍이 있는 곳으로 달려온 친구는 얼음장 같은 물속으로 팔을 넣어 이리저리 휘저었고, 내 머리카락이 손에 닿자 그대로 머리카락을 당겨서 올린 다음 내 팔을 잡았다. 당시 열세 살이었던 용감한 내 친구는 구멍 위로 나를 끌어 올려 내 생명을 구했다.

그날의 경험으로 배운 사실 하나는 우리가 생사의 갈림길에 놓이면 생존 본능으로 현재에 더욱 집중하게 된다는 점이다. 얼음 아래에 빠졌을 때, 나는 시험 점수 같은 문제를 떠올리지도 않았다. 봄방학이 끝나면 다시 학교에 가야 한다는 사실에도 스트레스를 받지 않았다. 나는 바로 그 순간에 온전히 집중했다.

레이저 같은 집중력으로 현재에 몰입하자 생각이 명료해졌고, 덕분에 얼음 구멍에서 멀어지지 않기 위해 해야 할 일들을 할 수 있었다. 그래서 내 친구가 나를 구조할 수 있었다. 한편, 내가 그

엄마의 멘탈 수업

순간에 집중하지 못하고 앞으로 벌어질지 모를 일을 걱정했다면, 곧 패닉에 빠져 두려움에 사로잡혔을 게 분명했다. 만약 그랬다면 친구가 운 좋게 나를 발견하고 머리카락을 잡아당겨 구하는 일도 없었을 것이다.

이 이야기에서 어떤 교훈을 얻을 수 있을까? 사실 깨진 얼음 사이로 떨어질 일은 거의 없다. 하지만 당신은 살면서 자신의 반응이 결과에 굉장히 중요한 영향을 미치는 문제들을 경험할 것이다. 결혼 생활이 파경을 맞을 수 있고, 가족이 심각한 질병에 걸릴 수 있으며, 경제적 어려움을 겪을 수도 있다. 이런 시기가 닥치면 '혹시나' 하는 생각이 당신을 밑바닥으로 가라앉게 할 테지만 다시 현재에 집중하면 얼마든지 다시 올라갈 수 있다.

지금 벌어지는 상황에 집중하며 현재에 머물러야 한다. 어떠한 문제가 1년 후에도 여전히 중요할지 물으며 균형 잡힌 시각을 회복해야 한다. 이때 "혹시나 일이 잘 안 되면 어떡하지?"보다는 "혹시나 일이 잘되면 어떡하지?"라고 스스로에게 묻자. 당신의 놀라운 상상력을 이용해 바라던 그대로의 상황이 눈앞에 펼쳐지는 상상을 해보면 어떨까? 희망을 잃지 말라. 가능성을 믿어라. 그리고 미래에 어떤 일이 벌어지든 감당할 수 있는 능력이 자신에게 있다고 믿어라. "나는 감당할 수 있고, 내 아이들도 할 수 있다!" 이렇게 확언하라.

당신은 충분히 해낼 수 있다. 당신은 강한 엄마니까!

6장

이야기 다시 쓰기

최악의 시나리오를 떠올리며
스스로를 두려움에 몰아넣지 않는 방법

"아이가 글을 읽는 데 어려움을 겪고 있어요." 브리애나가 초등학교 3학년일 때 담임 선생님이 내게 이런 말을 했다. "지금 아이가 표준에 미치지 못하는 것 같아서 조금 걱정이 돼요."

'세상에!' 이런 생각이 들었다. '우리 아이가 헤매고 있다니. 읽기 능력이 표준에 미치지 못한다니. 내 잘못이야. 내가 밤에 책을 안 읽어줘서 그래. 내가 일이 너무 많아서, 너무 피곤해서 그런 거야. 난 나쁜 엄마야. 내 딸을 어쩌면 좋지? 브리애나를 앞으로 어떻게 해야 하지?'

그렇다! 나는 아이의 선생님에게 들은 두 문장으로 걱정을 유발하는 추측에 빠져 내가 아이의 인생을 망쳤다는 생각에 사로잡

엄마의 멘탈 수업

했다. 익숙하지 않은가? 당신도 현재 상황을 두고 완전히 끔찍한 미래의 결과를 그린 적이 있지 않은가?

걱정은 우리가 지어내는 무시무시한 이야기에서 탄생할 때가 많다. 스스로에게 들려주는 그 이야기는 상상력에서 비롯되는데, 진짜인 경우는 거의 없다. 이해했는가? 당신이 떠올리는 최악의 시나리오가 정말로 들어맞는 경우는 거의 없다! 걱정을 많이 하는 사람들의 특징 중 하나는 바로 뛰어난 상상력이다. 당신의 상상력을 부정적인 추측으로 가득 채운다면 걱정이 당신을 집어삼킬 것이다. 하지만 당신이 최고의 시나리오를 상상하면 걱정은 힘을 발휘하지 못한다.

그러니 상상력을 우리에게 유리하게 활용해보자. 이제부터 등장할 '추측 부수기' 질문은 스스로 지어낸 무서운 이야기로 자신을 두려움에 몰아넣지 않고 상상력을 긍정적으로 활용할 수 있는 법을 알려준다. 바로 이야기를 다시 쓰는 것이다.

✦ 스스로에게 질문하기: 다른 이야기가 있을 수 있는가?

스스로에게 "다른 이야기가 있을 수 있는가?"라는 질문을 한다면 이야기를 새로 쓸 수 있다. 당연히 이 질문에 답을 하려면 추측을 더 많이 해야 한다. 긍정적인 추측 말이다.

또한 "다른 이야기가 있을 수 있는가?"라는 질문에 현실을 바꾸려는 의도는 없다는 점을 이해해야 한다. 걱정을 내려놓는 최선의 방어책은 오직 사실만을 정확하게 따지는 것이다.

이 질문은 걱정이 슬며시 고개를 드는 순간부터 사실관계를 파악하고 안도하기까지 긍정적인 생각을 떠올리고 그것에 집중할 수 있도록 해준다. 긍정적인 이야기에 초점을 맞추면 안도감이 찾아올 때까지 마음의 평화를 유지하며 견딜 수 있다.

딸아이가 글을 읽기 어려워한다는 소식을 들었을 때로 다시 돌아가보면, 당시 나는 이러한 부정적인 추측을 했다. '전부 내 잘못이고, 이제 이 아이의 인생은 끝났어.' 또 어떤 추측을 할 수 있었을까? 딸이 읽기에 어려움을 겪는 이유를 내 탓으로 돌리지만 말고 좀 더 긍정적으로 바라볼 순 없을까? 어쩌면 아이에게 시력과 청력 검사가 필요할지도 모른다. 최적의 학습 방법을 찾기 위해 난독증 검사를 받아야 할 수도 있다.

브리애나는 난독증 검사를 받았다. 아이가 난독증이 아니라는 전문가 소견이 나왔다. 청력 검사도 받았다. 브리애나의 청력이 지금은 괜찮다는 결과가 나왔다. 하지만 예전에 아이가 귀에 만성적인 염증을 앓았고, 이로 인해 입학하고 몇 년간은 귀가 잘 들리지 않았던 모양이다. 마지막으로 우리는 아이의 시력을 검사했다. 빙고! 브리애나는 안경을 써야 하는 상태였다. 내 딸이 읽는

데 문제가 있었던 이유는 시력이 나쁜 데다가 학교에 들어간 후 처음 몇 년 동안 듣기에 어려움을 겪은 탓이었다.

안경을 맞추고 귀의 염증을 치료한 뒤에는 아이가 미진했던 부분을 따라잡을 수 있도록 도와줄 가정교사를 고용했다. 아이는 뒤처진 부분을 따라잡았을 뿐만 아니라 이후에 고등학교를 우등생으로 졸업했다. 대학교 역시 우등생으로 졸업했다. 이런 아이를 두고 내가 아이의 인생을 망쳤다고 걱정했다니. 엄마란 그런 사람이다. 부정적인 추측은 불필요한 걱정을 불러올 뿐이다.

또 다른 시나리오를 들어보겠다. 당신의 직장 대표가 이런 문자를 보내왔다. "내일 출근하면 잠깐 봅시다."

이 메시지를 읽은 뒤부터 온갖 생각이 들고 그 생각들은 감정을 유발한다. 가령 이 문자를 받은 직후 중립적이거나 긍정적인 생각이 들면 중립적이거나 긍정적인 감정을 똑같이 경험하게 된다. 한편 상사가 당신을 만나고 싶어 하는 온갖 부정적인 이유들을 떠올린다면 스트레스와 걱정이 밀려올 것이다.

때때로 감정이 너무도 빠르고 압도적으로 촉발되는 바람에 어쩌다 그런 감정을 느끼게 되었는지 잘 파악하지 못하는 경우도 있다. 지금부터 소개할 몇몇 제안은 생각을 정리하고 처음 걱정이 찾아올 때부터 사실관계를 파악하고 마침내 안도할 때까지 내면의 평화를 회복하도록 도와준다.

1. 걱정을 유발하는 원인을 밝힌다. 스스로에게 이런 질문을 해보자. "내가 무엇을 보고 듣고 읽어서 지금 이 감정을 느끼는 걸까?" 걱정되는 사건 또는 상황을 적는다. 예시는 다음과 같다. "상사가 내일 아침에 잠시 보자고 문자를 보냈다."

2. 당신을 두려움에 빠뜨리는 생각이 무엇인지 파악한다. 스스로에게 이렇게 묻는다. "내가 두려워하는 이야기는 무엇인가?" 현재 상황에서 당신이 상상하는 부정적인 추측을 모두 적어본다. 아마 스스로에게 이런 이야기를 들려주고 있을 것이다. '내가 뭘 잘못했나? 혹시 해고당하는 거라면 어떡하지? 해고를 당하고 나서 지금과 비슷한 일자리를 찾지 못하면 어쩌지? 혹시 다음 직장에서 학교를 마친 후 아이를 데리러 갈 시간을 허락하지 않으면 어쩌지? 아이를 돌봐줄 좋은 베이비시터를 찾지 못하면?' 잠시 이야기를 나누자는 상사의 단순한 문자가 아이를 돌봐줄 도우미를 찾지 못할지도 모른다는 거대한 공포로 번졌다(무슨 말인지 알겠는가? 걱정이 많은 사람은 상상력이 뛰어나다!). 누락된 정보를 부정적인 추측으로 채우는 행위는 당신을 두려움에 빠뜨린다. 스스로를 두려움에 몰아넣는 행위를 이제는 멈춰야 한다.

3. 사실을 파악한다. 걱정을 내려놓는 최선의 방어책은 사실만을 정확하게 따지는 것이다. 스스로에게 "실제로 어떤 일이 벌어졌는가? 또는 벌어지고 있는가?"를 물은 뒤 자신이 모르는 정보가 무엇인지를 밝혀낸다. 이 사례의 경우, 상사에게 메시지를 잘

엄마의 멘탈 수업

받았다고 답장하면서 어떤 연유로 보자는 건지 미리 알려줄 수 있냐고 물을 수 있다. 곧장 답장을 받지 못할 수도 있지만, 그럴 때는 좀 더 긍정적인 생각을 떠올리며 걱정을 잠재워야 한다.

4. 긍정적인 추측으로 이야기의 공백을 채운다. 스스로에게 다시 이렇게 물어보자. "다른 이야기가 있을 수 있는가?" 이야기의 공백을 채워줄 긍정적인 시나리오를 떠올린다. 상사는 새로운 프로젝트를 논의하기 위해 또는 현재 당신의 업무량을 파악하기 위해, 그것도 아니면 회사의 일정을 미리 논의하고자 당신의 내년 휴가 일정을 확인하기 위해 불렀을 수도 있다. 어쩌면 당신이 인정받을 만한 일을 해서 그 노고를 치하하는 자리일 수도 있다.

마지막 이야기는 조금 과한 것 같은가? 전혀 그렇지 않다. 얼마 전에 한 친구가 상사의 부름을 받았다. 어찌나 스트레스를 받았는지 그는 잠도 제대로 못 자고, 약속 당일에는 셔츠가 다 젖도록 땀을 흘렸다. 하지만 막상 대면하고 보니 상사는 그를 극찬하며 지금껏 그가 보여준 노고를 치하했다. 모든 스트레스는 그가 만들어낸 부정적인 추측들 때문이었다.

추측 때문에 걱정에 시달린다면, 그리고 아직 정확한 사실을 파악하지 못했다면 부정적인 추측이 몸집을 불리기 전에 긍정적인 생각을 떠올리려고 노력해야 한다. 가장 좋은 시나리오를 떠올리는 훈련을 꾸준히 해서 습관이 되면 걱정은 점차 당신을 장악하던 힘을 잃고 만다. 시간이 지날수록 부정적인 추측보다 긍정적인 추측이 옳을 때가 많다는 사실을 깨달을 것이다.

한편, 당신이 추측한 괴로운 이야기가 실제로 일어난다면? 애써 떠올린 긍정적인 추측은 어리석은 행동이었을까? 그렇지 않다! 최악의 상황이 벌어질까 내내 걱정했는데 실제로 그런 상황이 일어났다면 고통을 두 번 경험하는 셈이다. 반대로 자신에게 유리한 결과가 벌어질 거라 믿었는데 최악의 상황이 일어났다면 고통을 한 번만 경험하게 되는 것이다! 물론 자신에게 유리한 결과가 벌어지리라 믿었고 실제로 결과도 그렇다면 아무런 고통도 경험하지 않는다. 5장에서 설명했듯이, 어떤 일이 벌어지더라도 당신에게는 그것을 충분히 감당해낼 능력이 있다는 사실을 잊지 않길 바란다!

당신이 떠올리는 두려운 이야기도 긍정적인 이야기도 모두 당신의 이야기다. 전자는 두려움을 불러오는 반면, 후자는 평온함을 불러오고 앞으로 나아갈 힘을 준다. 앞으로 부정적인 생각이 제멋대로 날개를 펼치려 할 때면 사실을 먼저 파악해야 한다는 것을 명심하길 바란다. 이와 동시에 긍정적인 추측으로 정보의 공백을 채워나가며 걱정에 휩싸인 마음을 진정시켜야 한다. 자기 자신에게 이렇게 묻자. "다른 이야기가 있을 수 있을까?" 이렇듯 사고의 과정을 살짝만 바꾸면 걱정은 작아지고 마음의 평안은 더욱 커진다.

엄마의 멘탈 수업

이제 당신은 자신의 추측을 의심함으로써 걱정을 단숨에 흘려보낼 준비를 모두 마쳤다. 이제부터 걱정이 당신을 스트레스로 몰아넣기 위해 최선을 다한다면 조금 전까지 배운 여섯 가지 추측 부수기 전략을 활용하길 바란다(이 전략을 한눈에 확인하고 싶다면 5부를 참고하라).

자신의 추측을 의심하는 법을 배웠다면 CALM 프로세스의 두 번째 단계인 2부로 넘어갈 때다. 지금 바로 가보자!

2부

통제할 수 있는 일은
통제하라

Act
to Control
the Controllable

걱정이 들끓기 시작하면
가만히 앉아 마음을 졸이는 대신
자리에서 일어나 무언가를 하라.

모든 걱정이 나쁘지는 않다는 사실을 알고 있는가? 그렇다. 실제로 좋은 걱정도 있다. 걱정이 이런 말을 건넬 때가 있다. "이봐, 집중해! 네 건강, 재산, 가족, 사업 등 스스로를 지키기 위해 해야 할 일이 많다고."

내 딸들을 돌봐주던 베이비시터는 딸아이가 어린이용 진통제를 입안 가득 물고 있는 것을 발견하고 즉시 조치했다. 으악! 당시 어린아이였던 내 딸 린지는 베이비시터의 가방에 몰래 접근해 약통을 열었고, 안에 들어 있던 약을 전부 입에 쏟아부었다. 베이비시터가 아이를 발견했을 때 린지는 신나게 약을 씹어 먹고 있었다.

린지에게 다가간 베이비시터는 손가락을 아이의 입에 넣어 약을 최대한 꺼냈다. 그런 뒤 독극물통제센터에 긴급히 전화를 걸었다.

"제가 돌보는 아이가 어린이용 진통제를 먹었어요." 공황에 빠진 베이비시터가 설명을 이어갔다. "얼마나 먹었는지 모르겠어요. 통이 거의 꽉 차 있었거든요."

전화 상담원은 약의 세부 정보와 약통의 크기를 물었다. "괜찮아요." 상담원은 베이비시터를 안심시켰다. "통에 든 약을 다 먹었다 해도 어린아이가 위험해질 정도로 독하지 않은 약이에요.

엄마의 멘탈 수업

아이는 괜찮을 겁니다."

이 이야기는 걱정이 어떠한 행동을 하게 만드는 계기가 될 수 있다는 것과 CALM 프로세스의 두 번째 단계가 어떻게 작동하는지를 보여주는 훌륭한 사례다. 두 번째 단계란 바로 통제할 수 있는 일은 통제하는 것이다. 당신은 어떠한가? 당신의 걱정이 당신을 움직이게 하는가? 예를 들어, 아이의 교육을 걱정해서 선생님을 직접 만나러 가는가? 돈 걱정으로 재정 자문가를 만나거나 지출 내역을 살피며 돈이 어디로 새는지 확인하거나 잘 아는 동료에게 사업을 시작하는 법에 대해 조언을 구하는가? 해야 할 일이 너무 많을 때 도움을 구하거나 어떤 일은 과감히 포기하거나 거절하는 법을 배우려고 노력하는가? 건강에 더욱 신경을 쓰거나 병원에 가는가?

CALM 프로세스의 두 번째 단계가 걱정을 행동으로 바꾸는 데 필요한 여러 도구를 제공해준다. 이 책을 계속 읽어나가며 두려움 속에서도 행동하고, 스트레스가 몸과 마음에 미치는 부정적인 영향력을 줄이고, 중요한 가치를 기준으로 선택을 내리고, 용감한 행동을 할 수 있도록 행동 계획을 세우는 법을 배우길 바란다.

7장

행동 계획
세우기

걱정을 이롭게 활용하는 방법

메리 헤밍웨이(어니스트 헤밍웨이의 네 번째 부인—옮긴이)는 이런 말을 했다. "매일 조금씩 걱정한다면 인생 전체로 봤을 때 2년을 잃는 거나 다름없다. 무언가 잘못된다 해도 할 수 있는 만큼 해결하면 된다. 다만 걱정하지 않도록 스스로를 훈련해야 한다. 걱정은 무엇도 해결해주지 않는다."

홀륭한 조언 아닌가? 달리 말하면 통제할 수 있는 일은 통제하고 그 외의 일들은 내버려두는 방법을 배워야 한다는 뜻이다. 해결할 수 있는 일을 해결하기 위해서는 가장 먼저 무엇을 해결해야 하는지 파악해야 한다.

이 단계에서 파악해야 할 대상은 '내가 어떤 걱정을 하고 있는

엄마의 멘탈 수업

가'다. 잠시 멈춰서 당신이 걱정하고 있는 일들을 가능한 한 구체적으로 적어보자. 가령 일 걱정에 빠져 있다고 가정해보자. 구체적으로 어떤 점을 걱정하고 있는가? 업무 시간? 그렇다면 거기서 좀 더 깊이 파고든다. 더 구체적으로 업무 시간의 어떤 점을 걱정하는가? 아이들이 방과 후 집에 올 때 당신은 여전히 회사에 있어서 걱정인가? 더욱 깊이 들어가보자. 구체적으로 방과 후 아이들이 혼자 집에 있으면 어떤 점이 걱정되는가?

지금 우리는 이런 과정을 거쳐 걱정의 본질로 들어가는 중이다. 걱정의 본질을 밝히면 자신이 통제할 수 있는 일을 통제하기 위해 행동 계획을 세우는 데 필요한 정보를 얻을 수 있다. 행동 계획은 걱정과 스트레스를 줄이는 놀라운 효과를 발휘한다. 자신의 걱정을 파악하고 나면 다음 브레인스토밍 질문을 통해 행동 계획을 세울 수 있다.

- "누구에게 물어야 하는가?"
- "내가 무엇을 할 수 있는가?"
- "어떤 글을 읽어야 하는가?"

이 세 질문을 바탕으로 당신이 걱정하는 문제에서 통제할 수 있는 사안을 통제하기 위해 해야 할 행동이 무엇인지 떠올릴 수 있겠는가? 그렇다면 글로 적길 바란다. 글로 행동 계획을 기록하면 집중력을 잃지 않고 계획대로 나아갈 수 있다. 파트너와 팀을 이뤄 걱정을 해소하기 위해 할 수 있는 일이 무엇인지 함께 떠올려보고 리스트를 작성하면 도움이 된다. 답이 길어도 괜찮다. 위 질문들은 당신을 돕기 위한 것이지, 걱정을 늘리기 위한 것이 아니다!

현재 처한 상황에서 할 수 있는 일이 없다는 무기력한 생각이 든다면 어떻게 해야 할까? 장담컨대 대단히 안 좋은 상황일지라도 행동함으로써 상황을 바꿀 수 있다. 실제로 (세 질문을 통해) 행동한 덕분에 나는 심각한 우울증의 늪에서 빠져나올 수 있었다. 내가 어두운 시간을 어떻게 벗어났는지 또한 당신이(또는 어둠의 시기를 거치고 있는 지인이) 어떻게 그 시간을 이겨낼 수 있을지 지금부터 들려주겠다.

✦ 나의 회복 이야기

몇 년 전, 나는 내게 의미 있는 일을 하며 느꼈던 즐거움을 완전히 잃어버렸다. 혼자인 것처럼 느껴졌다. 막막했다. 나는 빛이 보이지 않는 깜깜한 터널 한가운데 서 있었다. 도무지 견딜 수 없을 것만 같은 이 고통을 이겨낼 수 있을지 끊임없이 의심했다.

나는 당황스러웠고 사람들의 눈에 내가 어떻게 보일지 걱정도

되었다. '사람들에게 내가 지금 우울하다고 말할 수가 없어. 나는 걱정 관리 전문가잖아. 이런 기분을 느껴서는 안 되는 사람이라고.' 그렇지만 나는 그런 기분을 느꼈고 고통과 수치심 때문에 어떤 행동도 할 수 없었다.

당시 내 친구 더그가 문자로 자신과 커피 한잔하자고 연락해왔다. 더그와는 15년간 동료로 알고 지낸 사이였다. 그는 가장 절친한 친구이자 내가 다니는 교회의 담임 목사이기도 했다. 친구의 제안을 수락한 나는 그의 사무실을 찾아갔다. 더그의 사무실은 여전히 내게 큰 위안을 주는 공간이다. 그곳은 가지런히 정리된 책들이 빼곡하게 꽂힌 천장 높이의 책장으로 가득해서 평화로운 도서관을 떠올리게 한다. 그날 책상에서 마주 앉아 커피를 마시던 중에 더그는 내게 이런 질문을 했다. "10점 만점에서 지금 네 삶이 몇 점 정도인 것 같아?"

눈물이 터진 나는 이렇게 말했다. "1점." 몇 달 동안 우울감을 느꼈지만 처음으로 다른 누군가에게 그 사실을 인정했다.

"아, 내가 보기에 4점은 될 것 같은데." 그가 부드럽게 말했다.

눈물을 쏟아내는 중에도 그의 말에 미소가 번졌다. 내 친구가 나를 진심으로 생각해주고 있다는 사실은 알고 있었지만, 그 순간에는 그가 나를 진심으로 염려하고 있음이 느껴졌다. '나는 혼자가 아니야.' 이런 생각이 들었다. '우울하다는 사실을 더는 숨길 필요가 없어.'

당신은 무엇을 숨기고 있는가? 내가 그랬듯 우울함을 숨기고 있는가? 억울함이나 막막함, 분노 같은 감정을 숨기고 있는가? 사람들이 알게 되면 당신을 어떻게 생각할지 걱정되는 마음에 중독이나 섭식 장애 같은 다른 문제를 감추고 있는가? 어떤 문제를 숨기고 있는가?

그게 무엇이든, 비슷한 감정을 느끼는 사람이 당신 혼자가 아니라는 점을 확실히 말해주고 싶다. 지금 당신이 겪는 일을 경험하는 사람이 비단 당신뿐만은 아니다. 괜찮다. 걱정하지 않아도 된다. 당신은 혼자가 아니고 끔찍한 상황에 빠지지도 않았다.

지금 자신에게 벌어지는 일을 스스로에게(그리고 당신이 신뢰하는 누군가에게) 털어놓기 위해서는 용기가 필요하지만, 막상 인정하고 나면 한결 자유로워진다. 나는 내 감정에 솔직해지면서 마침내 우울증을 감추며 겪었던 내면의 혼란에서 벗어날 수 있었다. 내 감정을 부끄럽게 여기거나 다른 사람들이 어떻게 평가할지 두려워하는 마음에서 벗어나 자유를 찾았다. 이 자유는 인생을 다시 시작할 수 있다는 희망을 마음속에 심어주었다. 나는 이 작은 희망의 불꽃으로 즐거움을 다시 되찾고 앞으로 나아갈 수 있다는 믿음을 얻었다.

행동 계획을 세우는 중요한 첫걸음은 당신이 지금 어떤 일을 겪고 있는지 숨기지 않는 것이다. 특히 진솔한 감정을 숨기고 있다면 더더욱 그렇다. 사람들은 문제를 숨기거나 외면하거나 해결

엄마의 멘탈 수업

책을 찾을 수 없다는 무력감에 빠질 때 상황을 바꾸려 행동하지 않는다. 진실을 드러내야만 훨씬 좋은 상황으로 나아가는 출발점에 설 수 있다. 그리고 이를 토대로 강력한 행동 계획을 만들어나가야 한다.

✦ 우울증에 관한 생각: 당신은 혼자가 아니다

한 가지 분명하게 짚고 넘어가고 싶은 이야기가 있다. 당신이 정신 건강 문제로 고통받고 있다고 해서 나쁜 엄마는 절대 아니다. 당신이 느끼는 곤란한 감정이 어떤 느낌인지, '내가 더 강했다면 더 나은 엄마가 되었을 텐데'라는 생각에 시달리는 것이 어떤 기분인지 잘 안다. 하지만 이런 생각은 사실이 아니다. 도움이 필요하다고 해서 당신이 약하다는 의미는 아니다. 이는 우리를 더욱 멋진 사람으로 만들어준다.

엄마들에게는 우울증에 빠지기 쉬운 시기가 여러 차례 찾아온다. 아이가 태어난 후 산후 우울증을 경험하는 엄마들이 많은데, 최근 연구에 따르면 산모 중 40퍼센트가 산후 불안을 경험한다.[7] 별거 또는 이혼을 하거나 가족 구성원이 중병에 걸렸을 때, 자녀들이 독립해서 떠나갈 때 등 상황성 우울증을 경험할 때도 잦다. 어떤 엄마들은 계절성 정서 장애로 겨울마다 우울해하기도 한다.

뚜렷한 원인이나 특정한 시기에 영향을 받지 않는 만성 우울증을 경험하는 이들도 있다. 하지만 우울증의 종류를 아는 것보다 우울증이 흔한 (그리고 심각한) 질병이지만 치료가 가능하다는 점을 아는 게 훨씬 중요하다. 우울함을 느낀다면 망설이지 말고 누군가에게 털어놓아야 한다. 의료진에게 하루빨리 치료를 받아야 한다. 도움의 손길과 희망은 항상 당신 곁에 있다!

✦ 희망을 가지고 앞으로 나아가다

더그와 만난 후 나는 내 감정을 더는 숨기지 않았고 정신 건강을 돌볼 행동 계획을 세울 수 있게 되었다. 스스로 이렇게 물었다. "누구에게 도움을 청할 수 있을까? 앞으로 내가 무엇을 할 수 있을까? 어떤 글을 읽어야 할까?" 그리고 답을 찾았다. "내 감정을 언니에게 털어놓자. 내게는 더 많은 지원과 사랑이 필요해."

그래서 언니에게 전화를 걸었다. 그간 내 감정이 어땠는지 숨김없이 이야기했다. "최악의 상태에 빠져서 절망을 느끼고 생을 마감해야겠다고 생각하는 사람들이 어떤 기분인지 이제는 이해할 수 있을 것 같아." 나는 울면서 말했다. "하지만 걱정하지 않아도 돼. 그러지는 않을 거야."

"어떤 기분인지 솔직하게 말해주는 네가 자랑스러워." 언니는 이렇게 말했다. "절대로 삶을 끝내는 행동은 하면 안 돼. 그런다고 고통이 멈추진 않으니까. 너를 사랑하는 사람에게로 고통이 옮겨 갈 뿐이야."

내가 느끼는 고통을 아이들에게 넘겨주는 일은 상상조차 할 수 없었다. 이런 생각이 들었다. '내가 이 고통 때문에 평생 괴로워하는 대신 아이들이 괴롭지 않을 수 있다면, 기꺼이 그럴 거야.'

나는 더 이상 괴로움에 빠질 필요가 없다는 사실을 깨달았다. 대신에 도움을 요청하면 된다. 우울할 때 누군가에게 도움을 요청하기 힘들다는 것은 나도 잘 안다. 큰 용기가 필요한 일이다. 그러니 작은 일부터 시작하자.

다음 단계는 좋은 치료사를 찾는 일이었다. 이런 생각을 했다. '흐으으으음, 더그를 다시 만나야겠어. 나처럼 세계적으로 활동하는 연사이자 목사잖아. 그라면 당연히 좋은 치료사를 알고 있을 거야.' 실제로 그랬다. 결과적으로 그가 추천한 치료사가 회복에 굉장한 도움이 되었다.

그다음으로 의사를 찾아갔다. 그는 이 힘든 시기를 잘 이겨낼 수 있도록 도와주는 항우울제를 권했다(골절을 치료하는 동안 깁스가 필요하듯, 정신 건강 문제로 치료받는 동안 약물이 필요할 수 있다).

내 우울증은 차츰 나아지고 있었지만 스스로에게 "내가 무엇을 할 수 있을까? 어떤 글을 읽어야 할까? 누구에게 물어야 할까?"라는 질문을 계속했다(자신에게 가장 잘 맞는 순서로 질문하면 된다. 모든 질문에 답할 필요도 없다. 이 질문의 목적은 단지 당신이 할 수 있는 행동이 무엇일지 찾아가는 계기를 제공하는 것이다).

나는 친구 래리와 대화를 나눴고, 래리는 자신의 친구 한 명과 만나볼 것을 권했다. '지금은 새로운 사람을 만날 기분이 아닌데.' 처음에는 이런 생각이 들었다. '하지만 래리는 그 여성과 내가 공통점이 많을 거라고, 좋은 친구가 될 수 있을 거라고 말했잖아. 계속해서 앞으로 나아가야 해. 좋아, 한번 만나보겠어.'

우리 집 근처에 있는 작은 유럽식 베이커리에서 래리의 친구를 만났다. 그녀는 아버지가 돌아가신 뒤 견뎌야 했던 깊은 정서적 괴로움을 내게 털어놨다.

"견딜 수 없는 슬픔이었어요." 그녀가 말했다. "그러던 어느 날엔가, 슬픔이 갑자기 가벼워졌어요. 갑자기 폭풍이 멈추고 해가 뜨는 것처럼요. 폭풍 속에서도 버텨야만 해요. 그러다 보면 어느샌가 폭풍이 끝날 테니까요." 그녀의 말이 내 영혼을 건드렸다. 언젠가 내 슬픔도 갑자기 끝날 수 있을 거라는 희망을 느꼈다.

나는 그녀에게 이렇게 물었다. "그 슬픔을 덜어내기 위해 특별히 노력한 일이 있나요?"

"네." 그녀가 답했다. "감사한 마음을 갖는 데 더욱 집중하기 시작했어요."

잠깐, 그때 언젠가 『하루 5분 아침 일기』(심야책방, 2017)[8]를 읽어보라는 추천을 받은 순간이 떠올랐다. 매일 아침저녁 몇 분간

엄마의 멘탈 수업

긍정적인 일에 집중하도록 도와주는 글귀가 담긴 책이었다. 나는 이 책을 한 권 구매하기로 결심했다.

래리의 친구와 헤어진 뒤 곧장 책을 샀다. 이 책을 읽으면서, 그리고 다 읽고 난 후에도 책에서 말하는 대로 감사함에 집중하는 시간을 매일 가졌다. 그 결과 나는 굉장한 변화를 경험하기 시작했다. 감사함을 느낄수록 더욱 긍정적으로 변해가는 느낌이었다. 누군가에게 질문하고, 무엇을 하고, 어떤 글을 읽어야 할지 결정한 뒤(그리고 그에 따라 행동한 뒤) 내 삶은 기적처럼 빠르게 달라졌다.

이제 내 삶은 충만하다고 진심으로 말할 수 있다! 나에게는 비전과 명료함, 목적이 있다. 아침에 삶에 대한 감사함이 가득한 상태로 눈을 뜬다. 과장이 아니다. 아침에 잠에서 깨면 가장 먼저 드는 감정이 감사함이다. 내 직업을 축복이라고 여기며 감사해한다. 새로운 하루가 지닌 수많은 가능성에 잔뜩 신이 난 채로 아침에 눈을 뜬다.

더는 항우울제가 필요하지 않아서 다행이다. 이제는 단순히 살아 있을 뿐인 상태가 아니다. 그저 숨을 쉬고 생존하고 기계적으로 움직이는 생활에서 벗어났다. 나는 에너지 넘치는 삶을 산다. 기쁨과 평안, 감사함을 품은 채 일하고 놀고 웃으며 충만하게 살아간다.

지난날을 돌아보며 내가 견뎌온 힘든 시기에 감사함을 느낀다. 그 경험을 통해 나는 강해졌고 단련되었다. 그 경험 덕분에 힘든 시기에 놓인 사람들이 어떤 기분일지 깊이 이해할 수 있게 되었다. 희망을 잃은 느낌이 어떠한지, 어둠에서 빠져나올 수 있도록 어떻게 도와야 하는지 알게 되었다. 때로 우리에게 필요한 것은 (내가 그랬듯) 첫 번째 걸음과 두 번째 걸음, 이어 세 번째 걸음까지, 어둠에서 빛으로 발걸음을 내딛게 해주는 작은 희망의 불씨가 전부일지도 모른다.

우울증의 정도와 종류에 따라 치료가 달라진다. 당신 자신과 소중한 아이들을 보살피기 위해 필요한 일을 모두 하면서 올바르게 대처하고 있다는 데 자부심을 가져야 한다. 어떤 상황에 놓여 있든 (아무리 극복하기 어려워 보여도) 당신은 이겨낼 수 있다. 그저 생존하는 것을 넘어 특별한 삶 속에서 충만하게 살아갈 수 있다. 당신을 짓누르고 스트레스를 주고 걱정으로 잠 못 들게 하는 일이 무엇이든, 통제할 수 있는 일을 통제하기 위해 당신만의 행동 계획을 세울 때다. 자신에게 이렇게 물어야 한다. "누구에게 물어야 할까? 내가 무엇을 할 수 있을까? 어떤 글을 읽어야 할까?"

✦ 스스로에게 질문하기: 누구에게 물어야 하는가?

누군가에게 의견이나 추천, 조언을 구하는 일은 걱정에 사로잡힌 마음을 진정시키는 데 큰 효과를 발휘한다. 타인과의 대화 한 번이 혼자서는 떠올리지 못했던 아이디어와 통찰력, 해결책을 불러오기도 한다. 내가 친구 더그와 언니, 치료사, 의사와 대화를 나누며 행동 계획의 다음 단계를 떠올렸던 것처럼 말이다.

한편 대화 상대로 올바른 사람을 선택해야 한다. 그러지 않으면 대화 후에 더 많은 스트레스와 불편한 감정을 경험할 수 있다.

한 예로, 부모들을 위한 메타(구 페이스북) 페이지에 한 엄마가 질문을 올린 적이 있었다. "도와주세요." 그녀는 이렇게 적었다. "정말 어떻게 해야 좋을지 모르겠어요. 이전까지만 해도 아기가 밤에 깨지 않고 잘 잤는데, 지난 2주간 매일 밤 깨서 울어요. 너무 피곤하고 무엇을 해야 할지 도무지 모르겠어요. 좋은 방법이 없을까요?"

피곤에 전 이 젊은 엄마가 해야 할 올바른 행동 방침을 두고 수많은 엄마들 사이에서 설전이 벌어졌다. 이제 우리가 쓰는 말에서 "해야 한다"라는 용어를 지워버려야 할 때다. 같은 엄마로서 다른 엄마들에게 그리고 자기 자신에게 "해야 한다"라고 말하는 것을 중단해야 한다.

온라인 엄마 몇몇은 공감을 표현하며 "조금만 버텨라"라고 격려했다. 어떤 엄마들은 자신의 양육 경험을 바탕으로 선의의 조언을 전했다. 이 조언에 또다시 날 선 비판을 하는 엄마들이 등장했고, 선의를 지닌 엄마들은 자신의 입장을 해명했다. 논쟁이 이

어지고 댓글들이 지워졌다. 결과적으로 처음 글을 올린 피곤에
전 엄마는 다른 사람의 의견을 묻기 전보다 더욱 어쩔 줄 모르는
지경에 놓인 것 같았다.

좋은 의도를 지녔지만 상황을 잘못 판단하는 사람들과 대화
를 나누다 보면 이런 경우가 많다. 따라서 의견을 구할 대상을 까
다롭고 현명하게 선택해야 한다. 적절한 사람에게 조언을 구하는
확실한 방법이 있다.

- **전문가와 대화한다.** 조언을 구할 상대방이 도움이 필요한 분
  야의 전문가인가? 어떤 기저귀를 사면 좋을지, 오늘 저녁 메
  뉴는 무엇으로 할지, 자녀의 새 금붕어 이름을 어떻게 지어
  주면 좋을지에 관한 문제라면 소셜 미디어의 다른 엄마들에
  게(처음 본 사람들에게) 조언을 구해도 된다. 그들의 지지와 격
  려가 도움이 되는 경우도 많다.
  한편, 당신에게 진짜 전문가가 필요한 상황이 있다. 아이의
  건강이 좋지 않아 걱정이라면 의사를 찾아가야 한다. 파트너
  와 별거 중이거나 법적 조언이 필요한 상황이라면 가족법 전
  문 변호사에게 물어야 한다. 학교에 들어가서 힘들어하는 아
  이가 걱정된다면 아이의 선생님에게 물어야 한다. 당신에게
  필요한 것이 전문가의 조언이라면 전문가를 찾아가야 한다.
- **당신이 신뢰하는 사람을 선택한다.** 상대가 당신이 신뢰하는

엄마의 멘탈 수업

사람인가? 당신이 기꺼이 잘되길 바라는 사람인가? 도움이 필요할 때 찾는 상대가 당신이 신뢰할 수 있고 당신을 진정으로 위하는 사람이라는 확신이 어느 정도 있어야 한다. 당신과 상대방이 나누는 대화를 엄중하게 비밀로 지켜줄 거라는 믿음이 있는가? 상대가 당신의 비밀을 지켜줄 사람인지 확인하고 싶다면 당신에게 다른 사람의 이야기를 어떻게 하는지를 살펴보면 된다. 당신에게 타인의 좋은 점을 칭찬하고 험담을 하지 않는다면 당신의 비밀을 잘 지켜주고 다른 사람들에게 당신의 장점 위주로 이야기할 사람이라는 좋은 신호다.

- '함께 걱정만 하는 친구'를 조심한다. 혹시 상대가 함께 걱정만 하는 친구인가? 이 친구는 당신이 고민을 털어놓으면 "말도 안 돼! 정말 최악이다!"라는 식으로 맞장구치면서 걱정을 부추기고 키우는 사람이다. 당신이 도움이 필요할 때 찾는 상대는 적어도 당신보다 덜 걱정하는 사람이어야 한다. 그렇다고 해서 스트레스를 받을 때 걱정하는 친구와 대화를 아예 차단하라는 뜻은 아니다. 정말 좋은 친구라면 당신이 필요할 때 당신을 격려하고 안심시켜줄 것이다. 만약 당신에게 격려와 안심이 필요한 상황이라면 이를 정확하게 밝혀야 한다. "나 오늘 위로가 좀 필요해" 또는 "모든 게 다 잘될 거라고 네가 말해줬으면 좋겠어"라고 밝혀야 한다. 안심

과 격려는 걱정에 시달리는 마음을 편하게 만드는 데 큰 효과가 있다. 하지만 현재 상황에 대한 명확한 평가(또는 전문가의 조언)가 필요하다면 친구가 아닌 다른 사람에게 조언을 구하는 방법을 고려하는 게 좋다.

• 긍정적으로 생각하는 사람을 선택한다. 상대방이 긍정적인 관점으로 세상을 보려고 노력하는 사람인가? 부정적인 사고방식을 가진 사람에게 조언을 구하는 일은 피해야 한다. 부정적인 감정은 끌어당기는 힘이 대단히 크므로 자칫했다간 전보다 더욱 큰 혼란과 좌절을 느낄 수 있다. '긍정적으로 생각하는 사람'이란 거짓으로 듣기 좋은 소리를 하거나 잘못된 안도감을 전해주는 사람이 아니다. 사실 그대로를 인정하되 가장 도움이 되는 관점으로 현재 상황을 바라볼 수 있도록 돕는 사람을 뜻한다.

✦ 스스로에게 질문하기: 내가 무엇을 할 수 있는가?

나는 내가 어떤 감정을 느끼는지 사람들에게 솔직하게 드러냈다. 이제 당신의 상황과 걱정을 살펴보도록 하자. 당신은 무엇을 할 수 있는가? 질문의 답을 생각하는 동안 명심해야 할 주의 사항을 알려주겠다.

- **크고 담대하게 생각한다.** 행동 계획을 세울 때 자신의 생각을 검열하고 싶은 마음이 들 때가 많다. 행동을 하는 게 두렵기 때문이다. 하지만 첫 번째 단계에서 계획을 세우는 일은 간단하게 브레인스토밍하는 시간이므로 겁먹을 필요가 전혀 없다. 다음 장에서 행동을 가로막는 두려움과 걸림돌을 극복하는 방법을 배운다. 현재 단계에서 당신의 임무는 자신이 할 수 있는 일을 최대한 많이 떠올려보는 것이다. 두려워하지 말고 크고 담대하게 생각하라!

- **창의적으로 생각한다.** 자신의 통제를 넘어선 무언가를 걱정하는 경우라면 특히나 창의력이 중요하다. 경제 상황, 날씨, 시댁 가족 등 몇몇 예시만 떠올려도 그렇다. 통제할 수 없다고 여긴 일에 약간의 기발함과 창의적 사고만 더해진다면 자신이 그 일에 영향력을 발휘할 수 있다는 사실을 깨닫고 깜짝 놀랄지도 모른다. 다른 사람들을 예로 들어보겠다. 다른 사람의 행동을 통제할 수 있는가? 아이가 마트에서 떼쓰는 상황을 마주한 적 있다면 답은 분명 '노!'일 것이다. 하지만 타인의 행동에 영향을 줄 수는 있다. 쉽지는 않지만 적어도 가능은 하다. 상대하기 어려운 사람을 대하는 요령을 종일 가르치는 세미나를 여러 번 진행한 적 있는 나는 자신의 행동을 먼저 바꾼다면 타인의 행동도 바꿀 수 있다는 사실을 잘 알고 있다.

- 자신이 할 수 있는 일에 집중한다. 아이를 위한 야외 생일 파티를 계획하는데 혹시 그날 비가 내려서 파티를 망칠까 봐 걱정하는 상황이라고 생각해보자. 자신이 할 수 없는 일(날씨를 통제하는 일)에 집중하기보다는 자신이 할 수 있는 일이 무엇인지에 관심을 두어야 한다. 위 상황이라면 대안으로 실내 파티를 계획하거나 텐트를 준비하거나 다른 날로 일정을 바꿀 수 있다. 이러한 행동은 날씨가 좋든 나쁘든 성공적인 생일 파티를 준비하는 데 긍정적인 영향을 준다(동시에 당신의 마음도 편안하게 만든다).

또 다른 사례를 들여다보자. 겨울철 아이가 도로에서 전동 킥보드를 타다가 사고를 당할까 봐 걱정되는 상황이다. 도로 위 다른 자동차 운전자들은 당신의 통제 밖에 있다. 날씨도 마찬가지다. 그럼 무엇을 할 수 있을까? 아이에게 방어운전을 가르쳐 악천후에 잘 대처하도록 미리 준비할 수 있다. 당신의 통제 밖에 있는 일들이 분명히 존재하지만, 이때 수동적인 자세로 걱정하던 일의 결과를 그저 가만히 지켜볼지, 아니면 먼저 나서서 당신이 결과에 직접 영향을 미칠지는 당신에게 달렸다.

행동 계획을 작성할 때 당신이 할 수 있는 행동에 중점을 두어야 한다. 핵심은 당신이 할 수 없는 일이 아니라 할 수 있는 일에 집중하는 것이다.

엄마의 멘탈 수업

✦ 스스로에게 질문하기: 어떤 글을 읽어야 하는가?

우울증으로 고통받을 당시 나는 『하루 5분 아침 일기』를 읽었다. 현재 당신이 읽어야 할 (또는 다시 읽어봐야 할) 책은 무엇인가? 행동 계획을 세울 때 좋은 아이디어를 가져다줄 글을 읽는다면 큰 어려움을 해결하고 원대한 승리를 거머쥐는 데 도움을 받을 수 있다.

아이와의 관계를 걱정하고 있다면 아이와 진정한 유대감을 형성하는 방법을 알려주는 책이 적절하다. 경제적인 문제로 고민하고 있다면 수입원을 다양하게 창출하거나 예산을 현명하게 세우거나 첫 집을 구매하거나 사업을 구축하는 데 도움이 되는 책이 적절하다.

인간은 습관의 동물이다. 생각마저도 습관이다. 당신이 오늘 한 생각 대부분은 어제 한 생각과 같고, 당신이 어제 한 생각은 엊그제 한 생각과 같다는 것을 아는가? 독서는 새로운 아이디어를 얻게 해준다. 독서는 당신의 생각이 새롭게 채워질 기회를 주고, 새로운 생각은 새로운 감정을 불러오며, 새로운 감정은 새로운 행동을 불러온다.

세계적으로 유명한 비즈니스 강연가이자 작가인 짐 론은 이런 말을 했다. "독서는 평범함을 넘어서고자 하는 사람들이 필수적으로 해야 하는 일입니다. 인생을 바꿔줄 책과 나 사이에 그 어떤 것도 방해하도록 두어서는 안 됩니다." 이제 당신의 삶을 바꿔줄 책과 당신 사이에 그 어떤 방해물도 허락하지 않길 바란다! 당신에게 필요한 책을 찾는 데 도움이 될 몇 가지 방법을 알려주겠다.

- **자신에게 무엇이 필요한지 판단한다.** 당신의 삶에서 영감이나 아이디어, 통찰력이 가장 필요한 분야가 무엇인가? 아마 현재 일상에서 가장 큰 고통이나 불편함, 불안을 유발하고 있는 분야일 것이다. 확실하게 알기 어렵다면 이 장을 시작할 때 기록한 염려나 걱정을 다시 살펴보고 거기서부터 시작하길 바란다.
- **책 한 권을 선택해 읽는다.** 당신의 삶에서 가장 도움이 필요한 일이 무엇인지 생각해본다. 양육이 될 수도 있고, 아이의 배변 훈련, 반려견 훈련, 행복한 가정 꾸리기 등등 무엇이든 될 수 있다. 정확하게 특정할 수 있는 문제라면 누군가 이에 관한 책을 썼을 확률이 높다. 가장 좋아하는 서점이나 도서관을 방문해서 해당 주제에 관한 도서를 찾아보고 (또는 친구들의 추천을 받고) 가장 적당해 보이는 책 한 권을 고르자. 자신의 행동 계획 목록에 해당 도서의 이름을 적고 책을 구매하거나 빌려 읽어보자.
- **아이디어를 새긴다.** 책을 읽으며 얻은 아이디어와 통찰력을 행동 계획에 바로 적는다. 처음에는 수고스러운 일처럼 느

엄마의 멘탈 수업

껴질 수도 있다. 하지만 우리가 시간을 내서 책을 읽고 영감을 얻고 새로운 무언가를 깨달았음에도 시간이 흘러 배운 것을 완전히 잊은 적이 얼마나 많았던가. 자신이 배운 전략을 기록해두면 현재 당신에게 가장 중요한 말과 아이디어를 다시 쉽게 떠올릴 수 있다.

행동 계획을 세우면 걱정거리를 해결하고 더욱 나은 삶으로 나아가는 구체적인 단계를 시각적으로 확인할 수 있다. 자신이 통제할 수 있는 사안을 바로잡기 위해 행동함으로써 걱정이 자신에게 유리하게 작동하도록 활용할 수 있다. 자신이 통제할 수 있는 일을 통제하기 위해 행동할 때, 마침내 걱정의 노예에서 해방될 수 있다. 도리어 걱정이 당신을 위해 일할 것이다! 이러한 전환이 일어나면 당신은 걱정의 손아귀에서 벗어나 자유로워진다. 훨씬 쉽게 결정을 내릴 수 있다. 더욱 자신감을 가지고 앞으로 나아가게 된다. 더욱 큰 평화와 깊은 기쁨을 느끼며 살아가고 그 안에서 자녀를 양육할 자유가 생긴다.

당신의 생각은 어떠한가?

5분에서 10분 정도 시간을 내서 행동 계획을 만들어보자. 당신의 걱정이 어떠한 행동을 하게 만드는 계기가 되었는가? 통제할 수 있는 일을 통제하기 위해 당신이 할 수 있는 행동은 무엇인가? 스스로에게 물어보자. "누구에게 물어야 하는가? 내가 무엇을 할 수 있는가? 어떤 글을 읽어야 하는가?" 이 세 질문에 떠오르는 대로 답을 적어본다. 종이에 적고 크게 생각해야 하며 창의적으로 접근해야 한다. 행동 계획을 세우고 그 계획을 끝까지 실행한다면 걸림돌은 기회로, 걱정은 내면의 평화로 탈바꿈할 것이다.

엄마의 멘탈 수업

8장

두려움 극복하기

행동을 가로막는 정서적 걸림돌과
이를 이겨내는 해결책

미국의 유명 작가이자 칼럼니스트인 어마 봄벡은 이런 말을 했다. "걱정은 흔들의자와 비슷하다. 그 둘은 계속 움직이지만 당신을 어느 곳으로도 데려다주지 않는다." 무엇이 당신을 다른 곳으로 데려다줄까? 바로 통제할 수 있는 일을 통제하기 위해 행동하는 것이다.

지금까지 책을 읽으며 걱정이 어떠한 행동을 하게 만드는 힘이 된다는 사실을 배웠다. 행동 계획을 세우도록 도와주는 질문 세 가지(누구에게 물어야 하는가? 내가 무엇을 할 수 있는가? 어떤 글을 읽어야 하는가?)도 배웠으며 해당 계획을 수행하기 위해 브레인스토밍을 하는 법도 깨달았다. 이제 행동할 때다. 참으로 간단하지 않은가?

여기서 나타나는 안타까운 문제는 우리가 세운 행동 계획을 실천하기로 마음먹는 동시에 두려움과 의심, 걱정이 찾아온다는 점이다. 실제로 어떠한 행동을 하려는 시도 대부분이 이렇게 실패로 돌아간다. 특히나 안전지대 밖으로 나가야 하는 경우라면 더욱 그렇다. 정말로 무언가를 하길 바라고 적절한 계획도 세웠지만 걱정이 피어오르는 건 어쩔 수 없다.

- **"혹시 실패하면 어떡하지?"**
- **"혹시 거절당하면 어떡하지?"**
- **"혹시 실수하면 어떡하지?"**
- **"혹시 내가 못하면 어떡하지?"**
- **"혹시 내가 부족하면 어떡하지?"**

자신의 삶을 들여다보길 바란다. 두려움이나 의심, 걱정으로 행동하지 못했던 적이 있는가? 다시 한번 진심으로 생각해보길 바란다. 다른 사람이 당신을 어떻게 생각할지 걱정하느라 회피한 적이 있는가? 자신이 성공할 수 있을지 의심하느라 앞으로 나아가지 못한 적이 있는가? 거절이 두려워 시작하기도 전에 포기했던 적이 있는가?

두려움과 의심, 걱정은 행동 계획을 실행하는 데 가장 큰 걸림

엄마의 멘탈 수업

돌이다. 이번 장에서는 우리의 행동을 가로막는 가장 흔한 정서적 걸림돌과 이 걸림돌을 극복하는 해결책을 살펴보겠다.

✦ 걸림돌: 거절에 대한 두려움

나는 몇 년이나 첫 책을 내줄 출판사를 알아보았지만 계속 거절당했다. 거절의 여정은 출판 에이전트부터 시작되었다. 출간 제안서를 투고하고 거절당하고 투고하고 거절당했다. 하지만 괜찮았다. 나는 거절을 좋아하니까…. 거짓말이다! 거절을 좋아하는 사람은 아무도 없다.

출판 계약에 많은 것이 달려 있었다. 계약이 성사되면 내가 원하는 시간에 일할 수 있었다. 아이들을 등하교시키고, 댄스 수업에 데려다주고, 숙제나 고민 상담 등 중간중간 아이들에게 엄마가 필요할 때 곁에 있어줄 수 있다는 뜻이었다. 돈도 벌어야 했다. 일하지 않는 것은 내 선택지에 없었다. 무엇보다 출간은 나의 가장 큰 꿈이었다. 하지만 거절당할 때마다 그 꿈에서 점점 멀어지는 것만 같았다.

거절이라는 날카로운 고통을 경험해본 적이 있는가? 거절은 삶에서 우리가 통제할 수 없는 대표적인 일이다. 우리는 다른 사람을 통제할 수 없다. 다른 사람이 무엇을 어떻게 느끼고 생각하는지 통제할 수 없다. 당신이 내미는 것을 상대가 원하도록 강요할 수 없다. 다만 우리는 거절에도 불구하고 계속 나아가는 자신의 능력을 통제할 수 있다. 어떻게 이 일이 가능할까? 한 가지 방법은 거절을 사적으로 받아들이지 않는 것이다.

___ 해결책: 거절을 사적으로 받아들이지 않기

굉장히 사적으로 다가오는 거절이 있다. 가령, 아이가 친구들 앞에서 엄마와 포옹하기에는 자신은 다 컸다고 정식으로 선언하고 당신이 안으려 하면 몸을 피할 때다. 비록 마음은 아프겠지만 상황을 제대로 들여다보면 당신에 대한 거절이 아님을 알 수 있다. 이는 아이가 성장하고 있다는 의미이다. 아이는 스스로 옳다고 여기는 판단에 따라 경계를 설정하고 있다. 이러한 관점에서 본다면 엄마로서 제대로 해낸 것이다. 자신이 원하고 필요로 하는 것을 자신 있게 밝히는 아이로 키웠기 때문이다. 어떠한 사안을 사적으로 받아들이지 않을 때 변화에 더욱 빠르게 적응하고 앞으로 나아갈 힘을 얻을 수 있다.

출판 에이전트들이 나를 거절하는 것처럼 느꼈음에도 불구하고 내가 계속 나아갈 수 있었던 것은 이들이 내가 아닌 내 제안서를 거절했다는 사실을 잊지 않은 덕분이었다. 사적으로 받아들일 사안이 아니라는 것을 깨달은 후에는 어떻게 앞으로 나아갈 수 있을까? 행동 계획을 세울 때 활용했던 질문 세 가지에 답을 해

엄마의 멘탈 수업

보면 된다. "누구에게 물어야 하는가? 내가 무엇을 할 수 있는가? 어떤 글을 읽어야 하는가?"이다.

책을 내겠다는 목표를 갖고 앞으로 나아가기 위해 나는 『완벽한 출간 제안서를 쓰는 법』(*Write the Perfect Book Proposal*)[9]을 읽었다. 책에 담긴 아이디어를 바탕으로 내 출간 제안서를 크게 개선할 수 있었다. 이제 적절한 출판 에이전트를 찾아야 했다. 나는 큰 성공을 거둔 작가들을 대리하는 에이전트를 찾기 시작했다. 그때 나는 책을 수백만 부씩 팔던 작가 한 명을 눈여겨보고 있었다. 그의 책에서 감사의 글을 펼쳤고, 출판 에이전트의 이름을 찾았다.

'아하.' 이렇게 생각했다. '내가 원하는 사람이 바로 이 사람이군! 이 사람을 찾아봐야겠어. 그런데 수천 통의 제안서 사이에서 어떻게 해야 눈에 띌 수 있을까?'

무엇을 해야 할지 파악한 후에는 계획을 실행에 옮겼다. 책에 씌울 임시 표지를 컴퓨터로 제작했다. 표지를 출력하고 내 책을 완성했을 때 예상되는 비슷한 크기의 책에 표지를 입혔다. 그리고 그걸 가지고 서점에 가서 '자기계발' 표지판이 걸린 선반에 책을 놓고 파노라마 사진을 찍었다. 사진을 인화한 뒤 멋진 검은색 액자에 넣고 금색 크리스마스 포장지에 포장했다(당시 크리스마스를 코앞에 두고 있었다).

상자에 액자를 넣고 손글씨로 "이 사진 속에 있는 책을 처음 보실 겁니다. 아직 출간 전이거든요. 하지만 부디 당신이 이 책이 베스트셀러에 올라 커미션을 받을 수 있는 기회를 차버리는 에이전트가 아니기를 바랍니다"라고 적은 메모를 동봉했다. 그리고 텍사스에 있는 출판 에이전시에 소포를 보냈다.

약 한 달이 지난 후, 해당 에이전시에 소속된 에이전트 한 명에게서 전화를 받았다. 휴대전화가 울렸을 때 나는 남편과 두 딸을 데리고 디즈니월드의 신데렐라 성 앞에 서 있었다.

에이전트는 자신을 소개한 뒤 이렇게 말했다. "작가님에 관한 이야기를 좀 해주세요. 이 책은 어떤 책인가요?" 그렇게 우리는 한 시간이나 통화를 했고, 전화를 마무리할 때쯤에 그는 내 에이전트가 되겠다고 말했다. 우와! 전화를 끊기 직전 그는 이렇게 말했다. "저는 크리스마스 선물이 온 줄 알았어요."

나는 말했다. "크리스마스 선물 맞아요! 메리 크리스마스!"

전화를 끊은 뒤 나는 신데렐라 성을 올려다보면서 "내가 해냈어! 내가 해냈어!"라고 소리를 지르며 팔짝팔짝 뛰었다. 딸들도 나와 함께 깡충거리며 뛰었다. 아이들에게 얼마나 멋진 본보기가 되었겠는가? 걸림돌에 굴하지 않고 끝까지 해낸 엄마가 결실을 맺는 모습 말이다. 나는 아이들에게 꿈을 가지고 계속 나아가면 된다는 믿음을 마음속에 깊이 심어주었다.

전화를 받고 나서 3개월 후에 나는 에이전트에게 짧은 손편지를 받았다. 그가 출판사 아홉 곳에 연락을 했지만 제안서가 모두 거절당했다는 소식이었다. 그는 이렇게 적었다. "데니즈, 당신의

엄마의 멘탈 수업

책을 내줄 출판사를 찾는 데 실패했어요. 이후로도 계속 당신과 함께 일할 수 있기를 바랍니다. 소식 주세요."

'세상에. 거절당했다고? 또? 이번에는 기필코 될 줄 알았는데! 이제 어떻게 하지? 잠깐만, 아홉 곳이라고?'

에이전트는 겨우 아홉 출판사에서 거절당하고 내게 통보했다. 하지만 고작 아홉 번의 거절은 성공과 실패를 가늠하기에 충분치 않았다. 연애든 양육이든 그 외 무엇이든 당신이 정말 바라는 어떠한 일을 겨우 아홉 번 거절당했다고 포기한다는 게 말이 되는가?

나는 무엇을 해야 하는지 알고 있었다. 내 출판 에이전트를 해고해야 했다. 하지만 나는 그러지 못했다.

✦ 걸림돌: 다른 사람의 생각에 대한 걱정

내가 에이전트를 붙잡고 있었던 가장 큰 이유는 멋진 출판 에이전트가 생겼다고 주변 사람들에게 이미 알렸기 때문이었다. 친구와 가족들이 내가 실패했다고 생각하지 않길 바랐다. 그래서 에이전트가 내 책을 출간해줄 출판사를 더 이상 알아보지 않았음에도 관계를 지속했다.

다른 사람이 당신을 어떻게 생각할지 걱정하다가 당신의 현재 상황이나 진짜 감정을 털어놓지 못한 적이 있는가? 사람들로부터 평가나 비난받을 것이 걱정돼서 당신에게 정말로 중요한 일을 시도하지 못한 적이 있는가? 사람들의 평가를 걱정하는 마음이 당신을 가로막을 수 있다.

나는 그랬다. 다른 사람이 나에 관해 어떻게 생각할지 지나치게 신경 쓴 나머지, 내 손으로 직접 나 자신을 가로막고 있었다. 지금껏 살아오며 사람들에게 거절당한 경험이 너무 많았던 탓에 내 정체성을 비즈니스의 성공과 동일시하는 실수를 저지른 것이다. 이렇게 생각했다. '출판 계약을 성사시키면 사람들은 날 성공했다고 여길 테고, 그럼 난 성공한 사람이 되는 거야. 출판 계약을 못 하면 사람들은 날 실패했다고 여기겠지. 그럼 난 실패한 사람이 되고 말거야.'

섣부른 추측이 얼마나 교활해질 수 있는지 보이는가? 출판 계약 여부에 따라 사람들이 날 판단할 거라는 생각은 상당히 과장된 (그리고 부정확한) 추측이다. 물론 다른 사람이 나를 어떻게 생각할지 스스로 잘못된 추측을 하는 것처럼, 다른 사람이 나를 오해하고 실제와 다르게 짐작하는 일도 일어난다. 그러나 사람들이 당신을 어떤 식으로 생각한다고 해서 그들의 의견이 사실인 것은 아니다. 게다가 당신을 사랑하는 사람들은 당신이 성공을 하든 안 하든, 당신이 어떤 선택을 하든, 이 과정에서 어떠한 실수를 저지르든 상관하지 않고 당신을 계속 사랑한다. 이제 다른 이들을 만족시키려는 노력은 멈추고 자신을 먼저 돌보자.

___ 해결책: 스스로의 생각에 더욱 신경 쓰기

타인이 나를 어떻게 생각하는지와 내가 나를 어떻게 생각하는지 중에서 무엇을 더욱 신경 써야 하는지 선택의 기로에 놓일 때 나는 자신을 택해야 한다고 강력하게 권한다. 한번은 남편과《런어웨이》라는 영화를 보러 갔다. 그 영화 속 주인공이 다른 인물에게 이런 이야기를 하는 장면이 나왔다. "미스터 ○○에게 전화하세요. 이제 그 사람은 더는 쓸모가 없다고 전해요."

주인공이 말한 이름이 내 에이전트의 이름과 똑같았다. 영화에서 처음이자 마지막으로 딱 한 번 그 이름이 등장한 순간이었다. 나는 남편을 바라보며 말했다. "당신도 들었어?"

남편은 깜짝 놀란 표정으로 답했다. "들었어!"

나는 마침내 에이전트를 놓아줄 수 있었다. 사람들이 나를 어떻게 생각할지 걱정하는 마음을 내려놓고 내가 나를 어떻게 생각하는지를 더욱 신경 쓰기로 했다. 그제야 비로소 자유로워졌다. 두려움에서 벗어나 계획을 실행에 옮길 자유를 얻었다. 안 될 걸 알면서도 너무 오래 붙잡고 있었다. 정확히는 11개월 13일이라는 시간이었다. 바로 다음 날, 나는 출판 에이전트에게 계약을 해지하는 편지를 보냈다.

당신에게 묻고 싶다. 당신이 오래 붙잡고 있던 것은 무엇인가? 두려움인가? 다른 사람이 당신을 어떻게 생각할지에 관한 걱정인가? 당신이 앞으로 나아가고 자기 자신을 소중히 여기기 시작하려면 무엇을 놓아주어야 하는가?

타인의 의견을 걱정하는 마음을 내려놓고 나는 마침내 앞으로 나아갈 자유를 얻었다. 이런 생각이 들었다. '이제부터는 내가 직접 해야겠어. 에이전트 없이 내가 직접 출판사를 알아볼 거야.' 그래서 나는 출판사 여러 곳에 직접 제안서를 돌리기 시작했다. 그러고는 또 1년 동안 거절당했다. 혼란스러웠다. 내 제안서가 잘 못된 건 아닌지 불안한 생각이 스멀스멀 올라왔다.

계획을 실행하는 동안 걸림돌을 마주한다면 어떻게 해야 할까? 포기해야 할까? 당연히 아니다! "누구에게 물어야 하는가? 내가 무엇을 할 수 있는가? 어떤 글을 읽어야 하는가?"를 질문하며 계속 나아가야 한다.

나도 그렇게 했다. 나의 답은 '내 친구 닉에게 조언을 구하기'였다.

✦ 걸림돌: 비판에 대한 두려움

닉은 베스트셀러 작가다. 그를 보면 키가 큰 영화배우 휴 그랜트가 떠오른다. 그는 굉장히 기품 있고 우아한 영국식 억양을 구사한다. 화법도 아주 솔직한 편이다. 그는 듣기 좋게 말을 돌리지 않고 곧이곧대로 말하는 사람이었다. 이 때문에 닉에게 의견을

엄마의 멘탈 수업

구하기 위해서는 용기가 필요했다. 비판이 내리꽂히는 걸 감수하겠다는 의미였으니까.

비판이 예상될 때 행동 계획을 따르는 게 얼마나 힘든지는 잘 알고 있다. 하지만 건설적인 비판을 마주할 의지가 있다면 인생에서 성큼성큼 나아갈 힘을 얻을 수 있다. 나는 내 안의 모든 용기를 그러모았고, 식사 자리에 닉을 초대했다.

우리는 한 미술관에 있는 작고 귀여운 카페에서 만났다. 벽 곳곳에 밝은 색감의 추상화들이 걸려 있었고, 스피커에서는 마음을 편하게 해주는 음악이 잔잔하게 흘러나왔다. 잠시 이런저런 이야기를 주고받은 뒤 나는 닉에게 출간 문제를 털어놨다. 그는 내 제안서를 살펴보고는 직설적으로 말했다.

"네 책의 문제점이 뭔지 알겠어."

"뭔데?"

"제목이 형편없어."

아야! 비판은 치과에서 받는 신경 치료만큼 뼈아프다.

___ 해결책: 누구의 의견인지 고려하기

비판을 마주했을 때 참고하면 좋은 경험 법칙이 하나 있다. 건설적인 비판은 당신을 성장하도록 도와주지만 상대의 판단이 들어간 비판은 고려할 가치가 없다는 것이다! 그렇다면 당신에게 전달된 피드백이 건설적인지, 그 사람의 판단인지 어떻게 알 수 있을까?

바로 의견을 낸 사람이 누구인지를 고려하면 된다.

당신을 비판하는 사람이 누구인가? 당신이 믿을 수 있고 당신이 잘되기를 기꺼이 바라는 사람인가? 당신이 이 사람의 말을 들어야 할 근거는 무엇인가? 내가 닉에게 묻고 닉의 이야기를 듣기로 결심한 이유는 그가 이미 베스트셀러 여러 권을 배출한 작가였기 때문이다. 내게 조언이 필요한 분야에 경험이 많다는 의미였다. 그에게는 입증된 성과가 있었다. 그래서 내 책의 제목이 어째서 형편없는지 추가로 물었고 그는 이렇게 답했다. "발음이 어렵잖아."

그가 제대로 봤다. 이 책은 원래 '걱정을 많이 하는 사람worrier에서 전사warrior로 거듭나기'라는 제목이었다. 같은 제목으로 세미나를 몇 차례 진행했었는데, 진행자들이 나를 소개하며 제목을 더듬거릴 때가 있었다. 한번은 "걱정을 많이 하는 사람에서 걱정을 많이 하는 사람으로"라고 잘못 소개할 때도 있었는데, 세미나를 들어도 감정이 전혀 변하지 않을 것 같은 제목이었다. 심지어 어떤 진행자는 "전사에서 걱정을 많이 하는 사람으로"라고 소개한 적도 있었다.

닉의 비판은 듣기 괴로웠지만, 나는 닉이 이뤄낸 성공의 역사를 알고 있는 만큼 그를 믿고 그의 말을 받아들였다.

엄마의 멘탈 수업

✦ 걸림돌: 자기 의심

　책 제목을 바꿔야 했다. 새로운 제목을 고민하는 동안 이런 생각이 계속 들었다. '제목이 이렇게나 형편없다니, 책 내용도 그럴 수 있다는 거잖아. 책을 출간하지 못하면 어떡하지?' 우리의 친구, '자기 의심'이 등장했다.

　당신은 무엇을 두려워하는가? 스스로가 부족하고 똑똑하지 않고 가치가 없다고 느껴서 두려웠던 적이 있는가? 이러한 자기 의심의 감정은 통제할 수 있는 대상을 통제하기 위해 행동하려는 당신에게 커다란 걸림돌이 된다. 자기 의심은 당신이 그런 행동을 할 능력이 없다고 말하기 때문이다.

　당신을 가로막는 말들이 당신을 규정하게 두어서는 안 된다. 당신은 충분한 자격이 있는 사람이다. 당신은 똑똑하다. 당신은 가치 있는 사람이다. 자신이 할 수 있는 일에 집중하며 자기 의심의 족쇄에서 벗어나야 한다!

___ 해결책: 자신이 할 수 있는 일에 집중하기

　자신이 할 수 있는 일에 집중할 때 패배주의에서 벗어날 수 있다. 자기 의심을 떨쳐내고 집중력을 회복하기 위해 이렇게 선언하자. "당연히 해낼 수 있어. 나는 강한 사람이야. 나는 감당할 수 있어. 나는 지혜로운 사람이야. 나는 성공할 수 있어!"

나는 내 책에 의심을 품는 대신 내가 할 수 있는 일에 집중했다. 스스로에게 이렇게 말했다. "계속 나아갈 수 있어. 성공할 수 있어. 새로운 제목을 생각해낼 수 있어." 그 순간 이런 생각이 들었다. '잠깐! 책의 내용 전체가 CALM이라는 단어로 요약될 수 있잖아. 어떻게 지금까지 모르고 있었을까? 이걸 활용해서 책에 제목을 붙이자.' 책 제목을 수정한 뒤 북미 지역에서 가장 큰 자기계발서 출판사에 제안서를 보냈다.

한 달 후, 출판사에서 메일 한 통이 왔다. 메일을 열기 전까지만 해도 별 기대를 하지 않았다. 지난 수년간 받은 메일에 거절의 말이 가득했기 때문이다. 하지만 이번 메일은 달랐다. 가장 먼저 출판사 CEO의 메시지가 보였다. 내 아이디어에 관심이 있으며 통화가 가능한 시간을 논의하기 위해 그의 비서가 내게 연락을 할 것이라는 내용이었다.

연락이 오기로 한 날, 나는 무척 긴장했다. 이번 기회로 성공과 실패가 갈릴 것만 같았다. CEO와 연결이 되었고 그는 내 책이 어떤 책인지, 내가 어떤 사람인지 물었다. 그리고 마침내 그는 이렇게 말했다. "작가님 책을 저희가 출간하고 싶군요." 엄마들이여, 보이는가? 책의 제목을 바꾸자 내 꿈이 이뤄졌다! 이 말을 명심하길 바란다. 계속 나아가라! 아주 작은 변화 하나로 모든 일이 바라던 대로 흘러가기 시작할지도 모른다.

그 순간 나는 《테드 래소》(미국의 코미디 웹드라마로 에미상 수상

엄마의 멘탈 수업

작이다—옮긴이) 속 동명의 주인공이 이 말을 했을 때처럼 큰 행복을 느꼈다. "어떤 기분인지 말해줄게. 온 나뭇가지에 걸려가며 행운의 나무에서 떨어졌는데 돈과 사워패치키즈 젤리가 가득한 땅에 착지한 것 같다니까."[10] 그 순간 깨달음이 찾아왔다. '잠깐, 지난 몇 년간의 거절은 실패가 아니었어. 이 순간을 위한 포석이었던 거야.' 당신이 과거에 마주한 거절은 실패가 아니다! 성공을 향한 디딤돌이었을 뿐이다.

✦ 계속 앞으로 나아가기

수차례 거절당하고 건설적인 비판에 마음을 열기까지 몇 년 동안 나는 성장하고 있었다. 실수로부터 배우며 계속 앞으로 나아갔다. 내가 나 자신을 가로막지 않으니 무엇도 나를 막을 수 없었다. 마침내 책을 내줄 출판사를 만난 일은 내게 중요한 전환점이 되었다. 두려워도 계속 실행한다면 당신도 이런 순간을 경험할 수 있다. 의심과 두려움, 거절에도 불구하고 계속 행동하고 나아가는 동안 당신은 더욱 강해지고 누구도 막을 수 없는 행동가가 되어 있을 것이다.

두려움에 가로막혀 중단했던 일이 있는가? 누구나 한 번쯤은 두려움을 느낀다. 실패에 대한 두려움이 아닌 성공에 대한 두려움을 느끼는 이들도 있다. 어떤 이들은 돋보이지 못할까 봐 두려움을 느끼고, 어떤 이들은 사람들과 잘 어울리지 못할까 봐 두려움을 느낀다. 그래도 괜찮다. 이는 자연스러운 감정이다. 하지만 당신에게 중요한 무언가를 성취하기 위해 행동할 때 두려움이 그 길을 가로막게 두어선 안 된다. 당신이 두려워하는 일을 하라. 그 일이 당신이 상상한 만큼 크게 두렵지 않다는 사실을 새롭게 깨달을지도 모른다.

당신의 걱정을 행동의 발판으로 삼기 위해 할 수 있는 일은 무엇인가? "누구에게 물어야 하는가? 내가 무엇을 할 수 있는가? 어떤 글을 읽어야 하는가?"를 스스로에게 질문하며 행동 계획을 세워라. 실행하고 나아가라. 두려움 속에서도 꿋꿋이.

거절이 두렵다면 이를 사적으로 받아들이지 않으려고 노력해야 한다. 다른 사람의 생각이 걱정된다면 스스로가 바라보는 자신의 모습을 더욱 신경 써야 한다. 비판이 두렵다면 그 비판을 한 상대가 누구인지를 생각한다. 자기 의심에서 벗어나려면 자신이 할 수 있는 일에 집중해야 한다. 무엇보다 계속 나아가야 한다!

이 책을 계속 읽어나가자. 당신을 가로막는 걸림돌의 해결책을 알았으니 이제 스트레스와 걱정이 신체와 정서에 미치는 영향력을 줄이는 방법을 배울 차례다.

엄마의 멘탈 수업

긍정 확언

엄마들이여, 다른 사람이 나를 어떻게 생각할지 걱정된다면 게일인의 오
래된 기도를 외워보길 바란다.

우리를 사랑하는 사람들이 우리를 더욱 사랑하기를
우리를 사랑하지 않는 사람들은 신이 이들의 마음을 돌려주기를
그럼에도 마음이 바뀌지 않는 사람은 발목이 돌아가기를
그리하여 우리가 절룩거리는 그를 알아볼 수 있기를

9장

스트레스의
영향력 줄이기

엄마가 할 수 있는 열두 가지 자기 돌봄

당신이 고무줄을 들고 죽 잡아당긴다고 생각해보자. 고무줄을 최대 장력 이상으로 계속 잡아당기면 어떤 일이 벌어질까? '툭' 하고 끊어진다. 아이를 키우는 엄마와 고무줄 사이에는 생각보다 공통점이 많다.

언젠가 자신이 고무줄 같다고 느낀 적이 있는가? 이쪽저쪽에서 자신을 주욱 잡아당기고 늘이는 바람에 당장이라도 '툭' 하고 끊어질 것 같은 기분을 느낀 적이 있는가? 당연히 있을 것이다. 당신은 엄마니까! 이 최대 장력 또는 '끊어지기 직전'의 지점은 사람마다 다르다. 각자 스트레스를 견디는 인내심의 정도가 다르기 때문이다.

엄마의 멘탈 수업

스스로 무리해서 자신을 고무줄처럼 늘이는 것도 문제가 될까? 아니다. 이는 자신이 진정으로 어디까지 도달할 수 있을지 확인하는 계기가 될 수 있다. 하지만 늘 최대 장력 이상으로 팽팽하게 당겨진 상태(스트레스를 받은 상태)를 유지한다면 일상에서 즐거움을 잘 느끼지 못하고, 불시에 툭 끊어져버릴 위험이 있다. 끊어진 고무줄을 수리하는 것보다 당겨진 고무줄의 장력을 줄이는 편이 훨씬 쉽다. 끊어질 위험에 가까워지고 있다고 느낀다면 이번 장에서 긴장을 낮추고 이완된 상태로 회복하는 방법을 배워보자.

엄마들이여, 자기 돌봄이라는 주제에 복잡한 심경이 드는가? 내게 자신의 욕구를 돌보는 행위가 이기적으로 느껴진다고 말한 엄마들도 있었다. 또 어떤 엄마들은 자기만의 시간을 간절히 원하는 게 잘못된 것 같고, 엄마로서 제대로 하지 못하고 있다는 느낌을 준다고 털어놓기도 했다.

우선 이 문제부터 바로잡도록 하자. 자신만의 시간을 가진다고 해서 절대 나쁜 엄마가 되는 것이 아니다. 당신 또한 사람이라는 뜻이다. 엄마가 되는 것은 대단히 멋진 일이지만 동시에 대단히 힘든 일이다. 양육에 따르는 육체적 노동은 굉장히 힘들다. 청소하고, 중재자가 되고, 기사 노릇을 하고, 요리하고, 아이를 들어올리고, 안고 이동하고, 다친 곳에 뽀뽀해주고, 숙제를 도와주고, 다친 마음을 어루만져주는 등 굉장히 많은 일이 있다. 하지만 양육 과정에서 우리를 괴롭히는 게 비단 육체노동만은 아니다. 정신적·정서적 부담 역시 견디기 힘들 정도로 무겁다. 누군가 내게 이런 말을 한 적이 있다. "아이들이 어릴 때는 몸이 힘든데 아이들이 크면 마음이 힘들어져." 몸과 마음이 힘든 상황이라면 휴식이 필요한 게 당연하다!

자기 돌봄이 힘과 활력을 회복하도록 도와줄 것이다. 자신을 돌볼 때 더 많은 에너지와 기쁨, 침착함을 갖고 아이를 양육할 수 있다. 엄마가 잘 지내야 가족도 잘 지낸다. 이제부터 신체적·정서적·정신적·영적 재충전을 도와줄 열두 가지 아이디어를 소개하겠다.

✦ 1. 거슬리는 소음 줄이기

스스로에게 묻는다. "지금 내 주변 환경에서 낮출 수 있는 소음이 있는가?"

소음은 왜 이렇게 감정을 휘저을까? 엄마의 삶에는 늘 자극이 끊이지 않는다. 아이의 칭얼거림, 맥락 없이 귀청을 찢을 듯 지르는 비명, 삐삐거리는 장난감들, 떠들썩한 놀이 시간, 싸움, 시끄러운 전자 기기들, 악기 연습까지 이 모든 소음으로 불안과 막막함이 커질 수 있다.

이런 생각이 든 적이 있다. '한 번만 더 엄마라고 부르는 소리를 들으면 정말 이성을 잃을지도 몰라!' 가끔은 아이들에게 한 시간만 나를 내 이름으로 불러달라고 부탁하기도 했다. 그 시간만큼은 그저 화장실 문을 닫지 않는 어린 동료들(내 딸들)과 함께 사무실에서 일하는 기분이었다. '동료들이 화장실 문을 닫지 않고 볼일을 보는 문제는 상사와 의논해야 할 것 같은데…. 아, 잠깐. 그 상사가 나잖아!'

물론 농담이었지만 그 순간에는 진심으로 '엄마'를 찾는 소리에서 벗어나야만 했다. 당신도 공감하는가? 대체 어떤 엄마가 아이가 부르는 '엄마' 소리를 지겨워할까? 답을 알려주겠다. 바로 좋은 엄마다!

감정을 동요하는 소음을 낮추려면 텔레비전과 휴대용 전자 기기의 소리를 줄여야 한다. 음악 소리도 낮춘다. 자신이 내는 말소리도 줄인다. 집에서 악기 연습을 하는 아이가 있다면 귀마개를 끼자. 그래도 들리긴 하겠지만 적어도 소음은 줄어든다. 가능하다면 혼자만의 고요한 시간도 갖는다. 텔레비전에서 방송되는 드라마나 영화, 운동경기, 광고 등 온갖 음악과 말소리는 적막함과 외로움을 견디는 데 도움이 되겠지만, 당신의 고막(당신의 감정)이 끝나지 않는 행군 악대의 음악 소리에 내내 시달리는 기분은 느끼고 싶지 않을 것이다. 어떤 엄마든 '엄마만의 고요한 시간'을 마련함으로써 도움을 받을 수 있다.

✦ 2. 자연 속에서 자기 자신을 보살피기

스스로에게 묻는다. "오늘 하루 어떤 일로 밖에 나가볼까?"

산제이 굽타 박사가 저서 『킵 샤프』에 일본식 삼림욕이라고 불리는 '신린요쿠'에 관해 적었다. 신린요쿠란 '나무가 우거진 곳에 머무르는 것'을 뜻한다. 굽타는 이렇게 적었다.

삼림욕은 심박과 혈압을 낮추고 스트레스 호르몬 생성을 줄이는 효과로 최근 유명해졌다. 우리는 삼림욕을 하며 '숲의 향'을 들이마실 때 피톤치드라는 물질을 흡수한다. 피톤치드는 나무를 해충이나 다른 스트레스 요인으로부터 보호해주는 물질이다. 지난 10년간 밝혀졌듯, 피톤치드는 자연 살해 면역 세포를 높이고 코르티솔 수치를 낮춰 우리를 보호한다. 오래전부터 자연이나 녹지 공간에서 머무르는 것이 정신 건강에 좋다고 알려졌는데, 이제는 숲의 향이 우리의 몸과 두뇌에 어떠한 효과를 내는지도 알려지게 되었다. 애써 멀리 떨어진 숲까지 갈 필요는 없다. 집에 있는 정원의 흙을 파거나 근처 공원에 가는 것만으로도 충분하다.[11]

자연 속에서 자신을 보살핀다면 마음을 진정시키고 스트레스를 줄이면서 코르티솔 수치도 낮출 수 있다. 자녀를 데려가 '숲의 향'을 들이마시는 법을 알려주는 것도 좋다. 집 근처 작은 근린공원을 거닐거나 인도를 따라 심은 나무 주변의 흙을 만지는 정도라도 괜찮다.

✦ 3. 어수선한 환경 정리하기

스스로에게 묻는다. "오늘 잡동사니를 정리하면서 버리거나 기부하거나 재활용하거나 팔 수 있는 물건 세 가지는 무엇인가?"

지저분한 환경은 왜 이렇게 감정을 휘저을까? 잡동사니가 쌓여 있는 어지러운 환경에서 받는 스트레스는 생각을 명료하게 하거나 휴식하기 어렵게 만든다. 무엇보다 정리정돈이 되어 있지 않으면 일과를 수행하기 더욱 까다로워진다. 필요한 물건(휴대전화나 자동차 열쇠, 아이의 현장학습 동의서 같은 것들)을 찾느라 쌓여 있는 물건을 마구 뒤지다 보면 시간이 오래 걸릴 뿐 아니라 스트레스가 쌓인다. "내가 좋은 엄마였다면 집이 깨끗하게 정돈되었을 텐데"라고 스스로에게 말하면서 잘못된 신념을 형성하고, 어수선한 환경이 감정을 동요시키기도 한다. 또는 어지러운 집을 보며 어디서부터 정리를 시작해야 할지 몰라 스트레스를 받기도 한다.

그럴 때는 이렇게 시작하면 된다. 앞으로 24시간 동안 잡동사니 세 개를 치우는 것이다. 잡동사니란 더는 필요하지 않거나 사용하지 않거나 소중하지 않은 물건을 말한다. 지금 바로 버리거나 기부하거나 재활용할 수 있는 잡동사니 세 가지를 고를 수 있는가? 이 작은 목표를 완수한다면 정리정돈의 가장 큰 허들을 넘을 수 있다. 바로 '시작'이란 허들 말이다.

그다음으로 빈 상자 네 개에 각각 '폐기' '기부' '재활용' '판매'라고 적는다. 더는 필요하지 않거나 사용하지 않거나 소중하지 않은 물건을 마주할 때면 매일 용도에 따라 상자에 분류한다. 상자가 다 차면 기부 상자는 자선 가게에 가져다준다. 폐기와 재활용 물품은 쓰레기 수거하는 날 집 앞에 내놓는다. 금전적 가치가 있는 물건들은 시간이 될 때 판매하면 된다.

'더는 필요하지도 사용하지도 아끼지도 않지만 언젠가 혹시 필요하게 되면 어떡하지?'라는 생각 때문에 망설일 때도 있다. 그러나 이 생각에 저항해야 한다. '혹시'라는 질문 때문에 잡동사니가 쌓인다!

대신 스스로에게 이렇게 물어보자. "이 물건을 마지막으로 사용한 게 언제지?" 전문가들은 12~18개월 동안 사용한 적이 없다면 앞으로도 필요할 일이 없을 확률이 높다고 말한다. 사계절이 한 번 지나갈 동안 사용한 적이 없는 물건이니까.

이런 의문이 떠오를 수도 있다. "혹시 제가 또 아이를 가질 생각이라면요? 아기 물품들(아기용 침대나 유아차, 아기 옷 등)을 18개월 동안 사용하지 않았으니 모두 정리해야 할까요?" 그런 의미가 전혀 아니다. 이러한 용품들은 필요하고 사용하는 물건이자 아끼는 물건 카테고리에 속한다. 아이를 한 명 더 가질 계획이라면 당신에게 필요한 용품들이다. 잡동사니란 더는 필요하지도 사용하지도 아끼지도 않는 물건이라는 점을 명심하길 바란다.

'그냥 두면 잘 쓸 수 있는 물건인데'라는 생각이 들기도 한다. 하지만 이런 안타까운 감정 때문에 정리하지 않겠다고 다짐하기보다는 스스로에게 이런 질문을 던져보자. "만약 집을 정리하기 위해 잡동사니를 뒤지다 그 물건을 발견하지 않았다면, 그 물건이 어디에 있었는지 (심지어 그 물건을 갖고 있었다는 사실조차) 기억해낼 수 있었을까?"

점차 속도를 내어 정리를 계속하다 보면 당신의 마음이 얼마나 차분해지고 깨끗해지고 편안해지는지를 깨닫고 깜짝 놀랄 것이다.

✦ 4. 재미를 찾기

스스로에게 묻는다. "어떻게 하면 오늘 더 많이 웃을 수 있을까?"

영국의 유명 코미디언 재스퍼 캐롯은 이런 말을 했다. "최고의 치료제는 웃음이다. 물론 당뇨가 있다면 인슐린도 꽤 중요하겠지만." 웃음은 실로 훌륭한 치료제다. 웃으면 몸에서 엔도르핀이 분비된다. 엔도르핀은 신체에서 나오는 천연 진통제다. 게다가 웃음은 스트레스 호르몬인 코르티솔 수치를 낮춘다.

당신을 웃게 하는 일은 무엇인가? 살면서 더 많이 웃을 기회를 찾길 바란다. 코미디 방송을 시청하거나 재밌는 영상을 공유하거나 우스꽝스러운 사진을 소셜 미디어에 올려보자. 아이들이 한 재밌는 말을 기록하고 한바탕 웃음이 필요할 때 꺼내서 다시 봐도 좋다. 스트레스와 걱정이 당신에게 미치는 부정적 영향을 웃음이 줄여줄 것이다.

✦ 5. 걱정을 몸에서 털어내기

스스로에게 묻는다. "무엇을 해야 몸을 더 자주 움직일 수 있을까?"

음식은 지나치게 많이 사용되는 불안 치료제이고, 운동은 지나치게 적게 사용되는 항우울제라는 말을 들은 적이 있다. 운동이 왜 항우울제일까? 운동을 하면 두뇌에 세로토닌이 많이 분비된다. 이 뇌 화학물질(신경전달물질이라고 한다)은 행복과 평화를 느끼게 하고 우울감을 낮춰준다. 운동을 마친 후에는 기분을 좋

엄마의 멘탈 수업

게 하는 세로토닌이 온몸에 퍼진다. 운동 후에 상쾌해지는 이유도 여기에 있다. 무엇보다 운동은 체내 코르티솔 수치를 낮춘다. 다시 말해, 운동은 우울증 위험을 줄일 뿐 아니라, 지방 조직을 축적해 체중을 늘리는 스트레스 호르몬을 낮춰준다.

또한 운동은 건강한 체형을 유지하는 데 도움이 되고 자존감을 높이며 성취감을 안겨준다. 운동으로 스트레스와 걱정을 말 그대로 '몸에서 털어낸다'고 할 수 있지 않을까?

일상 속에서 어떤 일이든 몸을 움직이는 자신을 그려볼 수 있는가? 아이들을 데리고 오후에 산책을 나가는 건 어떤가? 거실에서 댄스 대결을 펼치는 것은? 배우자에게 아이들을 맡기고 피트니스 수업을 듣거나 근력 운동을 하러 갈 수 있는가? 지금 바로 기분을 나아지게 만들기 위해 당신이 할 수 있는 가장 좋은 일은 바로 몸을 움직이는 것이다. 몸을 움직일 때는 완벽이 아니라 발전을 목표로 해야 한다. 아주 작은 시작 또한 시작이나 다름없다.

✦ 6. 사소한 일 하나 완수하기

스스로에게 묻는다. "오늘 침대를 정리했는가?"

2020년 5월(코로나 팬데믹으로 봉쇄 조치가 내려진 후 8주가 지났을 즈음) 멋진 책을 읽었다. 윌리엄 H. 맥레이븐 제독의 『침대부터 정리하라』(열린책들, 2022)라는 책이었다. 그는 이렇게 말했다.

특수부대 기초 군사훈련을 받을 당시, 베트남전 참전 용사 출신이었던 교관들이 아침마다 내무반에 찾아왔다. 이들은 가장 먼저 침대를 검사했다. 침대 모서리는 네모반듯하고, 커버는 팽팽하게 당겨져 있으며, 베개는 침대 헤드 보드의 정중앙에 위치해야 하고, 여분의 담요는 침대 발치에 가지런히 접혀 있어야 했다. 굉장히 단순하고, 좋게 말하면 지극히 일상적인 일과였다. 하지만 매일 아침 우리는 완벽하게 침대를 정리해야 했다. 당시에는 조금 한심한 일처럼 느껴졌다. 우리는 진정한 전사이자 거친 전투 경험을 쌓는 특수부대원이 되고자 이곳에 온 사람들이었기 때문이다. 하지만 이후 침대 정리라는 이 단순한 행위에 담긴 지혜를 셀 수 없이 경험했다.

매일 아침 침대를 정돈한다면 그날의 첫 번째 일을 완수한 셈이 된다. 이 일로 약간의 뿌듯함을 느끼고 이후 다른 일, 또 다른 일, 그리고 또 다른 일을 수행할 용기가 생긴다. 하루가 끝날 즈음이면 완수한 일이 하나에서 여럿으로 늘어나 있을 것이다. 이 과정을 통해 침대 정리 같은 사소한 일이 삶에서 얼마나 중요한 역할을 하는지 깨닫게 된다.

사소한 일조차 제대로 해내지 못한다면 큰일 역시 제대로 해낼

엄마의 멘탈 수업

수 없다. 끔찍한 하루를 보냈더라도 집에 돌아와서는 깨끗이 정
돈된 침대를(자신이 직접 정돈한 침대를) 마주할 것이고, 이 정돈
된 침대는 당신에게 내일은 더욱 나은 하루가 될 것이라는 용기
를 준다.

세상을 바꾸고 싶다면 침대를 정리하는 것부터 시작해야 한다.[12]

엄마들이여, 침대를 정리하는 사소한 행동이 당신의 감정에 큰
변화를 만들어낼 수 있다. 무언가를 해내며 발전하는 모습은 만
족감을 가져다준다. 한편 당신이 특수부대원은 아니라는 점을 기
억하길 바란다. 다시 말해, 침대를 완벽하게 정리할 필요가 없다
는 뜻이다. 그래도 일단 정리하길 바란다. 스트레스를 받았을 때
자신이 정리한 침대 위 베개에 머리를 눕히고 쉴 수 있을 테니까.

✦ 7. 영적인 삶 함양하기

스스로에게 묻는다. "오늘 나는 무엇을 위해 기도할 수 있을까?"

잠시 기도에 관해 밝혀진 과학적 진실을 이야기해도 될까?
『누가 내 뇌의 스위치를 껐을까?』(*Who Switched Off My Brain?*)에서
캐롤라인 리프 박사는 이렇게 적었다. "기도를 하면서 능동적으

로 영적인 삶을 함양하는 태도가 전두엽의 활동성과 두께, 지능, 건강을 향상시킨다는 사실을 입증하는 과학 연구가 점차 많아지고 있다."[13] 오, 잠시 생각해보자!

기도가 걱정을 내려놓는 데 어떻게 도움이 된다는 걸까? 전두엽은 고차원적인 정신적 처리 과정을 담당한다. 우리는 전두엽을 통해 생각하고, 이 생각은 추측을 의심하거나 마음을 통제하는 데 상당히 중요한 역할을 한다. 계획을 세울 때도 전두엽을 활용한다. 통제할 수 있는 일을 통제하기 위해 행동 계획을 세울 때처럼 말이다. 심지어 의사결정을 할 때, 예를 들어 무엇을 하고 어떤 글을 읽고 누구에게 물어보고 무엇을 생각할지를 결정할 때도 전두엽을 쓴다!

본질적으로 전두엽은 당신이 하는 생각을 결정한다. 리프 박사에 따르면 기도는 이 모든 일을 수행하는 전두엽의 능력을 더욱 강화한다. 따라서 과학적으로 증명되었듯이 기도를 통한 영성 함양은 걱정 어린 생각을 평안한 마음으로 전환하는 데 중요한 역할을 한다.

당신은 영적인 존재다. 당신은 몸이자, 정신이며, 영혼이다. 당신에게는 (생각과 감정으로 이루어진) 정신과 당신이 깃든 신체와는 별개로 분리된 영적인 본성이 내재되어 있다. 살면서 평온함이 필요하거나 어려운 문제 앞에서 도움이 필요할 때, 짐을 내려놓고 싶은 순간을 마주할 때면 기도해보길 바란다.

엄마의 멘탈 수업

기도는 인간에게 중요한 영적 활동이다. 문화와 인종, 종교를 뛰어넘어 수많은 사람이 기도를 한다. 전략적 기도의 세 가지 요소는 다음과 같다. 질문하고, 답을 찾고, 두드리는 것이다.

1. **질문하라.** 당신이 진정 무엇을 바라는지 숙고하고 마음을 다해 원하라. 당신이 정말로 간절하게, 몇 번이고 바란다면 그 일이 이루어질 것이다. 내가 직접 기도하며 여러 번 깨달은 진실이다. 어쩌면 당신은 이런 말을 할지도 모른다. "기도를 해서요? 저도 열심히 기도했는데 왜 제 바람은 이루어지지 않은 겁니까?" 당신의 심정은 이해한다. 사람들은 항상 명확한 답과 대가를 원한다. 내가 말하고 싶은 것은 기도한다고 해서 당신이 원하는 모든 일이 이뤄지지는 않겠지만 적어도 답을 얻게 되리라는 점이다. 그 답이 '예스'일 때도 있고 '노'일 때도 있다. 어떤 때는 '아직은 아니다'일 수도 있다. 어떤 답이든 당신의 기도는 무시당하지 않는다.

2. **찾아라.** 기도를 통해 무언가를 발견하기 위해서는 적극적으로 찾아야 한다. 다르게 말하자면, 답을 듣기 위해 눈과 귀를 활짝 열어야 한다는 의미다. 기도의 응답이 누군가 나에게 건네는 말이나 내 주변에서 벌어지는 일을 통해 간접적으로 돌아올지도 모른다. 당신이 관찰하는 대상, 심지어 당신이 읽은 글에 담겨 있을 수도 있다. 즉, 의외로 해답은 가까운 곳에 있을지도 모른다.

3. **두드려라.** 두드린다는 것은 실행한다는 의미다. 기도하면서

스스로 바라는 것과 질문에 대한 답을 깨달았다면, 이제 실행해야 할 차례다. 이를테면 일자리를 찾고 싶다는 기도를 했다고 생각해보자(첫 번째 단계인 '질문하라'에 해당한다). 그리고 누군가에게서 한 기업에 일자리가 났다는 소식을 들었다. 귀를 항상 열고 경청한 덕분에 이 기회를 놓치지 않을 수 있었다(두 번째 단계인 '찾아라'에 해당한다). 그러나 그다음에 일자리를 얻고 싶다는 기도 외에 아무것도 하지 않는다면? 세상에나! 당신은 세 번째 단계인 '두드려라', 즉 실행을 놓쳤다! 두드리면 문이 열릴 것이고, 그 문을 직접 통과해야 한다.

막막한 상황에 가만히 걱정만 하고 앉아 있는 대신, 상황에 대한 해답을 찾기 위해 적극적으로 질문하고, 찾고, 두드려라. 즉 간절히 바라고, 눈과 귀를 활짝 열어 답을 찾아보고, 그다음에는 실행하라. 새로운 마음에 새로운 생각이 깃든다. 더 나은 감정을 느끼기 위해서는 더 나은 생각을 해야 한다. 전략적 기도를 통한 영성 함양은 더욱 나은 생각으로 나아가는 중요한 단계다.

✦ 8. 세로토닌 수치 높이기

스스로에게 묻는다. "오늘 누구에게 친절을 베풀 것인가?"

엄마의 멘탈 수업

내가 오래전부터 좋아하는 글이 있다. "세상은 좋은 사람들로 가득 차 있다. 만약 좋은 사람을 찾을 수 없다면 당신이 바로 좋은 사람이 되어라!" 친절한 행위는 (아무리 사소해 보일지라도) 심오한 방식으로 세상에 퍼져 나가 영향을 미친다. 또한 친절한 행위는 당신의 건강에 대단히 긍정적인 영향을 준다.

친절은 두뇌의 세로토닌 수치를 높여주기도 한다. 친절을 주고받는 장면을 목격하거나 누군가 내게 친절한 행위를 베풀거나 내가 타인에게 친절을 베풀 때 세로토닌 생성이 증가한다. 친절이 '발휘되는 순간'을 모조리 포착하기란 쉽지 않고 타인이 우리에게 친절하게 행하도록 만들 수 있지도 않다. 하지만 스스로 친절을 베풀 수는 있다.

즉, 당신에게는 언제든 자신의 기분을 나아지게 만드는 능력이 있다는 뜻이다. 친절을 베풀면 된다. 이를테면 직접 손으로 쓴 편지를 받았을 때 느끼는 감동을 당신이 다른 누군가에게 보낼 때도 느낄 수 있다! 어찌 보면 다단계와 비슷하지만 이 일은 뇌 화학물질이 보상이라는 점에서 다르다.

앞으로 마음이 걱정에 사로잡힐 때면, 눈을 돌려 현실에서 내 주변의 타인에게 친절을 베풀 방법을 생각해보자. 훨씬 도움이 될 것이다.

친절을 나누기

친절을 베풀 수 있는 한 가지 아이디어가 있다. 지인 한 명을 선택해 감사나 격려의 마음을 담은 편지를 써서 보내자.

[받는 사람 이름]에게,

이 편지는 당신에게 감사하다는 말을 전하고 싶어서 쓰는 편지예요. 최고의 [딸,아들/배우자/친구/직원/상사]가 되어줘서 고마워요! 당신이 [내 농담이 그리 재밌지 않아도 크게 웃어줄 때/내가 비틀거릴 때마다 곁에서 잡아줄 때/내가 영양제를 충분히 섭취하도록 신경 써줄 때] 정말 힘이 돼요.
당신이 [전해주는 격려 어린 말/포옹/아침에 보내주는 문자]가 내게 얼마나 크게 다가오는지 몰라요! 당신이 내게 소중한 사람이라는 것을, 내가 당신에게 무척이나 고마워한다는 것을 알아주면 좋겠어요.

사랑하는 [당신의 이름]이가

오늘 이 편지를 보내면 편지를 보내고 받는 사람 모두 굉장한 행복을 느낄 것이다. 이 행복한 감정은 걱정을 내려놓는 데 큰 도움이 된다. 잠깐! 벌써부터 세로토닌이 차오르는 소리가 들리는 것 같다.

✦ 9. 도움을 요청하기

스스로에게 묻는다. "오늘 내게 도움이 필요한 일은 무엇인가? 누구에게 도와달라고 부탁할 수 있는가?"

누군가에게 도움을 요청하는 일이 왜 이토록 어려울까? 때로는 통제력을 포기하지 못해서 도움이 필요한데도 요청하지 못할 때가 많다. 굳이 말하지 않아도 배우자라면 마땅히 내가 무엇이 필요한 상황인지 알고 있어야 한다는 생각에 화가 나기도 한다. 자아존중감이 문제일 때도 있다. 이 신호들을 살펴보자.

우선 어떤 일을 완수하고 싶다면 타인의 도움이 꼭 필요한 순간이 있다는 사실을 인정해야 한다. 둘째, 배우자는 독심술사가 아니라는 점을 명심하고, 무엇이 필요한지 구체적이면서 솔직하게 전달해야 한다. 셋째, 당신은 가치 있는 사람이다. 당신은 충분한 사람이다. 도움을 요청해도 된다. 마지막으로 혼자 아이를 키우고 있다면 주변에 도움을 요청할 친구나 친척, 아니면 서로 도움을 주고받고 함께 고민해줄 다른 부모가 있는지 생각해보자. 우리는 서로가 필요하다. 도움을 받기를 (그리고 주기를) 주저하지 말라. 도움이 필요하다는 사실을 깨닫는 순간 죄책감이 고개를 내민다면 '뻥!' 차버려라. 죄책감이란 당신이 주최한 파티에서 너무 오래 머무는 손님과 같다. 코트를 들려주고 택시를 불러 집에서 내보내야 한다(죄책감을 내려놓는 방법에 관한 힌트가 필요하다면 13장을 참고하자).

✦ 10. 감사하기

스스로에게 묻는다. "오늘 내가 감사했던 일 세 가지는 무엇인가? 오늘 하루를 멋지게 만들어준 일은 무엇인가?"

"거의 다 왔어?" 두 시간을 가야 하는 자동차 여행을 시작한 지 15분밖에 지나지 않았을 때 세 살 된 딸 린지가 물었다.

"아직." 나는 이렇게 답했다.

그 후로도 아이가 같은 질문을 너무 많이 반복하자, 나는 결국 이렇게 말했다. "린지, 우리 거의 다 온 거 아니야. 제발 그만 좀 물어봐."

아이는 수긍했다. 그리고 5분 후 다시 말했다. "나 갑자기 생각 났는데, 우리 거의 다 온 거 아니지?"

아이 아빠와 나는 크게 웃음을 터뜨리고 말았다. 이 어린아이는 질문을 살짝 바꾸면 "거의 다 왔어?"라는 질문을 하지 않겠다고 한 약속을 지킬 수 있다고 생각한 것이다. 한바탕 웃은 덕분에 짜증이 가라앉은 나는 차분하게 아이에게 말했다. "도착하려면 아직 멀었어. 거의 다 오면 엄마 아빠가 알려줄 테니까 더는 안 물어봐도 돼. 알겠지?"

"알겠어." 린지도 동의했다. 90초 후, 뒷좌석에서 아이의 작은 목소리가 들렸다. "엄마, 다 왔다고 말해줄 때 아직 안 됐어?"

똑똑한 아이 같으니라고!

장거리 여행을 할 때 당신의 아이도 이렇게 구는가? 계속 "거의 다 왔어?"라고 물어보는가? 당신 또한 어렸을 때 장거리 여행 도중에 조급함을 느꼈던 기억이 나는가? 성인이 된 지금, 스스로에게 이렇게 물어보자. "나는 여전히 조급함을 느끼는가?"

미국에서 운전할 때 신호가 파란불로 바뀌면 곧장 뒤차가 경적을 울린다는 이야기를 들은 적이 있다. 뭐가 그리들 급할까? 언젠가 우리가 탄 미니밴과 다른 미니밴 한 대가 월마트로 가려고 좌회전 차선에 서 있었다. 우리 가족들이 함께 입을 파자마 세트를 고르는 동안 다른 차는 마치 폭탄을 제거해야 하는 상황에 있는 듯 급하게 굴었다.

많은 사람이 성인이 돼서도 '목적지를 향한 조급증'을 겪는다. 아기가 태어나면 하루빨리 자라서 밤에 깨지 않고 통잠을 자길 바란다. 좀 더 크면 하루빨리 학교에 가길 바란다. 그러고 나면 하루빨리 졸업하길 바란다. 졸업하고 나서는 하루빨리 독립하기를 바란다. 독립한 후에는 아이들이 빨리 집에 오길 기다린다! 익숙한 이야기 아닌가?

우리가 조급함을 느끼는 이유는 다음 목적지에 도착하고 나면 마침내 만족할 수 있을 거라고 확신하기 때문이다. 문제는 다음 목적지에 당도한 후에도 우리는 여전히 그 상황에 만족하지 못할 확률이 높다. 가지고 있는 것에 진정으로 만족하는 법을 배우지 못했기 때문이다. 만족스럽지 못한 감정에 더해 과거에 놓친 것들에 대한 후회까지 느낄 수도 있다.

이 모든 불만족감과 후회가 우리의 마음을 괴롭힌다. 걱정과 불안이 찾아온다. 목적지를 향한 조급증을 치료하는 방법은 '현재의 순간에 감사하기'다. 지금 이 순간에 감사하면 된다. 위기와 스트레스 속에서도 감사할 수 있다. 목적지에 도착하고 나서가 아니라 여정 속에서 감사해야 한다.

여정 중에 감사하기 위해서는 '와중에'와 '때문에'를 구분하면 도움이 된다. 이 두 단어에는 커다란 차이가 있다. 지금 현재 상황 '때문에' 마음이 복잡하더라도 이 '와중에' 감사할 수 있다.

다시 말해 아이가 자라기를, 사정이 더욱 나아지기를, 또는 일자리가 안정되기를 기다릴 필요가 없다는 뜻이다. 감사에 초점을 맞추면 이 와중에도 평안을 누릴 수 있다.

가장 성공한 사람은 감사를 가장 크게 느끼는 사람이고, 감사를 가장 크게 느끼는 사람이 결국 가장 행복한 사람이라는 사실을 깨닫게 될 것이다. 기쁨을 더욱 크게 누리고 스트레스를 낮추려면 이미 소유한 것들에 집중해야 한다.

가족들과 감사 챌린지를 시작하는 것도 고려해볼 수 있다. 나와 함께 감사한 일을 찾아보자고 권할 사람이 있는가? 아이들

엄마의 멘탈 수업

은 어떤가? 다음의 두 가지 질문을 서로 주고받으며 감사해보자. "오늘 내가 감사했던 일 세 가지는 무엇인가? 오늘 하루를 멋지게 만들어준 일은 무엇인가?"

✦ 11. 삶을 단순하게 만들기

스스로에게 묻는다. "오늘 내가 해야 할 일에서 지울 수 있는 일은 무엇인가?"

자신의 하루 루틴을 자세히 들여다보고 어떻게 단순하게 만들 수 있을지 생각해본다. 아침과 오후 루틴을 정하거나 집안일을 가족들에게 맡길 수 있다. 구체적인 방법은 가정마다 다를 것이다. 궁극적인 목표는 가능한 한 많은 일을 단순화하는 것이다. 그러기 위해서는 당신의 체크리스트에서 어떤 일을 지울 수 있는지 파악해야 한다. 당신이 '끊어질 것 같은' 최대 장력 상태가 될 때까지 무리하게 되는 이유는 자신이 모든 일을 다 해야 한다는 생각 때문이다. 이러한 자기 제한적 신념에서 벗어나기 위해서는 성공이란 모든 일을 다 해내야만 얻을 수 있는 게 아니라는 사실을 명심해야 한다. 해야 할 일을 하고 무엇을 하지 않아도 되는지를 알 때 성공할 수 있다.

툭 끊어지기 직전이라면 체크리스트를 살피고 스스로에게 이렇게 물어보자. "여기에서 내가 해야 할 가장 중요한 일이 무엇인가? 내가 하지 않아도 되는 일은 무엇인가? 다른 사람에게 맡겨도 되는 일은 무엇인가?"

✦ 12. 적절히 거절하기

스스로에게 묻는다. "오늘 부탁을 거절하는 일이 신체적·정서적·정신적으로 내게 도움이 되는가?"

거절하면 좋은 소리를 듣지 못할까 봐 걱정돼서 너무 많은 부담을 떠맡고 있는가? 스트레스를 줄이는 가장 중요한 비결은 적절히 거절하는 법을 깨닫는 것이다. 작가이자 성공 전문가인 짐론이 이를 아주 적절하게 표현했다. "거절하는 법을 배워라. 입때문에 등이 무거운 짐을 져야 하는 일이 없도록 하라."[14] 타인을 만족시키려는 성향 때문에 힘들다면, 걱정하지 않으면서 좋게 "아니요"라고 거절하는 세 가지 방법이 있다.

1. 칭찬하며 거절한다. "북클럽이 정말 재밌을 것 같아요. 다만 제가 지금은 가입하기 좀 어려운 상황이에요."

엄마의 멘탈 수업

2. 감사함을 표하며 거절한다. "저를 생각하고 학부모 봉사 자리를 권유해줘서 고마워요. 아쉽지만 제가 올해는 참여하기 어려울 것 같아요."

3. 행운을 빌어주며 거절한다. "행사가 큰 성공을 거두길 기원할 게요. 안타깝게도 제가 올해는 참여하기 어려울 것 같아요."

위의 예시에서 제안을 거절하는 이유를 군이 설명하지 않는다는 점을 유념하길 바란다. 향후 요청에 응할 수 있다는 가능성도 열어두었다. 그저 "이번에는 어렵다"라고 말하면 된다. 모든 요청을 거절해야 하는 건 아니다. 친구들, 사랑하는 사람과 함께하는 시간은 중요하다. 상대방의 제안을 수락하고 도와주는 것 모두 당신에게 이롭다. 그러니 만약 가능한 상황이라면 요청을 수용할 여유를 가져도 좋다. 다만 자신의 스트레스가 어느 정도인지 주의를 기울여야 한다. 한계점에 가까워지고 있다면(또는 이미 다다랐다면) 오직 타인을 기쁘게 하려고 너무 많은 부담을 지는 일을 멈춰야 한다.

이것으로 걱정의 부정적 영향력을 줄이기 위해 당신이 할 수 있는 방법을 모두 소개했다. 고무줄을 잡아당기는 상상을 다시 한번 해보자. 고무줄을 최대한 쭉 늘인다. 다만 이번에는 끊어지기 전에 잡아당기던 힘을 풀어보자. 그럼 어떻게 될까? 원래의 이완된 상태로 돌아간다. 이 고무줄처럼 당신도 그렇게 될 수 있다!

자기 돌봄 빙고

자기 돌봄 빙고를 할 차례다. 오늘부터 앞으로 4주간, 아래 빙고 속 자기 돌봄 전략을 완수하고 색을 칠하자. 4주 동안 최소 빙고 한 줄을 완성하는 것이 목표다. 가로나 세로, 사선으로 다섯 칸을 모두 채워야 한다. 지금 바로 정중앙의 보너스 칸을 채워서 시작해보자. 책에 소개된 빙고 판을 활용해도 되고, 자신이 좋아하는 자기 돌봄 전략으로 채운 당신만의 빙고 판을 만들어도 좋다. 어떤 도구를 사용할지, 완성 후 '빙고!'라고 외칠지는 전적으로 당신의 선택에 달렸다.

하루 물 섭취량 목표 달성하기	타인에게 친절한 행위 베풀기	사랑하는 사람과 포옹하기	기도하기	몸 움직이기
차분하게 심호흡하기	차 한 잔의 여유 즐기기	감사한 일 세 가지 생각하기	친구와 대화하기	거품 목욕하기
15분간 야외활동하기	산책하기	————	영양가 있는 음식 먹기	침대 정리하기
의미 있는 목표에 다가가기	좋아하는 음악 듣기	체크리스트에서 할 일 지우기	잡동사니 세 가지 정리하기	나를 성장시켜줄 무언가를 선물하기
조용한 시간 갖기	도움 요청하기	휴식하기	신나게 웃기	이 책 한 장 읽기

엄마의 멘탈 수업

10장

대담한 행동
감행하기

가치에 따라 결정을 내리고 용감하게 행동하는 방법

어느 날 아버지와 통화를 하던 중에 굉장히 충격적인 이야기를 들었다. "너희가 어렸을 때 할아버지가 사랑한다고 말하면 너희들이 할아버지에게 안기는 게 얼마나 부러웠는지 모른다."

나와 그리 가까운 사이가 아니었던 아버지가 내게 처음으로 속마음을 털어놓은 순간이었다. 그 통화를 했을 때 나는 벌써 다 자라서 두 딸을 두었고, 이 이야기를 듣기 전까지만 해도 아버지가 나를 사랑하는 줄 전혀 몰랐다. 아버지의 사랑을 모른 채 자란다는 것은 괴로운 일이다. 아버지의 사랑을 받기 위해, 받을 만한 아이가 되기 위해 부단히 노력했지만 그만큼 힘든 시간을 보냈고 내가 아무리 노력해도 사랑받는다는 기분을 느끼지 못했다. 늘 거부당하는 기분이었다.

아버지와 통화하는 동안 나는 별다른 질문을 하지 않았다. 하지만 전화를 끊은 뒤 아버지의 말이 계속 맴돌았다. '내게 사랑한다고 말해주신 할아버지가 부러웠다면 아빠도 나를 사랑한다는 뜻이잖아.' 아버지에게 다시 전화해서 조금 전에 한 말이 무슨 뜻이었는지 묻고 싶었지만 두려웠다. '만약 다시 물었는데 내가 간절히 듣고 싶은 대답을 듣지 못한다면? 위험을 감수하고 전화했지만 아빠가 나를 끝내 거부한다면 어떡하지?'

아버지에게 다시 전화할 용기를 내기까지 일주일이 걸렸다. 마침내 굳은 의지와 결심이 섰을 때, 전화를 걸었다. 통화 연결음이 들렸다. 심장이 뛰었다. '못 하겠어. 날씨 이야기를 꺼내야지. 농담도 하고.' 덜컥 겁이 난 나는 솔직하고 의미 있는 대화를 나눌 기회에서 벗어날 방법을 떠올렸다.

"여보세요?" 휴대폰 너머로 아버지의 목소리가 들렸다.

'아, 이런! 아빠가 전화를 받았어! 괜찮아, 할 수 있어.'

"아빠." 이 한 마디를 내뱉자마자 나는 눈물을 쏟기 시작했다. 흐느낌 속에서 이렇게 말했다. "아빠가 용기를 내 할아버지가 부러웠다는 이야기를 해줘서 고맙다는 말을 하고 싶었어요. 덕분에 아빠가 날 사랑한다는 걸 알게 되었어요. 저는 아빠가 날 사랑하는 줄 몰랐거든요."

아버지가 답했다. "데니즈, 나는 너를 정말, 정말로 사랑한단다."

엄마의 멘탈 수업

느껴졌다. 태어나 처음으로 아버지의 사랑을 느꼈다. 내 안에 다섯 살 난 아이가 신나서 팔짝팔짝 뛰는 것 같았다. '아빠가 날 사랑해!' 행복과 해방감을 느꼈다. 대담하게 행동했고, 덕분에 나는 자유로워졌다.

내 이야기에 공감하는가? 너무 어렵거나 두려워서 그간 미루거나 피해왔던 행동이 있는가? 마침내 용기를 내서 행동하고 나처럼 자유를 얻었던 경험이 있는가?

두려움과 걱정은 우리를 꼼짝 못 하게 만든다. 대담한 행동은 두려움을 무너뜨린다. 바로 그 행동이 우리를 자유롭게 한다.

✦ 대담한 행동이란 무엇일까?

대담한 행동은 평범한 행동과 다르다. 양치를 하고, 아침 식사를 하고, 식료품을 사는 일은 대부분 사람에게 평범한 행동이다. 중요한 일이지만 우리가 이미 하는 일들이고 그리 많은 생각이나 노력이 필요하지 않다. 반면 대담한 행동에는 용기와 의지가 필요하다.

몇 가지 예시를 들어보겠다. 가족을 중요하게 생각하는 어떤 사람이 가족 구성원 중 누군가와 말다툼을 벌이고 상대의 마음을 상하게 했을지도 모른다는 걱정에 빠진 상황을 상상해보자. 이 상황에서 대담한 행동이란 상대방에게 전화를 걸어 사과하고 용서를 구한 뒤 해결책을 찾는 일이다. 용기를 내야 하는 일, 이것이 대담한 행동이다!

다른 예로, 건강과 체력을 중요하게 여겨 오래전부터 헬스장에 다니고 싶었지만 두려움과 불안에 붙들려 있었다고 생각해보자. 여기서 대담한 행동이란 헬스장에 등록하고 첫 수업에 참여하는 일이다. 또는 술을 절제하기 위해 통제력을 회복해야 하는 상황을 생각해보자. 이 경우 대담한 행동이란 회복을 위한 12단계 프로그램에 참여하는 것이다. 이는 분명히 용기 있는 행동이다. 나의 경우 아버지가 한 말의 의미가 무엇이었는지 솔직하게 묻기 위해 전화를 걸었던 일이 대담한 행동이었다. 두려움에 맞서 전화를 하기까지 용기가 필요했다. 대담한 행동은 당장은 두려울 수 있지만 당신의 삶에 엄청난 영향력을 발휘할 때가 많다.

대담함이란 리더가 지녀야 할 자질이기도 하다. 엄마들이여, 당신은 리더나 다름없다. 매일같이 아이들을 지휘한다. 자녀를 양육하며 수많은 결정을 내려야 하고 가족과 자신, 타인을 사랑하며 솔선수범해야 한다. 가정의 리더로서 대담한 행동을 감행한다는 것은 당신에게 어떤 의미인가?

이 행동은 중요한 가치를 기반으로 결정을 내리고 그 가치를 향해 용감한 발걸음을 내딛는 것이다.

엄마의 멘탈 수업

✦ 중요한 가치를 파악하기

먼저 자신이 중요하게 여기는 가치가 무엇인지 파악해야 한다. 간단히 말하자면 가치란 훌륭한 삶을 사는 데 지침이 되는 원칙을 뜻한다. 이 가치를 잘 안다면 양육을 하며 부모로서 내리는 선택, 개인의 선택, 심지어 인생에 변화를 불러오는 중대한 선택이 주는 압박감을 이겨낼 수 있다. 당신의 가치는 인생의 나침반이 되어 큰 스트레스와 걱정 없이 결론을 빠르게 도출할 수 있게 도와준다.

가령 결혼 생활을 계속 유지할지 그만둘지 결정해야 하는 상황을 가정해보자. 자신이 중요하게 생각하는 가치를 명확하게 안다면 어느 방향으로 갈지 결정을 내릴 수 있다. 자녀들에게 부모 모두가 있는 가정환경을 만들어주는 데 주된 가치를 두고 있고, 결혼 관계에서 벗어나고 싶은 이유가 단순히 혼자인 삶이 더욱 나아 보이기 때문이라면, 결혼 생활을 유지하는 힘든 결정을 내릴 수 있다. 이것이 바로 가치에 기반해 결정을 내리는 행위다(한 가지 명심해야 한다. 폭력적인 관계에 놓여 있다면 이 책을 내려놓고 도움을 구하는 대담한 행동을 실행해야 한다).

2017년이 되어서야 비로소 확고한 신념을 갖게 된 나는 내가 믿는 가치들을 자주 생각했다. 이런 이야기를 들은 적이 있다. "믿는 바가 없으면 아무것에나 휩쓸리게 될 것이다." 나는 살면서 결과적으로 나에게 하등 좋을 것이 없었던 수많은 '아무것'에 휩쓸려 왔다. 이제 나는 대담하게 행동하기 전에 내 가치와 신념을 되새긴다. 어떠한 행동이 내 가치 및 신념과 일치하지 않는다면 내게 득이 되지 않는 행동임을 이제는 안다.

자신의 가치를 진심으로 고민해본 적이 있는가? 다음 리스트는 50가지 예시를 보여준다. 목록을 읽어보며 당신에게 가장 중요한 10가지를 선택해보자. 이 10가지를 다시 세 가지로 좁힌다. 당신이 중요하게 여기는 가치가 이곳에 전부 소개되지는 않았겠지만 좋은 시작점이 될 수 있다(이 책의 마지막 부분에 400개 가치를 인쇄할 수 있는 내 웹사이트 주소가 소개되어 있다).[15]

자신의 핵심 가치 세 가지를 생각해보자. 나의 세 가지 핵심 가치 중에는 '가족'이 있다. 어떤 사람에게는 영향력을 발휘하는 일이 가장 큰 기쁨이다. 어쩌면 '정직'이 당신의 삶에서 최고의 원칙이자 가장 중요한 가치일 수도 있다. 가치에는 여러 가지가 있다. 세 가지 핵심 가치는 의사결정을 용이하게 하고 나에게 가장 중요한 것을 지키게 해준다. 아래의 질문이 핵심 가치를 결정하는 데 도움이 될 것이다.

1. "내 삶에 의미와 목적을 주는 것이 무엇인가?"
2. "나에게 중요한 것이 무엇인가?"
3. "나에게 가장 큰 기쁨을 주는 것이 무엇인가?"

엄마의 멘탈 수업

☐ 모험	☐ 재미	☐ 양육
☐ 아름다움	☐ 관대함	☐ 끈기
☐ 자비	☐ 행복	☐ 긍정적인 태도
☐ 침착함	☐ 화합	☐ 시간 약속 엄수
☐ 아이들	☐ 건강과 체력	☐ 관계
☐ 청결	☐ 타인을 돕는 마음	☐ 존경
☐ 연민	☐ 정직	☐ 책임감
☐ 연결감	☐ 유머	☐ 영성
☐ 협동심	☐ 상상력	☐ 나눔
☐ 용기	☐ 독립심	☐ 혼자 보내는 시간
☐ 배움	☐ 탐구심	☐ 팀워크
☐ 격려	☐ 기쁨	☐ 배려심
☐ 공정	☐ 친절	☐ 정리 정돈
☐ 믿음	☐ 리더십	☐ 인내심
☐ 가족	☐ 영향력 발휘	☐ 신뢰
☐ 경제적 안정	☐ 열린 마음	☐ 단합
☐ 자유	☐ 자연	

가장 먼저 떠오르는 대답이 어쩌면 다른 사람의 의견일 수도 있다는 점을 명심해야 한다. 사회는 꾸준히 우리에게 가치 기준을 주입한다. 가령 어떤 몸매, 어떤 학력, 어떤 집을 원해야 하는지를 주입한다. 다른 사람이 당신의 답을 결정하도록 두어선 안 된다. 사람들이 바라는 누군가가 되려고 노력하거나 그들이 바라는 대로만 생각한다면 인생에서 성취감을 전혀 느끼지 못할 것이다.

당신은 목적을 가진 존재다. 스스로 소중히 여기는 가치가 무엇인지 차분하게 생각해보길 바란다. 당신에게 정말로 중요한 사안을 당신만의 기준으로 결정하길 바란다. 가치를 잘 파악했다면 결정을 내릴 준비를 마친 거나 다름없다. 어떠한 일을 할지 말지 고민 중이라면 가치 기반 의사결정 방법을 시도해보길 바란다.

✦ 가치를 기준으로 자신의 결정을 검토하기

다음 표는 자신의 생각을 살펴보고 어떠한 행동이 가치에 부합하는지 점검하는 의사결정 도구다. 중대한 결정을 앞두고는 신중함과 지혜를 발휘해야 함을 유념하길 바란다. 이 표는 문제를 해결하고 의사결정 과정에서 방향을 모색하는 좋은 시작점이 될 수 있다.

먼저 스스로에게 이렇게 묻는다. "이 결정이 내 가치와 일치하

엄마의 멘탈 수업

는가?"표 상단과 하단의 '그렇다' 또는 '아니다'에 표시한다.

두 번째로 이렇게 묻는다. "이 결정이 두려움에서 비롯되었나?" 이 질문은 두려움 때문에 선불리 내린 결정인지 구별하게 해준다. 예를 들어, 딱히 마음에 들지 않는 집을 지금 구매하지 않으면 두 번 다시 부동산 시장에 발을 들일 기회가 오지 않을까 봐 구매하는 행동은 두려움에서 비롯된 결정이다. 나와 내 아이들을 위해 목소리를 내면 상대가 어떻게 생각할지 두려운 나머지 선을 넘는 행동을 하는 친척에게 아무런 말을 하지 않는 것 또한 마찬가지다. 너무 피곤하지만 무언가 놓칠까 두려워서 저녁 약속 자리에 억지로 참석한다면 이것도 두려움에서 비롯된 선택이다.

다만 어떠한 행동을 하는 게 두렵다고 해서 그것이 두려움에서 비롯되었다고 말할 순 없다. 가령 첫 집을 구매하는 일은 두렵게 느껴질 수 있다. 하지만 우리 가족에게 적합하고 재정 상태를 적절히 고려해 선택한 집을 구매하는 거라면 두려움 때문에 내린 결정이라고 볼 수 없다. 이는 희망에서 비롯된 선택이다. 가족을 위한 집을 마련하고 싶다는 바람과 자신의 필요를 신중하게 고려한 후에 내린 결정이다. 당신이 정한 기준을 가족이나 다른 사람에게 설명하는 일이 두렵게 다가올 수 있다. 하지만 이 기준을 알리려는 결정은 두려움 때문에 내린 것이 결코 아니다. 건강한 경계를 설정하고 가족들과 조화롭게 지내길 바라는 마음에서 비롯된 선택이다. 희망에서 비롯된 선택을 행동으로 옮기는 데는 용기가 필요하고, 이런 선택이 우리의 삶에 대단히 긍정적인 영향을 미칠 때가 많다.

그럼 이제 질문을 다시 살펴보자. 당신이 내린 결정이 두려움에서 비롯된 것인가? 표 왼쪽과 오른쪽의 '그렇다' 또는 '아니다'에 답을 표시하자.

	이 결정이 내 가치와 일치하는가? '그렇다'		
이 결정이 두려움에서 비롯되었나? '그렇다'	노란불	파란불	이 결정이 두려움에서 비롯되었나? '아니다'
	빨간불	빨간불	
	이 결정이 내 가치와 일치하는가? '아니다'		

이제 선을 연결해 큰 그림을 살펴본다. 표 위나 아래, 왼쪽과 오른쪽에 표시한 것을 선으로 연결해본다. 선은 표 한가운데 '파란불' '빨간불' '노란불'이라고 써진 칸을 가로지를 것이다.

파란불은 가도 좋다는 의미다! 당신의 결정은 당신의 가치와 일치하고 두려움에서 비롯되지도 않았다. 실행해도 좋은 행동이라는 지표다.

빨간불은 멈추라는 뜻이다. 두려움에서 비롯된 결정이든 아니든 당신의 가치와는 일치하지 않는다. 자신의 가치에 어긋나거나

엄마의 멘탈 수업

진정성을 훼손하거나 신념을 저버리는 방향으로 움직이는 건 현명한 행동이 아니다. 자녀를 차에 태운 채 빨간불에 차를 몰고 가다 신호 위반 카메라에 찍히는 것과 비슷한 상황이다. 그런 사진을 집에 걸어둘 수는 없지 않은가.

노란불은 정보가 더 필요하다는 의미다. 이 책에서 배운 여러 도구를 활용해야 한다. 스스로에게 이렇게 물어보자. "나는 무엇을 두려워하지? 나는 지금 어떤 추측을 만들어내고 있을까? 내 생각이 진실일까, 사실일까? 유익한 생각일까? 누구에게 물어봐야 할까? 나는 무엇을 할 수 있지? 어떤 글을 읽어야 할까?" 자신의 생각과 감정을 좀 더 깊이 있게 들여다본다면 후회할 만한 행동을 저지르기 전에 자신의 두려움이 무엇인지 밝혀낼 수 있다.

두려움과 의심, 걱정이 당신이 행동 계획을 따르는 데 방해가 될 때는 자신이 중요하게 생각하는 지점을 살펴보고 해볼 만한 가치가 있는 행동인지 판단하면서 자신감을 쌓아갈 수 있다. 해볼 만한 행동이라고 판단된다면 두려움 속에서도 더욱 자신 있게 나아가면 된다. 내가 아버지에게 전화하겠다는 대담한 행동을 감행한 후에 깨달음을 얻은 것처럼, 두려움이 한순간 당신을 얼어붙게 만들지라도 대담하게 행동함으로써 자유로워질 수 있다.

대담함에 관해 따로 덧붙이고 싶은 이야기가 있다. 무엇보다 최선을 다해야만 한다. 당신의 최선이 평소와 다른 날도 있을 것이다. 위기 한가운데 있다면 그 하루를 버티는 것만으로도 충분히 용감하고 훌륭한 일을 해낸 것이다!

당신이 중요하게 여기는 가치는 무엇인가? 너무 두렵거나 어려워서 미루거나 회피했던 용감한 행동이 있는가? 그 행동이 당신의 가치에 부합하는가? 자신에게 옳은 행동이 무엇인지는 당신만이 알 수 있다. 한편 그 대담한 행동이 당신에게 올바르게 느껴진다면 오늘 당장 행동하기를 권한다. 그러면 당신은 분명히 더욱 충만하고 용감하고 행복해질 수 있다!

CALM 프로세스의 단계를 거치며 "누구에게 물어야 하는가? 내가 무엇을 할 수 있는가? 어떤 글을 읽어야 하는가?"라고 스스로에게 질문하며 행동 계획을 만드는 방법을 배웠다. 자신의 행동 계획을 실천하는 데 가로막는 두려움과 걸림돌을 극복하는 법도 배웠다. 스트레스와 걱정이 미치는 신체적·정서적 영향력을 낮추기 위해 할 수 있는 몇몇 방법에 대해서도 읽었다. 자신만의 가치 기준을 바탕으로 결정을 내리고 가장 중요한 가치를 위해 용기를 가지고 대담하게 행동하는 법도 깨달았다.

물론 당신 주변에서 벌어지는 일을 늘 통제할 수는 없다. 다행히 앞으로 3부에서 통제할 수 없는 일을 마음에서 내려놓는 몇 가지 전략을 배운다. 다시 말해, 자신이 통제력을 발휘할 수 없는 일에 관한 걱정을 멈추는 방법을 얻을 수 있다. 한편, 앞에서 배운 대로 자신의 추측을 의심하고 자신이 통제할 수 있는 일을 통제하기 위한 행동을 지속해야 한다.

엄마의 멘탈 수업

단어 찾기

아래 퍼즐에는 13가지 가치가 숨어 있다. 찾을 수 있겠는가?
단어 목록: 모험, 재미, 존경, 정직, 나눔, 용기, 배움, 기쁨, 단합, 공정, 친절, 가족, 자연

즐	단	어	정	직	장	선	육	절	포
명	세	거	루	방	험	지	반	성	단
천	가	당	기	단	버	희	나	중	존
족	법	필	이	합	통	재	미	혼	경
문	들	공	걱	루	모	나	기	의	구
글	추	정	배	다	난	파	통	쁨	민
족	복	움	동	아	무	머	움	공	유
책	존	감	이	숨	용	려	친	절	교
통	정	신	자	연	꿈	기	영	려	모
하	나	눔	함	위	호	성	제	연	험

3부

통제할 수 없는 일은 놓아줘라

Let Go
of the
Uncontrollable

통제 밖의 일이라면 마음에서
내려놓기를 목표로 삼아야 한다.

약 250밀리리터의 물이 담긴 유리컵을 상상해보자. 물을 마시려고 컵을 들면 무겁게 느껴질까? 팔을 다치지 않은 이상 그리 무겁진 않을 것이다. 이제 팔을 앞으로 쭉 펴서 물컵을 든다고 상상해보자.

팔을 쭉 편 상태에서 몇 분간 물컵을 들고 있다면 어떨까? 팔과 어깨 근육이 뻐근해지기 시작한다. 오래 들고 있을수록 점점 더 무겁게 느껴진다. 결국 물컵의 무게가 아니라 이를 들고 있는 시간이 중요하다는 점을 깨닫게 된다.

당신이 지고 있는 부담과 걱정은 이 물컵과 같다. 오래 들고 있을수록 무겁게 느껴진다. 어떠한 걱정이 생긴다면 그것이 생산적인지 생산적이지 않은지를 판단해야 한다. 생산적인 걱정이라면(어떠한 행동을 하게 만드는 걱정이라면) 행동해야 한다. 생산적이지 않은 걱정이라면(당신이 통제할 수 없는 일에 대한 걱정이라면) 내려놓아야 한다.

특히 그 걱정이 정당하다고 느낄 때 이를 내려놓는 일은 쉽지 않다. 여기서 CALM 프로세스의 세 번째 글자인 L, 즉 통제할 수 없는 일을 놓는Let Go 법을 배울 차례다. 이 단계에서 자신의 통제 밖에 있는 일에 대한 걱정을 멈추고 정신적·정서적 부담에서 자유로워지는 몇 가지 전략을 배운다.

엄마의 멘탈 수업

시작하기에 앞서 시 한 편을 소개하고 싶다. 나는 이 시를 통해 두 짐을 내려놓아야 한다는 명료한 깨달음과 마음의 평온을 얻었다. 그 두 짐이란 바로, 어제의 문제와 내일의 부담이다.

어제, 오늘 그리고 내일

작자 미상

매주 우리가 걱정하지 않아도 되는
이틀이 있고,
이 이틀은 우리가 걱정과 불안에서 자유로운 날이다.

그중 하루는 어제다.
어제의 실수와 염려,
어제의 잘못과 과오,
어제의 아픔과 고통이다.
어제는 우리의 통제 밖으로 영영 지나갔다.

세상의 모든 재물로도 어제를 되돌릴 수 없다.

그 어떤 일도 되돌릴 수 없고,

그 어떤 말도 주워 담을 수 없다.

어제는 이미 가버렸다.

우리가 걱정하지 않아도 되는 또 다른 하루는 내일이다.

혹시 닥칠지 모를 역경과 부담, 거대한 약속이다.

내일 역시 우리가 통제할 수 없는 날이다.

내일, 태양은 떠오를 것이고,

화려한 빛을 내든 구름에 가려지든

태양은 떠오를 것이다.

그전까지 내일은 우리와 무관하다.

아직 오지 않았기 때문이다.

그리하여 우리에게는 오늘 하루뿐이다.

단 하루의 전투에서는 누구나 싸울 수 있다.

당신과 내가 영원히 지속되는 그 끔찍한 두 짐

어제와 내일을 더할 때만

무너질 것이다.

엄마의 멘탈 수업

사람들을 미치게 만드는 것은 오늘의 경험이 아니다.

어제 벌어진 후회나 쓰라림

그리고 내일이 가져올 두려움이다.

그러므로 오늘 하루만을 살지어다.[16]

이제부터 통제할 수 없는 이틀, 즉 어제와 오늘의 걱정을 멈추는 전략을 배울 것이다. 또한 현재 당신이 직면한, 통제할 수 없는 일에 대한 걱정을 멈추는 법을 배운다. 이는 괴로운 감정을 놓아주고, 타인과 자신을 용서하고, 죄책감에서 벗어나고, 타인의 판단을 흘려보내고, 완벽주의를 줄이고, 두려움보다 믿음을 택하면 가능하다.

11장

괴로운 감정
흘려보내기

'고약한 생각' 편

수많은 사람과 함께 있는 자리에서 한 지혜로운 엄마가 굉장히 재밌는 농담을 한 적이 있다. 모두들 웃음을 터뜨렸다. 1분쯤 지났을까, 이 지혜로운 엄마가 같은 농담을 반복했다. 이번에는 웃음을 터뜨리는 사람이 전보다 적었다. 지혜로운 엄마는 아무도 웃지 않을 때까지 똑같은 농담을 계속했다. 그러자 지혜로운 엄마는 웃으며 이렇게 물었다. "같은 농담에는 계속 웃지 않으면서 왜 같은 문제에는 계속 한탄하는 건가요?"

슬프거나 답답하거나 걱정되거나 두려운 이야기를 계속 만들어내고 스스로에게 되풀이해서 들려주고 있는가? 이번 장에 소개하는 전략을 이용해 통제할 수 없는 일에서 비롯된 괴로운 감정

엄마의 멘탈 수업

을 흘려보내고 후회를 놓아주고 조바심에서 벗어나는 효과적인 방법을 배울 수 있다.

통제를 벗어난 일 때문에 괴로운 감정이 일고 자기 자신에게 안쓰러움마저 느끼게 되는 몇 가지 상황을 제시하겠다.

- 일 년 내내 기다린 가족 휴가에서 아이들은 싸우기만 했다.
- 한 부모 가족이 되고 싶지 않았는데 그렇게 되어버렸다.
- 절친한 친구가 힘들어할 때 곁을 지켜줬지만, 정작 그 친구는 필요한 순간에 나를 외면했다.

삶에는 예상치 못한 곡절이 많다. 그럴 때 사람이나 상황이 내 기대에 미치지 못하면 마음이 상하고 분노하거나 상처를 입고 좌절을 느끼기 쉽다. 내가 바란 대로 상황이 흘러가지 않을 때 이런 기분을 느끼는 게 잘못일까? 전혀 아니다. 당신의 감정은 타당하다. 자신의 감정이 타당하다는 사실을 인정하는 것이 앞으로 나아가는 첫걸음이다.

✦ 자신의 감정을 인정하기

자신의 감정을 인정해야 한다. 다시 말해 나의 감정이 어떤지 이해하고, 그런 감정을 느껴도 괜찮다고 스스로를 안심시켜야 한다. 그래야 내가 무엇을 원하고 무엇을 필요로 하는지 확신할 수 있다. 삶 속에서 훌륭한 선택을 내리고 건강한 경계를 설정하는 일이 가능해진다.

어떠한 감정을 느껴도 된다고 인정하는 일이 어렵다면, 아마 어려서부터 개인의 생각과 감정을 존중받는 경험을 많이 겪어보지 못했을 수도 있다.

당신이 아직 어렸을 때 반려견이 무지개 다리를 건너고 만 상황을 상상해보자. 당신이 울고 있는 모습을 본 부모님이 평소 개인의 생각과 감정을 존중해주는 분들이라면 당신을 위로하며 이렇게 말할 것이다. "네가 슬픈 것은 당연해. 개를 정말 많이 사랑했잖아." 이때 당신은 자신의 정서와 감정이 옳고, 슬픔을 느껴도 괜찮다는 메시지를 받았다.

감정을 잘 인정하지 않는 부모님이라면 당신이 우는 모습을 보고 이렇게 말할 것이다. "이제 그만 울어. 그냥 개일 뿐이잖아. 비슷한 다른 개를 또 들이면 돼." 당신은 지금 느끼는 감정을 느껴서는 안 되고, 슬픔을 느끼는 것이 잘못된 일이라는 메시지를 받고 말았다.

감정을 인정받지 못하는 환경에서 자란 성인이라면 의사결정을 하고 도움을 요청하거나 받아들이고 자신의 욕구와 필요를 돌보는 데 서툴 수 있다. 성인이 된 당신은 자신이 느끼는 감정을 '틀렸다'고 여길 때가 많고 그로 인해 삶에서 가로막힌 듯한 기분

엄마의 멘탈 수업

을 느끼기도 한다. 자신의 감정이 타당하다는 생각이 들지 않는 다면 선택하고 앞으로 나아가는 일이 어려워진다. 인생에서 자신이 원하는 곳에 있지 못하거나 욕구가 충족되지 않는 것 같은 감당하기 어려운 느낌을 받을 때 당신은 도리어 아무것도 하지 않음으로써 스스로를 멈춰 세울 수 있다.

당신은 어쩌면 지금 이런 생각을 하고 있을지도 모른다. '정말 그런 것 같아. 나는 감정을 존중해주는 가정환경에서 자라지 못했어. 지금 이런 기분을 느끼는 건 전부 부모님 탓이야!' 큰 깨달음을 얻었겠지만, 지금은 과거의 부모님을 부정적으로 비판할 때가 아니라는 점을 반드시 명심해야 한다. 누구나 자신이 가진 것을 바탕으로 최선을 다한다. 부모님은 어쩌면 단순히 자녀가 괴로워하는 모습을 보고 싶지 않은 마음에 아이의 감정을 의도치 않게 무시했을 수도 있다. 부모님이 우는 자녀에게 "슬퍼하지 마"라고 말하는 이유도 마찬가지다.

아직 늦지 않았다. 당신 자신과 자녀들의 감정을 인정하는 방법을 알려주겠다.

- **경청한다.** 내가 현재 어떤 감정을 느끼는지 관심을 가지고 스스로의 이야기에 귀를 기울이자. 아이들이 아무런 방해를 받지 않고 엄마에게 감정을 마음껏 털어놓을 수 있는 환경을 마련해서 아이들의 이야기를 경청하자.

- 감정을 인정한다. "그런 감정을 충분히 느낄 수 있어"라고 말하며 당신 자신과 자녀들의 감정을 인정한다.
- 안도감을 제공한다. "그런 감정을 느껴도 괜찮아"라고 말하며 나와 내 자녀들에게 확신을 준다.

아이의 감정을 인정하는 일에는 장기적인 이점이 따라온다. 아이들이 스스로 무엇을 필요로 하고 원하는지 확신하는 법을 배우고 감정을 표현하는 능력을 키울 수 있으며 자신감을 갖고 건강한 선택을 내릴 수 있게 된다. 이러한 능력은 아이가 성인이 되고 나서도 영향을 미친다. 그러니 아이의 감정과 자신의 감정을 흔쾌히 인정하길 바란다. 모든 감정을 느끼고 그래도 괜찮다는 자신감을 가져라. 자녀의 감정을 인정하고 존중해야 아이의 자신감이 커지고 스스로 건강한 선택을 내릴 수 있게 되는 것처럼 당신도 마찬가지다. 이 과정에는 당신이 지금 배우고 있는 그대로 괴로운 감정은 과감히 흘려보내겠다는 건강한 선택을 내리는 일도 포함된다.

✦ 인지 왜곡을 살피기

자신의 감정을 인정한 후에는 스스로에게 들려주는 이야기를

엄마의 멘탈 수업

살펴봐야 한다. 한 가지 방법으로 일기장에 현재나 과거의 경험으로 인해 괴로웠던 일을 모두 적어볼 수 있다. 가능한 한 자세하게 적어야 한다. 마음 깊이 담아둔 이야기를 전부 종이에 솔직하게 적어보자.

모두 다 적었는가? 그럼 이제 자신의 이야기에 인지 왜곡이 없는지를 살핀다. 인지 왜곡이란 다른 가능성(주관을 배제한 정확한 이야기)을 고려하지 않고 어떠한 상황을 자동 반사적으로 해석하는 현상을 의미한다.

유명한 동기부여 연사인 지그 지글러는 이런 말을 했다. "우리의 태도를 고착화하는 고약한 생각을 피하기 위해 누구나 매일같이 자신의 마음과 머릿속을 확인해야 한다."[17] 17장에서 당신을 성공으로 이끄는 승자의 태도를 갖추는 법을 배울 것이다. 일단 지금은 당신을 괴롭게 하는 이야기에 인지 왜곡이 개입하지는 않았는지 살펴보자.

다음 표에는 고약한 생각, 즉 걱정, 분노, 슬픔, 자기연민, 후회 등 온갖 괴로운 감정을 심화하는 인지 왜곡의 사례가 담겨 있다. 표를 살펴보고 스스로 만들어낸 이야기 속에 인지 왜곡이 있지는 않은지 생각해보자. 만약 그렇다면 함께 소개한 해결책을 적용해 좀 더 정확한(긍정적인) 이야기로 수정하자.

고약한 생각 유형과 해결책

유형	정의	해결책
극단적으로 확대해석하기	'결코' '항상' '모든' '아무것도' 등 단정 짓는 단어를 사용하며 극단적으로 생각한다.	극단적인 화법을 다르게 해서 '좀처럼' '자주' '가끔' '어떤 경우' 등의 단어로 더 정확하게 표현한다.
추측하기	아무런 근거 없이 무언가가 사실이라고 (또는 당연히 벌어질 거라고) 믿는다.	자신의 추측을 의심한다 (1장 참고).
최악을 상상하기	실제보다 훨씬 더 나쁜 상황을 상상하면서 스스로 결과를 감당할 수 없을 거라고 믿는다.	다른 사람과 대화를 나누며 다른 관점을 갖는다. 통제할 수 있는 일은 통제하고, 통제할 수 없는 일은 내려놓는다. "나는 잘 감당할 수 있어"라고 말하며 자신의 능력을 확언한다.
긍정성을 평가절하하기	긍정성이 중요하지도 않고 소용 없다고 믿으며 긍정성을 거부한다.	자신의 정신과 마음에 긍정성이 자리하도록 수용한다. 가령, 칭찬을 들었을 때 거부하기보다는 감사 인사를 전한다.
감정을 사실로 받아들이기	자세히 알아보지도 않고 자신의 감정이 항상 옳다고 믿는다.	자신의 감정이 타당하다고 인정하되 괴로운 감정의 근간에 어떠한 믿음이 자리하고 있는지를 밝혀낸다. 감정이 항상 옳지는 않다는 점을 명심한다.

긍정적인 면을 차단하기	옳은 것보다 잘못된 것만 보려고 한다.	긍정적인 면으로 초점을 돌린다. 자신이 잃어버린 것에 집중하지 않고 남아 있는 것을 생각한다. 부족한 것이 아닌 감사할 일을 떠올린다.
당위적 사고에 사로잡히기	상황을 있는 그대로 보지 않고 반드시 내가 바라는 대로 되어야 한다고 판단한다.	상황을 '있는 그대로' 수용한다(15장 참고). 삶이란 완벽하게 흘러가지 않는다. 통제할 수 있는 일에는 행동하고, 그럴 수 없는 일은 마음에서 내려놓고 '있는 그대로' 수용한다.

___ 이야기를 반전시킨다

엄마들이여, 지금껏 자신에게 들려준 괴로운 이야기에서 고약한 인지 왜곡을 찾아낼 수 있겠는가? 만약 찾아냈다면 축하한다. 당신도 사람이란 뜻이니까! 자신의 이야기에서 이러한 인지 왜곡을 찾아냈다면 이야기를 충분히 반전시킬 수 있다.

이야기를 반전시킨다는 것은 스스로에게 더욱 긍정적인 새로운 이야기를 들려준다는 뜻이다. 인지 왜곡을 인정하고 표에 제시된 해결책으로 이를 바로잡는 과정이 필요하다.

앞에서 소개한 사례를 들어 이야기를 어떻게 반전시킬 수 있는지 보여주겠다. 1년 내내 기다린 가족 휴가에서 아이들이 줄곧

싸움만 벌인 사례다. 휴가가 끝나면서 아이들의 싸움도 끝났지만 엄마가 한참을 괴로운 감정에 시달리는 상황이 충분히 이해된다.

이 사례의 경우 '극단적으로 확대해석하기'와 '긍정적인 면을 차단하기'에 해당하는 인지 왜곡의 해결책이 큰 도움이 된다. 극단적인 확대해석의 해결책부터 적용해보겠다. 극단적인 표현을 좀 더 정확한 표현으로 바꿔서 실제 벌어진 일을 다시 써보는 것이다. 아이들이 '내내' 싸웠다는 게 정말인가? '자주' 어쩌면 '가끔' 싸웠다고 말하는 게 더욱 정확하지 않을까?

이제 긍정적인 면을 차단하는 인지 왜곡의 해결책을 적용해보겠다. 긍정적인 면을 차단하면 옳은 것보다는 잘못된 것만 보게 된다. 문제가 된 아이들의 행동은 잠시 제쳐두고, 가족 여행에서 가장 좋았던 것은 무엇이었는지 생각해보자. 긍정적인 면을 들여다보는 것이다. 휴가에서 일어난 일 중 당신이 감사할 일은 무엇인가? 당신의 마음이 감사함으로 가득 찬 순간이 있었는가?

좋았던 일에 집중할수록 기분도 더욱 좋아진다. 정확한 사실에 집중한다면 과거에 일어난 일과 관련된 괴로운 감정들을 잊을 수 있다. 자신에게 들려주는 이야기를 바꿔야 오래된 이야기가 불러온 정서적 고통에서 자유로워진다. 인생에는 괴롭고 혼란스럽고 부당한 일이 벌어진다. 그런 순간이 오면 자신의 감정을 타당하다고 여기고 고약한 생각을 인정하는 동시에 이를 다

　　　　　　　　　　　엄마의 멘탈 수업

른 이야기로 바꾸어나가고, 자신이 통제할 수 있는 일은 통제하고 내려놓아야 할 일은 내려놓은 채 앞으로 나아가야 한다.

· 쉬 어 가 기 ·

고약한 생각을 찾아내기

당신의 미션은 아래 시나리오를 읽고 간단한 문제에 답하는 것이다. 그럼 시작하겠다.

시나리오
내 친구가 아이 때문에 힘들어할 때 내가 항상 곁에서 힘이 되어주었는데, 정작 그 친구는 내게 친구가 가장 필요한 순간에 내 곁에 절대 있어주지 않는다. 정말 마음이 아프다. 친구에게 나는 시간을 내어줄 가치가 없는 사람일까?

질문
1. 이 엄마의 감정은 타당한가? (그렇다/아니다)
2. 이 엄마의 생각에 인지 왜곡이 있는가? (그렇다/아니다)
3. 통제할 수 있는 일을 통제하기 위해 이 엄마가 할 수 있는 일이 있는가? (그렇다/아니다)

답변
세 가지 질문에 모두 '그렇다'라고 답했는가? 딩동댕! 정답이다!

우선 첫 번째 질문은 두말하면 잔소리다! 친구가 자신을 멀리하면 당연히 마음이 아프다. 친구가 왜 그러는지 이유를 모른다면 혼란스럽기 마련이다.

다음으로 당신은 어떠한 인지 왜곡을 발견했는가? 극단적인 의미를 담고 있는 단어를 발견했는가? 이 엄마는 '항상'과 '절대'라는 단어를 썼다. 극단적인 확대해석의 해결책은 '항상'과 '절대' 같은 단어를 '자주' '좀처럼'으로 고치는 것이다.

위 시나리오의 주인공 엄마가 자신의 사연을 조금만 바꾸면 이야기를 반전시킬 수 있다. "친구가 아이 때문에 힘들어할 때면 내가 자주 곁에서 힘이 되어주었는데, 그 친구는 내게 친구가 가장 필요한 순간에 좀처럼 내 곁에 있어주지 않는다"라고 말할 수 있다. 이 새로운 이야기가 감정을 조절하는 데 도움이 된다. 단어를 바꾸면 상황을 더욱 정확하게 묘사할 수 있다.

이 이야기에 숨은 추측도 발견했는가? 주인공은 자신이 친구가 시간을 내어줄 만한 가치가 없는 사람이기 때문에 친구가 자신의 요청에 응답하지 않는다고 추측하고 있다. 추측이라는 인지 왜곡을 해결하려면 추측을 의심하면 된다. 사연 속 엄마가 자신의 추측을 의심하기 위해 1부에서 배운 전략을 활용할 수 있다. 여기서는 이야기를 다시 쓰는 전략을 적용해보겠다.

친구가 자신에게 신경을 쓰지 않는다고 추측하는 대신 이렇게 자문할 수 있다. "다른 이야기가 있을 수 있을까?" 그 친구는 주인공의 감정을 감당하기 어려워하고 있을 수도 있다. 타인의 감정을 대하는 데 서툰 사람은 도움을 요청하는 상대에게 반응하지 않기도 한다.

마지막으로 통제할 수 있는 일을 통제하기 위해 이 엄마가 할 수 있는 일이 있을까? 한번 살펴보자. 친구의 행동을 통제할 수 있는가? 그럴 수 없다. 하지만 이 엄마는 친구에게 전화를 걸어 자신의 감정을 솔직

엄마의 멘탈 수업

하게 털어놓을 수 있다. 이런 행동이 친구의 행동에 변화를 불러오고 관계를 더욱 돈독하게 만들어준다. 다만 모두가 알다시피 우리는 타인을 통제할 수 없기에 친구가 전화를 받지 않을 가능성도 염두에 둬야 한다.

그렇다면 이 엄마에게는 어떤 선택지가 남아 있을까? 긍정적인 면을 차단하는 인지 왜곡의 해결책을 이용해 자신이 잃어버린 것(친구)에 집중하지 않고 자신에게 남아 있는 것(가족, 다른 친구들, 건강, 자녀 등)을 되새길 수 있다. 그렇다고 해서 이 엄마가 금이 간 우정에 슬퍼해선 안 된다는 뜻은 아니다. 다시 한번 말하지만 이 엄마가 느끼는 감정은 타당하다. 하지만 해결책으로 긍정적인 면에 초점을 맞추고, 자신을 위해 곁에 있어주고 기꺼이 함께해주는 가족과 다른 친구들에게서 위안을 얻을 수 있다.

✦ 엄마들이여, 해낼 수 있다!

괴로운 감정을 흘려보낼 수 있다는 사실을 명심하라. 아래의 방법을 활용해보길 바란다.

- 자신의 감정을 인정한다. 이렇게 묻는다. "내가 지금 느끼는 감정은 무엇일까?" 그리고 이렇게 말한다. "그런 감정을 느껴도 괜찮아."

- 인지 왜곡을 살핀다. 이렇게 묻는다. "나는 지금 스스로에게 어떤 이야기를 들려주고 있지? 내가 극단적으로 확대해석하고 있는 건 아닐까? 섣불리 추측하거나 최악을 상상하거나 긍정성을 평가절하하거나 감정을 사실로 받아들이거나 긍정적인 면을 차단하거나 당위적 사고에 사로잡혀 있는 건 아닌가?" 이 중 하나라도 '그렇다'라고 답한다면 다음 단계로 넘어간다.
- 이야기를 반전시킨다. 고약한 생각 유형 표에 나온 해결책을 이용해 더욱 사실에 근접한 이야기로 인지 왜곡을 바로잡는다.

오늘 당신에게 벌어지는 일과 미래에 당신에게 벌어질 일은 이미 지나간 일보다 훨씬 중요하다. 계속해서 바삐 앞으로 나아가야 한다. 이야기를 반전시켜라. 새로운 이야기를 쓸 때다! 자신이 통제할 수 있는 일은 통제하고, 내려놓아야 할 일은 내려놓고 앞으로 나아가자.

엄마의 멘탈 수업

12장

용서하기

'아픔과 불쾌함' 편

내가 여섯 살 때 일이다. 이모가 사고를 당해 양쪽 허벅지에 심각한 화상을 입었다. 이모가 상처에서 회복 중일 때 가족이 다 함께 이모를 보러 갔다. 이모를 무척이나 좋아했던 나는 신이 난 나머지 이모와 너무 가까이 붙어 있다가 이모 팔을 툭 쳤고, 이모가 들고 있던 찻잔이 화상을 입은 무릎에 쏟아졌다.

이모는 비명을 질렀고 겁에 질린 나는 폴짝 뛰며 뒤로 물러섰다. 이모를 아프게 해서 무척 죄송했지만(내가 저지른 행동에 속이 울렁거릴 지경이었다) 사과가 입 밖으로 나오지 않았고, 내가 가만히 있는 시간이 길어질수록 엄마의 노여움이 커졌다.

"가서 이모한테 죄송하다고 해." 엄마가 거듭 말씀하셨다. 하지만 나는 사과하지 않았다. 대신 나는 이모에게 가서 내 용돈 전부를 내밀었다. 큰 액수는 아니었지만 내가 가진 전부였기에 내게는 큰돈이나 다름없었다. 하지만 엄마는 물론 다른 친척들은 내가 "죄송하다"라는 말을 하지 않아서 여전히 화가 나 있었다.

아이에게 무언가를 요구했지만 아이가 완강히 거부한 적이 있는가? 내가 사과를 하지 않은 이유를 듣는다면 당신의 아이가 단순히 비협조적이라서 그렇게 행동한 것은 아니라는 사실을 이해할 수 있을지도 모르겠다.

그 당시에 나는 고의로 잘못을 저질렀을 때만 사과해야 한다고 생각했기 때문에 이모에게 사과하지 않았다. 가령 냉장고 속가장 큰 초콜릿 푸딩을 찜하려고 손가락을 넣었다 빼는 행위는 (실제로 그런 적이 있다) 분명 잘못된 일이고 일부러 한 행동이었으므로 사과해야 마땅한 일이었다. 하지만 내가 아무리 엄마를 기쁘게 하고 싶은 마음이 컸다 하더라도 이모에게 사과할 수는 없었다. 엄마가 내가 일부러 이모를 다치게 했다고 생각하는 게 싫었다. 그래서 사과를 거부했다.

여전히 상대방의 사과를 기다리는 일이 있는가? 억울한 마음을 흘려보내기에 앞서 당신의 마음을 다치게 한 사람들이 미안하다고 말해주길 기다리고 있는가? 안타깝게도 수많은 이유로 그 사과가 당신에게 전해지지 않을 수 있다. 당신에게 상처를 줬다는 사실을 상대가 모를 수도 있다. 사과하는 법을 모를 수도 있다.

엄마의 멘탈 수업

본인이 한 행동을 조금도 개의치 않아 할 수도 있다. 이유가 무엇이든 당신이 받은 상처를 놓아주기 위해 상대방의 사과를 기다릴 필요가 없다. 대신 그를 용서함으로써 상처를 지울 수 있다.

✦ 자기 자신을 위해 타인을 용서하기

당신에게 상처를 주고 마음을 상하게 만든 사람들을 향한 분노와 억울함이 멈추지 않을지도 모른다. 그들은 용서받을 가치가 없고, 만약 내가 용서해버리면 상대가 자신이 저지른 행동에 대한 책임을 벗어던질 거라는 생각이 들 수도 있다. 용서한다고 해서 잘못을 저지른 타인이 책임에서 자유로워지는 건 아니다. 용서는 당신이 느끼는 분노로부터 당신 자신을 해방한다. 당신이 지고 있는 정서적 고통에서 벗어나게 해준다.

그 사람들에게 분노와 억울함을 품는다고 해서 그 사람들이 달라지지는 않는다. 달라지는 것은 당신이다. 그저 당신이 비참한 감정을 느낄 뿐이다. 과거 당신에게 상처를 준 사람들을 용서하고 쉽게 동요하지 않음으로써 이전에는 경험하지 못했던 더욱 큰 평안과 기쁨을 느낄 기회를 스스로에게 주는 건 어떨까?

사람들은 사소한 계기로 성급하게 친구나 가족과의 관계에서 문을 닫을 때가 많다. 한번은 한 여성이 이렇게 말하는 것을 들은 적이 있다. "언니한테 다음 주에 저녁 먹으러 가고 싶지 않다고 말하지 못하겠어. 그랬다간 언니가 나랑 말도 섞지 않을 거야." 이런 가족과 함께 사는 삶을 상상이나 할 수 있는가? 버림받을까 봐두려워서 항상 눈치를 보고 자신의 욕구와 필요를 돌보지 못하는삶 말이다. 이런 일이 벌어지는 안타까운 가정이 많지만, 당신이그중 하나가 되지 않아도 된다. 당신과 당신 자녀들이 느끼는 불쾌함 때문에 바로 관계를 끊어내는 식으로 반응할 필요는 없다.

✦ 자녀를 위해 용서하기

아이에게 용서의 롤 모델이 되어주자. 자녀에게 직접 다른 사람을 용서하는 모습을 보여준다면 타인을 어떻게 대해야 하는지뿐만 아니라 자녀가 부모를 어떻게 대해야 하는지도 가르칠 수있다! 이렇게 생각해보자. 실수를 저지른 타인에게 등을 돌리는식으로 반응한다면 (심지어 자신의 인생에서 완전히 지워버리겠다고 반응한다면) 나중에 아이들에게 비슷한 상황이 일어났을 때 이처럼대응해야 한다고 몸소 보여주는 꼴이 된다. 아이들이 이 가르침을 내면화한다면 당신이 실수를 저질렀을 때 어떤 일이 벌어지겠는가? 자녀들은 실수한 당신에게도, 그리고 먼 훗날 자신의 자녀들에게도 똑같이 반응할 것이다. 그렇게 부모의 언행이 대물림된

엄마의 멘탈 수업

다. 한편 본보기를 보여주고 쉽게 동요하지 않는 사람의 표본이 되어준다면 자녀들이 성인이 된 후 당신이 잘못을 저질렀을 때도 용서할 가능성이 매우 높다.

롤 모델이 되는 게 어렵게 느껴지더라도 걱정할 필요 없다. 작은 일부터 시작할 수 있다. 운전 중에 누군가 끼어들었다면 감정적으로 받아들이거나 경적을 울리거나 아이들 앞에서 해선 안 될 말을 하는 대신 스스로에게 "나는 쉽게 동요하지 않아. 나는 기꺼이 용서하는 사람이야"라고 말할 수 있다. 상대가 당신의 기분을 망치도록 내버려둘 이유가 있을까? 상대방이 무슨 이유로 끼어들었는지 그 사정을 다 알 방법은 없다. 당신은 쉽게 흔들리지 않는 사람이 될 수 있겠는가? 상대를 용서하고 그 상황을 가볍게 넘긴 뒤 아이들과 차 안에서 즐거운 시간을 보내겠는가? 그러길 바란다. 그편이 당신의 감정에 훨씬 이롭기 때문이다.

한편, 아무리 용서하려고 노력해도 아주 작은 불쾌함조차 쉽게 떨치기 어려운 순간이 있다. 이런 순간을 마주한다면 더욱 주의를 기울여야 한다. 과거에 해소하지 못한 상처가 원인일 수도 있기 때문이다. 내면의 상처는 결국 어떻게든지 튀어나오게 된다. 당신이 품고 있는 분노, 괴로움, 좌절 같은 감정이 무관한 주변 사람들에게 잘못 표출되기도 한다. 배우자가 겨우 몇 분 늦었는데 불뚝 화를 내거나 옷을 제자리에 놓지 않았다고 아이들에게 소리를 지르는 식으로 말이다.

이런 일이 벌어졌을 때는 자신의 감정을 찬찬히 들여다봐야 한다. 과거에 해소되지 못한 상처를 돌아보고 다음 질문을 스스로에게 해보자. 과거를 성찰하는 시간이 필요할 수 있으므로 종이에 적어보는 것도 좋겠다.

- "용서해야 할 대상이 누구인가?"
- "상대의 어떤 행동이나 발언이 내게 상처가 되었는가?"
- "당시의 경험이 나에게 어떤 기분을 안겨줬는가? 자신에 대한 믿음에 어떠한 영향을 미쳤는가?"
- "그 믿음은 사실인가? 아니라면 무엇이 사실인가?"

✦ 마음의 묵은 해로운 신념을 용서하기

상처가 되는 일을 경험하면 자기 자신에 대해 어떠한 믿음이 생겨난다. 그 생각과 믿음을 마음과 머리에 새긴다. 당신도 고통스러운 일을 겪으면서 "나는 사랑받고 있지 않아" "나는 안전하지 않아" "나를 원하는 사람은 없어" "나는 망가졌어" 같은 말을 가슴속에 새겼을 것이다.

이런 메시지는 사실이 아니다. 이 말을 섣불리 믿는다면 당신의 삶 면면에 부정적인 영향을 미칠 수 있다. 다행히 이 거짓된 메시지는 찾아내기 쉽고, 상처도 치유될 수 있다.

앞 질문을 통해 과거의 상처를 치유하고 용서함으로써 자유로워질 수 있다. 내 경험을 들려주겠다.

"용서해야 할 대상이 누구인가?" 나를 돌봐줬던 베이비시터.

"상대의 어떤 행동이나 발언이 내게 상처가 되었는가?" 내가 여덟 살 때 베이비시터가 나를 무서운 지하실에 가두고 불을 꺼버린 적이 있다. 그래서 어렸을 때 나는 지하실을 끔찍하게 무서워했다. 그때는 지하실과 관련한 악몽도 자주 꿨다. 지하실에서 커다란 손이 튀어나와 침대에 있는 나를 낚아채는 악몽이었다. 베이비시터가 나를 지하실에 가둔 경험은 그 악몽을 실제로 경험하는 것과 같았다. 나는 계단 제일 꼭대기에 서서 문을 두드리며 내보내달라고 울었다. 얼마나 갇혀 있었는지 정확히 알 수 없지만 영원과도 같은 시간이었다. 마침내 문을 열어준 베이비시터는 이렇게 말했다. "애처럼 징징대기는." 그러고 나서 베이비시터는 언니와 놀았고, 나는 뒷마당에 있는 테이블에 앉아 울면서 스스로 왜 좀 더 호감 가는 사람이 될 수 없는지 나 자신을 원망했다. 엄마도 나를 애처럼 징징댄다고 생각할까 봐 엄마에게도 이 일을 말하지 못했다.

"당시의 경험이 나에게 어떤 기분을 안겨줬는가? 자신에 대한 믿음에 어떠한 영향을 미쳤는가?" 나는 거부당하고 미움받는 것 같았으며 외로웠고 불안했다. 베이비시터가 나에게 그런 짓을 한 이유가 꼭 나 때문인 것 같았다. 내가 비호감이라서, '애처럼' 굴어서 말이다. 그날 내 마음속에 아무도 나를 원하지 않고 나는 사랑스럽지 않은 사람이며 있는 그대로의 내 모습을 드러내거나 진실한 감정을 표현하는 것은 안전하지 않다는 메시지가 새겨졌다.

"그 믿음은 사실인가?" 사실이 아니다.

"아니라면 무엇이 사실인가?" 나는 정말 가치 있고 대단히 중요한 사람이라는 사실이다. 바로 당신처럼! 나는 필요한 사람이다. 나는 사랑스러운 존재다. 있는 그대로 내 모습을 드러내거나 진실한 감정을 표현해도 괜찮다. 지하실에 갇힌 그날, 나는 내 자아존중감이 뚝 떨어진 것처럼 느꼈지만 내 진짜 가치는 타인이나 다른 무언가에 의해 좌우될 수 없고, 당신이란 사람의 가치 또한 마찬가지다.

"나는 용서하기로 선택할 수 있다." 지하실에 날 가두었던 베이비시터를 용서했다. 반드시 사과나 해명을 들어야겠다는 생각에서 그 사람을 해방했다. 그 사람에게 내 가치를 정의할 권한을 준 나 자신도 용서했다. 이제 나는 용서를 통해 그녀에게서 주도권을 되찾아왔다.

당신은 어떤가? 당신이 용서해야 할 대상은 누구인가? 당신 자신인가? 아니면 다른 누구인가? 어떤 일이 있었는가? 그 사람이 당신에게 상처가 되는 말이나 행동을 했는가? 그 경험이 당신에게 어떤 기분을 안겨줬고, 자신에 대한 믿음에 어떠한 영향을 미쳤는가? 상대가 했던 언행 때문에 내가 중요하지 않은 사람, 외톨이, 충분하지 않은 사람이라고 느꼈거나, 마음을 다쳤거나, 안전하지 않고 삶이 완전히 망가졌다고 느꼈는가? 이 질문에 대한 답을 글로 적어보길 바란다.

다음으로 무엇이 거짓인지 파악하고 스스로에게 진실을 다시 한번 일깨워야 한다. 가령 상대의 말이나 행동 때문에 자신에게 결함이 있고 자신이 가치 없다는 생각이 들었는가? 이는 정말로 사실인가? 당연히 아니다. 당신의 마음에 새겨진 거짓말을 믿는다면 자신의 가치를 판단하는 감정이 달라질 수 있다. 하지만 당신의 진짜 가치는 다른 사람이나 무언가에 의해 좌우될 수 없다. 당신의 삶에서 어떠한 일이 벌어졌든 또는 벌어지지 않았든, 당신은 무척이나 가치 있고 대단히 중요한 사람이다. 몸과 마음으로 이 사실을 수용해야 한다!

이제 용서하기로 선택한다. 타인을 용서하는 행동이 타인의 무례한 행동을 용납하는 것이 아님을 기억해야 한다. 당신은 그저 이미 벌어진 일을 바꿀 수 없다는 사실을 인정하고 용서하고 나아가기로 선택했을 뿐이다.

이제 몸과 마음으로 새로운 사실을 분명하게 이해했다면 용서의 글을 써보도록 하자. 어떻게 써야 할지 모르겠다면 다음 예시 속 괄호를 채워보자.

"[상대가 한 일]로 내게 [당시 나의 감정]을 느끼게 하고 [당시 내가 굳게 믿게된 신념]을 믿게 한 [상대의 이름]을 용서하기로 선택했다. [상대의 이름]을 용서함으로써 그에게 내 가치나 중요성, 삶의 주도권을 넘긴 나 자신도 용서했다. 이제 나는 용서함으로써 상대에게서 그 힘을 빼앗았다."

이 글에는 자신을 정의할 권한을 타인에게 넘긴 나 자신도 용서한다는 내용이 담겨 있다. 과거의 경험에서 비롯된 분노와 억울함을 계속 붙들고 있던 스스로를 용서하는 것이다. 어떠한 일을 벌이고 당신에게 부정적인 감정을 안겨준 상대를 용서하라. 잘못된 메시지를 내면화하고 나 자신에 대한 믿음을 잃는 순간, 당신은 상대에게 권한을 빼앗겨버렸다. 이제 그 권한을 되찾아와야 한다. 마지막으로 작성을 완료했다면 잘게 찢어서 버리고 그 일에서 벗어나자.

✦ 앞으로 나아가기 위해 용서하기

반드시 사과를 들어야 용서할 수 있겠다고 다짐하며 계속 상대의 사과를 기다릴 필요는 없다(용서할 수 있을 것 같은 마음이 생길 때까지 기다려야 하는 것도 아니다). 늘 바로 용서하겠다고 선택할 수

엄마의 멘탈 수업

있다. 과거에 겪었거나 현재 벌어지고 있는 불쾌한 일을 당장 용서하겠다고 선택할 수 있다.

현재 불쾌한 일을 경험하고 있는가? 그렇다면 이를 내면화하거나 곱씹거나 섣불리 추측하거나 개인적으로 받아들이지 않고 이렇게 선언할 수 있다. "나는 쉽게 흔들리지 않아. 나는 용서하는 사람이야."

과거에 있었던 불쾌한 경험을 해결하려고 노력 중인가? 그렇다면 위에 소개한 질문들을 스스로에게 묻고 답을 적어보자. "용서해야 할 대상이 누구인가? 상대의 어떤 행동이나 발언이 내게 상처가 되었는가? 그 경험이 내게 어떤 기분을 안겨줬는가? 자신에 대한 믿음에 어떠한 영향을 미쳤는가? 그 믿음은 사실인가? 아니라면 무엇이 사실인가?" 거짓된 이야기를 거부하고 사실을 받아들일 때 희망이 절망을 이기고, 믿음이 두려움을 이기며, 승리감이 패배감을 압도한다. 그러니 기꺼이 용서하기를 선택하라. 타인을 용서했듯 자신도 용서하라. 과거에 무슨 일이 있었든 사랑과 용서가 자리할 공간은 언제나 있다. 자신 있게 선언할 수 있다. "나는 다시 과거로 돌아가지 않을 거야. 나는 앞으로 나아갈 거야. 내 과거는 지나간 일이야. 나는 용서를 받았고, 용서할 줄 아는 사람이야."

당신의 과거는 지나간 일이다. 용서하는 사람, 쉽게 동요하지 않는 사람이 된다면 과거에 감사하고 현재에 만족하며 밝은 미래를 향한 희망을 가득 품을 수 있다.

13장

죄책감
내려놓기

'엄마의 죄책감'편

"브리애나, 내 방에서 나가." 일곱 살 린지가 다섯 살 동생에게 사정하는 소리가 거실에 앉아 있던 나에게까지 닿았다. 브리애나가 언니의 말을 듣지 않는 게 분명했다. 린지의 짜증스러운 목소리가 점점 더 커졌으니까. "브리애나, 내 방에서 나가! 브리애나! 내, 방에서, 나가!"

린지의 외침을 듣고 있으니 심장이 쿵쿵 뛰기 시작했다. 린지가 다시 한번 "내 방에서 나가!"라고 사정하는 순간, 나는 더는 못 참겠다는 생각이 들었다. 내가 낼 수 있는 가장 큰 목소리로 소리를 질렀다. "브리애나, 린지 방에서 나가아아아아아아!"

"나가"라는 단어에 힘을 줘서 내지른 소리가 아직도 내 기억에

엄마의 멘탈 수업

생생하다. 그러자 어린 브리애나가 린지의 침대에서 내려와 옆방으로 달려간 뒤 문을 닫는 소리가 전해졌다. 쿵, 토독, 토독, 토독, 삐걱, 찰칵, 정적.

하아! 기분이 최악이었다. 이런 식으로 아이들에게 소리를 지른 적은 처음이었고, 그 후로도 없었다. 나는 곧장 위층으로 올라가 브리애나에게 사과했다.

이런 이야기를 들은 적이 있다. "아이 한 명을 키우면 부모가 되고, 두 명을 키우면 심판이 된다." 그날 나는 심판으로서 내 역할을 제대로 수행하지 못했고 엄청난 죄책감을 느꼈다.

이 이야기에 공감하는가? 아이에게 소리를 지르고 죄책감을 느낀 적이 있는가? 이는 엄마들이 죄책감을 느끼는 흔한 사례다.

엄마들 대부분이 한 번쯤 죄책감을 경험한다. 이는 자신이 부모로서 부족하다고 느낄 때 찾아오는 감정이다. 실수하거나 (할 수 있는 한 최선을 다하고 있음에도) 엄마로서 실패하고 있다는 생각이 들 때 느끼는 혼란스러운 감정이다.

어떻게든 그 죄책감을 덜어낼 방법을 찾아야 죄책감이 수치심으로 번지는 상황을 막을 수 있다. 과거의 실수나 자신에게 결점이 있다는 생각 때문에 무거운 짐에 짓눌려 살아서는 안 된다. 자기 판단이라는 패턴을 지워 죄책감이라는 감옥에서 스스로를 해방할 때다. 다음 여섯 가지 방법이 죄책감에서 해방되는 데 도움이 될 수 있다.

✦ "해야 한다"라는 단어를 지우기

우리가 쓰는 말 가운데 죄책감을 많이 유발하는 단어 중 하나는 바로 "해야 한다"라는 말이다. 11장 '고약한 생각' 목록에 있던 '당위적 사고에 사로잡히기'라는 내용을 기억하는가? 다시 간단하게 알려주자면, 당위적 사고란 있는 그대로를 보는 게 아니라 상황이나 사람들을 자신만의 기준으로 섣부르게 판단하는 것을 의미한다.

'이 정도는 되어야 한다'는 기준만큼 집이 깨끗하지 않을 때 죄책감을 느끼는 엄마들이 많다. 어떤 엄마는 자기 돌봄을 위한 시간을 내는 데 죄책감을 느낀다. 가족을 돌보거나 다른 일을 하느라 바빠야 정상이라고 생각하기 때문이다. 아이들과 함께 집에 있어야 한다는 생각에 출근하는 데 죄책감을 느끼는 엄마도 있다. 또는 가계에 이바지해야 한다는 생각에 전업주부로 지내는 데 양심의 가책을 느끼는 엄마도 있다.

잠시 자신의 생각을 들여다보자. "해야 한다"라는 단어가 당신이 느끼는 죄책감의 기저에 자리하고 있는가? 삶의 여러 요소가 지금과 다르게 흘러가야 한다고 생각하고, 그렇지 못한 것은 자신의 잘못이라고 생각하는가? 당신이 (또는 당신의 자녀가) 지금과는 다른 모습이어야 한다고 생각하며 스스로를 가혹하게 비판하는가? 만약 그렇다면 자신의 신념을 의심하고 죄책감을 뻥 차버

엄마의 멘탈 수업

리길 바란다. 스스로에게 이렇게 묻자. "이 믿음은 진실인가? 사실인가? 유익한가?"

화를 내거나 짜증을 부리는 자신이 나쁜 엄마라는 생각이 들수 있다. 진실일까? 아니다. 좋은 엄마도 때때로 분노와 짜증을 느낀다.

당신이 저지른 실수를 용서받을 수 없다는 생각이 들어서 자신이 실패자가 된 것 같다고 느낄 수 있다. 사실인가? 전혀 그렇지 않다. 좋은 엄마도 실수한다. 당신은 용서를 받을 가치가 있다. 실수는 실패가 아니고, 실수한다고 해서 당신이 실패자가 되는 것도 아니다. 당신은 그저 계속 배우는 보통 사람일 뿐이다.

나만 이렇게 허우적거리는 것 같고, 다른 사람들처럼 나도 모든 일을 잘해내야 한다는 생각이 들 수 있다. 유익한 생각일까? 그렇지 않다. 내가 평범한 사람이라는 이유로 스스로에게 마구 주먹을 날리며 자책하는 건 전혀 도움이 되지 않는다. 그 싸움이 어떻게 끝나겠는가? 코미디언 겸 종합격투기 해설자인 조 로건의 외침이 들리는 듯하다. "지금 UFC 옥타곤으로 입장하는 선수는 체중 불명의 완벽하지 않은 엄마입니다! 그리고 반대편 코너 링으로 달려오는 상대 선수는 체중이 정확히 똑같은… 그녀 자신이네요! 레프트 훅을 날렸고요! 피했습니다! 잠깐만요? 아, 시합 일정을 다시 잡아야겠군요. 저녁을 차려야 한답니다."

엄마들이여, 자신을 향해 주먹을 날리며 자책해선 안 된다. 고

전분투하는 사람이 당신만은 아니다. 좋은 엄마도 종종 허우적거린다. 그저 스스로 최선을 다하면 된다!

✦ 최선을 다하고 있다는 사실을 인정하기

최선을 다한다는 게 완벽하게 해야 한다는 뜻은 아니다. 완벽한 사람은 없으니 스스로에게 완벽함을 요구하지 않길 바란다. 당신은 그저 최선을 다할 수 있을 뿐이다. 월트 디즈니의 말을 귀담아들을 필요가 있다. "왜 걱정하는가? 최선을 다했다면 걱정한다고 해서 더 나아지지 않는다."[18] 또한 당신이 정말 최선을 다했다면 죄책감을 느낀다고 더 나아지지 않는다. 당신의 최선이 평소와 다른 날도 있을 것이다. 커다란 슬픔과 상실을 경험할 때, 충분히 휴식을 취하지 못했을 때, 신체적으로나 정신적·정서적으로 힘겨울 때 당신의 최선은 컨디션이 좋은 날과는 분명 다를 것이다. 그저 최선을 다하라. 당신의 최선이면 충분하고, 당신은 있는 그대로 충분한 사람이다.

자신이 충분하다는 현실을 보기 위해서 관점을 조정해야 할 때도 있다. 자신의 실수를, 보기 싫은 임신선이나 체중, 주름, 나이, 침착하게 대응해야 한다고 생각했지만 소리를 지르고 만 순간들, 싱크대에 쌓여 있는 그릇들, 잠옷 바지에 묻은 이유식, 아이

엄마의 멘탈 수업

들의 저녁 식사를 새로 만들지 않고 냉장고에서 냉동 피자를 꺼내 오븐에 넣어 데우기만 했다는 것에 죄책감을 느끼다 보면 자신이 실패했다고 생각할 수도 있다. 하지만 엄마들이여, 내 눈에는 당신이 가족을 우선시하는 모습, 아이의 떼를 진정시키는 모습, 여러 날 잠 못 드는 모습, 이른 아침에 비몽사몽 일어나는 모습이 보인다. 내 눈에는 배가 고프지 않을 때나 너무 피곤할 때도 가족을 위해 식사를 준비하는 당신의 모습이 보인다. 당신은 어떻게든 했고 끝까지 해냈다. 나의 관점 그대로 스스로를 바라보길 바란다. 그리고 이렇게 물어본다. "내가 할 수 있는 최선을 다하고 있는가?" 이 질문에 답을 할 때 한 가지 명심해야 한다. 우리는 그 순간에 가지고 있는 도구와 지식을 동원해서 할 수 있는 최선을 다하고 있다고 말이다. 그 정도면 충분하다.

✦ 적절하게 행동하기

아이에게 맞는 일을 나눠주며 집안일에 참여해달라고 요청했다. "나는 왜 맨날 일해야 해요?" 귀찮은 집안일을 하지 않고 비디오 게임을 계속하고 싶은 아이가 투덜거린다. "내 친구들 엄마는 안 그런단 말이에요."

죄책감이 들기 시작한다. 잠깐! 자기 자신에게 물어보자. "지금 내 행동이 이 상황에 적절한가?" 아이가 할 수 있는 집안일을 맡기고 식사 준비를 도와달라고 부탁하는 행동이 적절한가? 당연히 그렇다. 이런 경험을 통해 아이에게 책임감과 가족의 일에 기여하는 방법을 가르칠 수 있다. 부엌에 설거지할 그릇이 쌓여 있더라도 자기 돌봄을 위한 시간을 내는 게 적절한가? 분명 그렇다! 지칠 때까지 자신을 밀어붙이는 것보다 자신의 욕구를 돌볼 때 힘과 인내심이 더욱 커진다. 소셜미디어에 보이는 엄마들은 전부 유기농 식사를 준비하는데, 저녁 식사로 냉동 피자를 내놓는 게 적절한가? 물론이다, 엄마들이여.

인터넷에서 유명한 글이 있다. "모두가 핀터레스트(미국의 이미지 공유형 소셜미디어—편집자) 엄마처럼 되길 꿈꾸지만, 아마존프라임 엄마가 되는 것도 나쁘지 않다."[19] 비교는 즐거움을 빼앗아 가는 도둑이다. 로빈 후드와 같다. (영혼이) 부유한 자에게서 빼앗아 (태도가) 가난한 자들에게 나눈다. 이제 이 도둑을 경찰에 신고할 때다. "여보세요, 경찰서죠? 네, 또 저예요. 벌건 대낮에 '비교'라는 도둑이 집에 찾아와서 제 즐거움을 훔쳐갔어요…. 말도 안된다고요? 저는 그렇게 생각하지 않거든요! 비상사태라고요."

자신을 다른 사람과 비교할 필요가 전혀 없다. 마땅히 이래야 한다고 생각하는 엄마의 모습과 자신을 비교하고 깎아내릴 필요가 없다. 당신의 아이들에게 필요한 엄마는 있는 그대로의 당신이다.

때로는 자신의 행동이 적절함을 아는 것만으로도 죄책감에서

엄마의 멘탈 수업

벗어날 수 있다. 한편 스스로가 적절하지 않다고 느껴질 때는 어떻게 해야 할까? 죄책감을 느껴야 할까? 이 질문의 답은 '아니요'다. 죄책감은 상황을 개선하는 데 도움이 되지 않지만, 행동 계획은 도움이 될 수 있다. 스스로에게 이렇게 묻는다. "긍정적인 변화를 불러오기 위해 어떤 행동을 할 수 있을까?" 이 질문의 답을 행동 계획에 포함하고 실천하자.

✦ 자기비판이 아닌 호기심을 가지기

충족되지 못한 욕구가 있는데 어떤 식으로든 그것이 건드려지면 우리는 대단히 민감해진다. 어떤 대상에게 상당히 부정적인 느낌을 받는 순간이 오면 자기를 비판하지 않고 호기심을 가지자. 당신의 반응 이면에는 어떠한 이유가 있는 걸까? 어쩌면 엄마의 역할에 비현실적인 기대를 하고 있을지도 모른다. 많은 엄마가 그러하듯 충분히 휴식하지 못했을 수도 있다. 이럴 때 도움을 요청하거나 9장에서 배운 자기 돌봄 전략을 실행할 수 있다. 자신의 욕구를 살피고 이를 건강하게 충족할 방법을 찾아야 한다. '아이에게 소리를 지르다니 난 정말 나쁜 엄마야' 같은 비판적인 태도보다는 호기심을 가져라. 스스로에게 묻는 것이다. "지금 내게 무엇이 필요한가?"

✦ 만회하기

누구나 실수를 한다. 그렇다면 실수에 죄의식을 느껴야 할까? 전혀 아니다. 자책은 생산적이지 않지만 만회하는 태도는 생산적이다. 자신의 잘못을 인정하는 데는 용기가 필요하다. 당신은 용감한 엄마다. 사과하고 자신의 행동에 책임을 지고 자신의 태도를 바꾸겠다고 결심할 용기를 지녔다.

스스로에게 이렇게 묻는다. "만회해야 하는 일인가?" 나는 브리애나에게 그런 식으로 고함을 지른 일을 만회해야 했다. 아이에게 사과했고 그렇게 행동한 것은 엄마의 잘못이었다고 말했다. 나는 아이와 포옹한 다음 다음번에는 다르게 행동하겠다고(무슨 일이 벌어지고 있는지 위층으로 올라와 직접 확인하겠다고) 약속했다. 실수를 인정하고 실수를 통해 배우고 앞으로 나아가는 것이 우리가 할 수 있는 최선일 때도 있다.

✦ 실수를 통해 배우기

실수를 통해 배우려면 스스로에게 이렇게 물어야 한다. "이 실수를 통해 무엇을 배웠으며 다음에는 어떻게 다르게 행동하겠는가?"

엄마의 멘탈 수업

자신의 행동에서 교훈을 얻고 앞으로 다르게 행동하겠다고 미리 다짐한다면 '실수'를 가치 있는 일로 바꿀 수 있다. 비슷한 일을 또 겪는다고 해도 이제 당신에게는 상황을 역전시킬 수 있는 경험과 도구가 있다고 여기며 자신감을 가지길 바란다. 준비된 자기 자신에게 뿌듯함을 느껴도 된다. 실수에서 배움을 얻는다면 죄책감을 내려놓을 수 있다.

결론은 다음과 같다. 생각이 감정을 결정한다. 그러므로 죄책감을 느끼고 있다면 자신의 생각을 점검해야 한다. 스스로에게 이렇게 묻는다. "지금 내가 느끼는 이 죄책감이 무언가를 해야 한다는 생각에서 비롯되었나? 이 생각이 진실인가? 사실인가? 유익한가? 내가 할 수 있는 최선을 다하고 있는가? 지금 내 행동이 이 상황에 적절한가? 지금 내게 무엇이 필요한가? 만회해야 하는가? 이 실수를 통해 무엇을 배웠고 다음에는 어떻게 다르게 행동하겠는가?"

당신에게 경의를 표한다. 엄마가 되는 경험은 모든 것을 바꿔놓는다. 아이를 낳았든 입양했든 새엄마라는 역할을 맡게 되었든 이 세상을 살아갈 미래의 인간을 보살피는 당신의 역할은 대단히 중요하다. 거기에 죄책감까지 더하지 않아도 이미 충분히 힘드니 자신에게 보통 사람이 될 권리를 허락해야 한다.

당신은 잘하고 있다. 당신은 잘해낼 수 있다!

14장

평가하는 마음
내려놓기

'맘 셰이밍'편

첫 딸 린지가 태어나고 6일이 지났을 때 나는 열이 40도까지 올랐었다. 얼마나 추웠는지 아무리 양말을 덧신고 이불을 겹겹이 덮어도 따뜻해지지 않았다. 남편이 병원에 연락하자 지금 당장 나를 병원에 데리고 오라고 했다. 유선염 진단을 받았다. 오른쪽 가슴에 염증이 생겨 통증과 열감에 시달린 것이었다. 나는 병원에 입원했고 의사들이 정맥주사로 항생제를 투여했다.

"아기는 어떡해요?" 내가 물었다. "수유 중이거든요."

"병실에서 아기와 같이 지내실 수 있어요." 의료진은 이렇게 답했다.

이틀 동안 의사와 간호사 들이 병실을 오가며 내 상태를 확인

엄마의 멘탈 수업

했다. 의료진은 수유에 대한 조언도 덧붙였다.

"항생제 맞는 동안은 수유를 하시면 안 됩니다." 의사 한 명이 말했다. "아기에게 좋지 않거든요."

'세상에! 아이에게 위험한 일은 하고 싶지 않아.' 이런 생각이 들었다. '수유를 중단해야겠어!'

내가 분유를 요청하자 다른 의사가 말했다. "모유 수유를 중단하시면 안 돼요. 항생제는 아이에게 별다른 영향을 미치지 않을 겁니다."

'세상에! 별 영향이 없다면 바꾸고 싶지 않은데.'

또 다른 의사가 말했다. "분유를 좀 갖고 왔습니다. 지금은 모유 수유를 하면 안 됩니다."

'도대체 어쩌라는 거야?'

갓 태어난 아기에게 무엇이 최선일지를 두고 올림픽 탁구 경기에서 오가는 탁구공처럼 의학적 견해가 정신없이 오갔고, 당시 나는 혼란스러운 정보들 속에서 통증과 피로에 시달리며 신생아를 돌보고 있었다. 올바른 결정을 내리기에 편안한 환경은 아니었다. 하지만 엄마라면 선택지가 명확하지 않고 최적의 타이밍이 아니더라도 아이에게 가장 좋은 것이 무엇인지를 선택해야 하는 순간을 경험한다.

나는 이렇게 결정했다. 어떤 의사들은 항생제가 아이에게 좋지 않다고 말했다. 또 다른 의사들은 항생제가 아이에게 영향을 미치지 않을 거라고 말했지만, 갓 태어난 내 예쁜 딸에게 그런 모험을 감수할 수 있을까? 나는 어렸을 때 분유를 먹고 건강하게 자랐다. 전 세계 수백만 명의 아기가 분유를 먹으면서 잘 자라고 있다. 마음을 정한 나는 분유로 바꿨다.

이 글을 읽은 엄마 중에는 '그럼요! 나도 동의해요. 나라도 분유로 바꿨을 거예요'라고 생각하는 사람도 있을 것이다. 또 다른 엄마는 '아, 그건 아니지! 나라면 그러지 않고 계속 모유 수유를 했을 거예요'라고 생각할 수도 있다. 그래도 괜찮다. 엄마들은 누구나 자신의 의견을 가질 권리가 있다. 하지만 유념해야 할 점이 하나 있다. 누구도 요청하지 않은 조언을 다른 엄마에게 건네고 싶은 마음이 든다면, 당신이 맘 셰이밍mom-shaming을 하고 있지는 않은지 점검해야 한다.

✦ 맘 셰이밍

맘 셰이밍은 어디서나 일어난다. 소셜 미디어에서는 무섭게 날뛰고 동네 공원 사이사이를 미끄러지듯 기어다니며, 심지어 슈퍼마켓과 쇼핑몰, 상점 계산대 대기 줄에서도 그 추악한 머리를 쳐든다. 그렇다면 맘 셰이밍이란 정확히 무엇일까? 맘 셰이밍은 육아를 할 때 자신과 다른 결정을 내리는 엄마들을 비난하는 (심

엄마의 멘탈 수업

지어 무시하는) 행위를 뜻한다.

왜 엄마들끼리 비난을 하는 것일까? 어떤 이들은 별다른 의도 없이 행한다. 이들은 자신의 방식이 진정으로 옳다고 믿는다. 당신에게 도움이 되길 바라며 자신의 의견을 알려줘야만 한다고 생각한다. 일종의 통제력을 발휘하기 위해 맘 셰이밍을 하는 사람도 있다. 어렸을 때 다른 아이들을 괴롭히던 가해자들처럼 말이다. 아이들을 괴롭히는 가해자들은 지위를 얻고 유지하기 위해 무례한 말과 날카로운 빈정거림을 던진다. 또 다른 이들은 자신의 육아 방식이 더욱 낫다는 우월감을 느끼려고 다른 엄마를 비난한다.

맘 셰이밍이 일어나는 무대에 승자는 없다. 평가하는 사람도, 평가를 당하는 사람도 모두 잃기만 하는 게임이다. 이렇게 생각해보자. 부정적인 평가를 하려면 타인의 장점이 아니라 결점과 약점에 초점을 맞춰야 한다. 부정적인 이야기를 계속 생각하다 보면 마음속 평온함이 흔들리고 소란스러워지기 마련이다. 단지 자신의 결정이 낫다는 안도감을 얻으려고 타인을 비판하는 자신을 발견한다면, 그 사람이 무언가를 했거나 하지 않았다고 해서 과거에 당신이 했거나 하지 않았던 일을 되돌릴 수 있는 건 아니라는 사실을 떠올려야 한다.

결국 타인을 평가할수록 스스로에게도 더욱 비판적일 수밖에 없다. 타인을 평가하다 보면 비교의 덫에 빠지기 때문이다. 타인의 선택이나 행동, 신념을 자신의 것과 비교한다면 도리어 자신의 부족함만 확인하는 상황이 벌어질지도 모른다. 아이러니하게도 타인을 가장 비판적으로 바라보는 지점이 바로 자신에게 가장 부족하다고 여기는 문제일 때가 많다. 본인의 결점을 해소하기 위해 타인을 평가한다면 결국 자신이 가장 싫어하는 자기 자신의 모습에 스포트라이트를 비추는 결과를 낳을 수 있다.

멈춰야 한다. 평가를 내려놓아야 할 때다. 다른 엄마에게 자신의 의견을 섣불리 건네거나 다른 엄마와 그 사람의 육아법에 한마디 하기 전에 다음 수칙들을 떠올리길 바란다. 이 수칙을 따를 때 당신은 또 다른 문제를 피하고 적절한 해결책을 찾을 수 있다.

✦ 해결책: 해야 할 일과 해서는 안 되는 일 구분하기

___ 엄마들의 몸매나 체중을 언급하지 않는다

맘 셰이밍의 극단적인 사례를 보여주겠다.

"그 엄마는 임신 때 찐 살이 아직도 안 빠졌대? 온종일 아무것도 안 하고 빈둥대기만 하나?"

"임신 때 찐 살을 벌써 다 뺐대? 애는 제쳐두고 헬스장에서 사는 거야?"

엄마의 멘탈 수업

으악! 맘 셰이밍의 관점으로는 그 무엇도 좋게 보이지 않는다는 것을 알겠는가?

이처럼 다른 엄마를 의도적으로 모욕하는 일을 피하고 친절하고 따뜻하며 다정한 친구가 되기 위해서는 다른 엄마의 몸매나 체중을 언급해서는 안 된다. 우리 사회가 외모를 중시하는 만큼 민감한 주제로 받아들여질 수 있기 때문이다. 초보 엄마에게 "임신했을 때 쪘던 살이 전부 빠지니 너무 보기 좋네!"라고 건네는 말이 아무런 악의 없는 칭찬처럼 느껴질 수 있다. 하지만 체중과 외모 이야기는 많은 여성에게 민감한 주제다. 엄마가 된 여성에게 칭찬의 말을 전하고 싶다면 더 나은 방법이 있다.

___ 외모와 관련 없는 칭찬으로 격려한다

누구에게나 격려가 필요하다. 외모와 관련 없는 칭찬으로 다른 엄마와 자기 자신을 격려하면 좋다. 몇몇 예를 들어보겠다.

- **"정말 훌륭한 엄마네요."**
- **"이런 엄마를 두었다니 아이들이 복 받았어요."**
- **"정말 강인하고 사랑이 넘치는 엄마네요!"**

격려의 말 몇 가지를 직접 생각해보고 이제부터는 정말 의미 있는 이야기로 엄마들을 격려해보자.

이렇게 말하는 대신	이렇게 말하자
살 빠진 것 같아요.	당신이 아이를 얼마나 사랑하는지 보여요.
우와! 드디어 머리를 감았군요. 너무 보기 좋아요.	정말 훌륭한 엄마예요!

___ 자신을 위해 시간을 내는 엄마를 비판하지 않는다

"그 엄마는 왜 아이를 일주일에 하루나 어린이집에 보낸대? 일도 안 하잖아!"

잠깐, 그 말의 저의가 좀 의심스럽다! 육아는 무척이나 힘든 일이다. 약간의 자기 돌봄이 아주 큰 효과를 발휘할 수 있다. 아이를 보육 기관에 맡길 수 있고 당신이 그 기회를 잘 활용하고 있다면 정말 잘하고 있는 것이다!

___ 엄마가 선택한 자기 돌봄 방식을 지지한다

자기 돌봄을 위한 시간을 내는 것은 엄마의 정서와 정신, 신체 건강을 지키는 데 도움이 된다. 건강한 엄마가 아이를 키우며 마주하는 도전과 의무를 좀 더 수월하게 처리할 수 있다. 엄마가 선택한 자기 돌봄 방식을 지지해야 한다. 자기 돌봄의 시간을 내기 어려워하는 엄마를 보게 된다면 아이를 돌봐주겠다고 먼저 제안

엄마의 멘탈 수업

하자. 당신이 더 낫다고 생각하는 방식이 있더라도, 낮잠을 자며 휴식하든 친구들과 커피를 마시며 재충전하든 스스로를 돌보기로 한 상대 엄마의 선택을 지지해야 한다.

___ 다른 자녀의 발달 단계에 의문을 갖지 않는다

"아들이 아직도 배변 훈련을 안 했나요?"

"딸이 아직도 공갈 젖꼭지를 써요?"

제아무리 좋은 의도라도 아이의 발달 단계에 의문을 품는 행동은 아무런 도움이 되지 않는다. 보통 아이들이 언제쯤 어떠한 발달 과정을 거치는지는 엄마 본인이 가장 잘 알고 있다. 이미 검색하거나 책을 찾아봤을 테고, 당신이 생각하는 것보다 더욱 걱정하고 있을 것이다. 상대방 아이의 발달에 굳이 의문을 표현한다면 그저 그 엄마의 스트레스를 키울 뿐이다.

___ 아이마다 발달 속도가 조금씩 다르다는 사실을 인정한다

그저 궁금해하는 대신 아이마다 발달 속도가 조금씩 다르다는 사실을 인정해야 한다. 딱 꼬집어 당신에게 의견이나 조언을 구하지 않았다면 이를 먼저 언급하지 않는 게 좋다. 아이가 행복하고 건강하게 사랑받으면서 자라고 있다면 아이 엄마가 자녀의 성장과 발달 상태를 이미 잘 파악하고 있는 것이다. 혹시라도 신경 쓰이는 점이 생긴다면 부모가 알아서 전문가를 찾아갈 거라고 믿어야 한다.

막 걸음마를 뗀 아이가 잠긴 아이패드에 로그인해서 자신이 가장 좋아하는 만화를 찾아볼 수 있다. 어린이집에 다니는 아이들은 금고 안에 쿠키가 있다면 은행도 털 수 있다. 아직 배변 훈련이 안 된 아이도 때가 되고 준비되면 알아서 화장실에 간다.

___ 엄마의 육아 결정에 의문을 품지 않는다

엄마들은 육아를 하면서 매일 셀 수 없이 많은 결정을 내린다. 자신의 의견을 들이밀며 간섭하는 사람들이 아니어도 이미 충분히 힘들다. 이런 말은 삼가는 것이 좋다. "오늘 저녁으로 냉동 피자만 먹이는 거야? 야채는 없고? 나에게 건강한 피자를 만드는 괜찮은 레시피가 있는데." 이 말에는 당신에게 더 좋은 방법이 있으며 상대의 방식은 부족하다는 저의가 숨어 있다.

그뿐만 아니라, 이미 산타의 존재를 의심하기 시작한 똑똑한 아이가 '콩으로 만든 피자'를 그냥 넘어갈 것 같은가? 엄마는 자신의 아이가 매의 눈을 지녔으며 냉동 피자를 먹고 싶어 한다는 사실을 잘 알고, 그저 아이를 잘 먹이기 위해 할 일을 할 뿐이다.

___ 엄마가 최선을 다하고 있다는 사실을 인정한다

당신은 자신의 말이 상대에게 도움이 될 것이라 생각하지만, 사실 정말로 도움이 되는 경우보다 상대에게 자신의 선택이 잘못

엄마의 멘탈 수업

되었다는 기분만 느끼게 할 때가 많다. 당신이 글루텐이 없는 유기농 비건 피자를 만드는 한편, 다른 엄마가 아이의 저녁 식사로 냉동 피자를 내놓았다면? 아이는 엄마가 제일 잘 안다! 웹사이트에서 다른 세상에 살고 있는 사람들이 무슨 말을 하든, 자녀들이 치즈가 없는 플랫브레드나 '피자 소스' 속에 숨겨진 브로콜리 기둥은 먹지 않으리라는 점을 엄마는 잘 안다. 그렇다면 아이들은 뭘 좋아할까? 바로 냉동 피자다.

뭐, 나는 콜리플라워로 만든 피자 반죽에 전적으로 찬성하지만, 냉동 피자를 좋아하는 다른 집 아이가 행복하고 건강하고 사랑을 듬뿍 받고 있다면 그 엄마를 향한 당신의 조언은 혼자 간직하는 게 최선이라고 생각한다.

좋은 소식은 냉정한 평가를 입 밖으로 꺼내지 않고 참으면 참을수록 마음의 평화와 만족감이 더욱 커진다는 점이다. 타인을 향한 비난을 줄일수록 스스로에게 하는 비난도 줄어든다. 그렇게 할 때 더욱 커진 자기애와 자기 수용, 평정심과 함께 즐거운 인생을 살고, 또 그렇게 자신의 아이들을 양육할 수 있다.

✦ 맘 셰이밍을 당했을 때 대처 전략

육아 결정을 내리는 일이 피곤하게 느껴질 수 있다. 그 과정에서 타인을 불쾌하게 하거나 타인에게서 비난을 받거나 당신의 선택에 관해 좋지 않은 소리를 듣는다면 더욱 힘들 것이다. 타인에게서 원치 않는 조언과 요청하지 않은 비판, 전혀 도움이 되지 않는 의견을 들었을 때 아이와 가족에게 가장 좋은 육아 결정을 걱정 없이 자신 있고 평온한 마음으로 내릴 수 있는 몇 가지 전략을 소개하고자 한다.

먼저, 누구에게서 나온 의견인지 고려한다. 당신을 비판하는 사람이 누구인가? 당신이 신뢰하는 사람인가? 당신이 잘되기를 바라는 사람인가? 이 사람의 말을 들어야 할 근거는 무엇인가? 건설적인 비판은 당신이 성장하도록 돕지만 그렇다고 모든 사람의 비판을 전부 수용해서는 안 된다. 누군가의 말에 언짢은 기분을 느낀다면 그 사람이 당신에게 얼마나 중요한 사람인지 생각해보길 바란다. 당신에게 영감을 주고 당신을 신뢰하며, 있는 그대로의 당신을 수용하고 지지하는 사람들과 함께할 때 가장 행복할 수 있다.

내가 스스로를 어떻게 생각하는지를 신경 쓴다. 다른 사람들을 만족시키려는 마음은 내려놓아야 한다. 어쨌거나 불가능한 일이다. 엄마는 내게 이런 이야기를 했다. "너를 사랑하는 사람들은 네가 무엇을 하든 널 좋아할 거야. 하지만 네가 무엇을 하든 널 싫어하는 사람 역시 항상 있을 거란다. 모든 사람을 만족시킬 수

엄마의 멘탈 수업

는 없어." 당신은 무척이나 가치 있고 대단히 중요한 사람이다. 다른 누가 어떻게 생각하든 이는 사실이다. 타인이 당신을 어떻게 생각할지와 당신이 스스로를 어떻게 생각하는지 사이에서 선택해야 할 때, 자기 자신을 선택하기를 강력히 권한다. 당신은 대단히 멋진 사람이다.

더욱 큰 그림을 본다. 비판을 마주할 때면 부정적인 내용에 집중하지 않고 한 걸음 물러나 큰 그림을 봐야 한다. 스스로에게 이렇게 묻는다. "내가 잘한 일은 무엇인가? 지금 잘하고 있는 일은 무엇인가?" 이 질문에 답하며 당신이 성공적으로 해나가고 있는 일과 방식을 인정하고 높이 평가하는 기회를 가지길 바란다. 이렇게 하면 마음의 평안을 회복하는 데 큰 도움이 된다. 물론 비판 이면에 가치 있는 피드백이 숨어 있을 때도 있다. 사실 여부를 떠나서, 부정적인 비판 한마디가 이야기 전체를 반영하지 않는다는 사실을 염두에 두자.

마지막으로 자신의 결정을 굳건히 지킨다. 자신의 선택을 굳게 밀고 나가야 한다. 당신의 선택을 누군가에게 설득시키거나 해명할 필요 없다. 그런 곳에 쓸 시간도 없다. 당신이 최선을 다하고 있다면 그걸로 충분하다고 믿으며 마음을 편안히 가져라.

이제부터 다른 사람의 비판을 듣고 내면의 평화가 무너지거나 자기 자신을 의심하게 되거나 결정이 후회되는 마음이 든다면 누구에게서 나온 비판인지를 고려하고, 스스로를 어떻게 생각하는지를 더욱 신경 쓰며, 더욱 큰 그림을 보려고 노력하고, 자신의 결정을 굳건히 지켜야 함을 명심하길 바란다.

15장
완벽주의 내려놓기
'좋은 엄마들도 실수를 한다'편

"잠깐 거실로 와줘." 남편이 말했다. 당시 일곱 살과 다섯 살이었던 두 딸은 킥킥거리며 남편 옆에 서 있었다. "당신에게 줄 게 있는데, 앉아서 보면 좋을 것 같아."

내가 자리에 앉자 남편은 등 뒤에 숨겨 놓은 빨간색과 흰색 서점 봉투를 꺼냈다.

'책이야 너무 좋지.' 이런 생각이 들었다. '그런데 서점에서 산 선물을 왜 꼭 앉아서 봐야 하는 거지?'

봉투 안을 들여다보니 저먼 셰퍼드 강아지를 훈련하는 방법에 관한 책이 담겨 있었다.

'저먼 셰퍼드를 입양한 건가?' 혼란스러웠다.

최근 이웃에게 부탁해서 그 집의 저먼 셰퍼드와 산책한 적은 있지만, 그렇게 한 이유는 그저 먼 산책길을 혼자 다녀오기 불안해서였다. 산책을 마친 뒤에는 개털이 날리지 않는, 완벽히 깨끗한 우리 집으로 돌아왔다. 하지만 남편은 내가 저먼 셰퍼드를 키우고 싶어서 이웃에게 부탁했다고 생각한 모양이었다.

자신의 추측에 지레 흥분한 남편은 이미 큰 액수의 선금을 지불했다. 이제 내가 마음에 드는 한 마리를 고르는 일만 남아 있었다.

그 책을 든 채 함박웃음을 짓고 있는 남편과 딸들의 얼굴을 보며 이런 생각을 했다. '나는 개를 키우고 싶지 않은데. 보나 마나 털이 엄청 빠질 거야. 지금처럼 깨끗한 집이 좋다고…. 그런데 남편과 딸들 얼굴 좀 봐. 게다가 정말 정성 어린 선물이잖아. 내가 개를 좋아하기도 하고. 반려동물이 있으면 우리 가족에게 좋을지도 몰라. 좋아, 개를 들이자!'

강아지들이 있는 곳에 도착하자마자 안전문 너머로 강아지 한 마리가 폴짝폴짝 뛰고 있는 모습이 눈에 들어왔다. 낑낑거리고 꼬리를 흔들고 꼼지락거리며 문을 어떻게든 통과해 우리에게 오려고 갖은 애를 쓰고 있었다. 우리는 그 아이 이름을 '코디'라 짓고 집으로 데려왔다.

책을 선물 받고 즉시 머릿속을 스쳤던 생각이 틀리지 않았음을 깨닫기까지는 그리 오래 걸리지 않았다. '반려동물이 있으니 가족들이 행복해하네. 아이들도 강아지를 너무 좋아하고. 개털은

엄마의 멘탈 수업

말할 것도 없이 정말 많이 빠지고!'

　아, 개털! 당신이 저먼 셰퍼드라는 종을 잘 모를 수도 있으니 설명하자면, 약 34킬로그램의 이 멋진 개는 검은색과 갈색이 섞인 털이 약 70킬로그램 정도 빠진다(물론 과장이다). 매일같이 말이다. 완벽히 깨끗했던 우리 집은 이제 더 이상 완벽히 깨끗한 상태가 아니었고, 그 때문에 나는 엄청난 스트레스를 받았다. 하지만 내가 뭘 할 수 있을까? 청소기를 자주 밀었고 코디 털도 부지런히 관리했다. 아무리 그래도 집에 개가 있는 한 개털도 함께할 수밖에 없었다. 우리가 키우는 개도 함께할 수밖에 없었다. 우리는 코디를 사랑했고, 나는 코디를 다른 곳으로 보낼 생각이 전혀 없었다. 내가 떠나보낼 수 있는 유일한 것은 나의 완벽주의였다.

　엄마가 되면 완벽주의가 더욱 심해질 수 있다. 엄마가 되는 날, 모든 것이 순식간에 달라진다. 어쩌면 당신도 나처럼 집을 말끔하게 유지하고 살았을지도 모른다. 하지만 집에 아기가 생기는 순간, 개수대에 쌓인 접시, 테이블 위 젖병, 쌓인 빨랫감을 처리할 시간이나 에너지는 줄어드는 반면, 더 많은 일을 해내야 한다. 게다가 더욱 나은 사람이 되어야 한다는 생각에 이런 상황이 괴롭게 느껴지기 마련이다.

　아이가 학교에 다니면 치워야 할 장난감, 학교에서 만든 작품, 서류, 옷, 신발, 책가방 등이 끝도 없이 생겨난다. 점심 도시락을 만들어야 하고, 숙제도 도와야 하고, 아이들이 싸우면 심판 노릇도 해야 하고, 아이들에게 생긴 문제도 해결해줘야 하고, 댄스 발표회나 연습 장소에 아이들을 태워다주고 데리러 가야 하며, 다치면 호호 불어줘야 하고, 속이 상한 아이의 마음도 돌봐줘야 한다. 아이가 커가면서 일을 처리할 시간이야 늘어날지 몰라도 엄마는 여전히 번아웃 상태일 가능성이 크다. 왜일까? 양육에 동반된 수많은 일을 해치우면서 자신의 삶까지 살아내는 데는 엄청난 노동이 필요하기 때문이다. 이 모든 일을 완벽하게 해내려고 애쓰다 보면 극도로 지칠 수밖에 없다.

당신은 어떤가? 완벽주의자인가? 완벽주의를 '치유 중'인가? 혹시나 틀린 답을 말할까 봐 지금 이 질문에도 입을 꾹 닫고 있는가? 당신이 어떤 대답을 하든 한 가지는 분명하다. 완벽주의는 걱정을 키우고 내면의 평화를 무너뜨린다.

하지만 기준이 높으면 좋지 않을까? 물론 그렇다. 높은 기준이 당신에게 유익하게 작용하기도 한다. 최선을 다하는 것 자체가 보상이기도 하다. 한편 자신이 아무리 노력을 해도 충분하지 않다고 느낀다면(또는 자신이 부족한 사람이라고 느낀다면) 높은 기준은 오히려 역으로 작용한다. 완벽주의는 당신에게 여러 면에서 불리하게 작용한다.

첫째, 일을 자꾸 미루게 된다. 완벽하게 할 수 없을 것 같다는 생각에 자꾸 일을 미루는 것이다. 이런 생각이 들 수 있다. '완벽하게 하지 못할 바에는 아예 손도 대지 않을 거야.'

엄마의 멘탈 수업

둘째, 완벽주의 때문에 도움을 청하기 어려워진다. 어쩌면 당신도 많은 사람이 지닌 (제한적) 신념을 갖고 있을지 모른다. 바로 '제대로 해내고 싶다면 나 혼자 해야 해'라는 생각이다. 일을 어떻게든 마치기 위해 다른 사람에게 도움을 요청해야 하는 상황에서도 말이다! 아니면 이런 생각을 할지도 모른다. '도와달라고 부탁하면 사람들이 나를 능력 없는 사람으로 생각할지도 몰라. 내가 알아서 해야 할 일이니까.'

셋째, 완벽주의 때문에 습관적으로 자기비판을 하게 된다. 이렇게 생각하는 것이다. '나는 대체 왜 이러지? 아침에 토스트를 태워버리고 아이들이 학교에 지각하게 만들고, 어젯밤에 세탁한 옷을 건조기에 넣는 것도 잊었어. 나는 왜 이렇게 매일 실수하는 걸까? 내가 좋은 엄마였다면 완벽한 식사를 준비하고, 아이들이 지각하는 일도 없고, 우리 가족은 항상 행복했을 텐데.'

마지막으로 세상 모든 사람을 만족시키고자 늘 '완벽'하려고 애쓰다 보면 번아웃에 빠지게 된다.

완벽주의는 어떻게 생겨날까? 안정감을 확보하기 위해 다양한 시나리오를 강박적으로 계획해야 했던 어린 시절의 경험에서 기인했을 수 있다. 나는 이미 어렸을 때부터 방어기제가 필요했던 탓에 완벽주의 성향이 생겼고 성인이 되고 나서도 그 성향이 쭉 이어졌다. 알코올의존자인 아빠로 인해 우리 집은 늘 혼란스러웠다. 학교에서는 놀림과 괴롭힘을 당했다. 내가 가장 안전함을 느꼈던 공간은 내 침실이다. 이러한 혼란 속에서 채 열 살이 되지 않았던 나는 내 방에 있는 장난감들을 정돈하고, 침대를 정리하고, 책꽂이에 쌓인 먼지를 털어내고, 청소기를 밀며 통제력을 느꼈다. 완벽하게 정리되어야 하고 주변 환경이 깨끗해야 한다는 이 강박이 성인기까지 이어진 것이다(이로 인해 개털과의 딜레마가 생겨났다).

어떠한 조건을 충족해야만 타인의 인정을 받을 수 있다는 믿음에서 완벽주의가 생겨나기도 한다. 인정받기 위해서는 완벽해야 한다고 잘못된 결론을 내리는 것이다. 어린 시절 나는 정리 정돈을 함으로써 통제력을 얻으려는 심리 외에도 내가 완벽하지 않으면 사랑받지 못할 것이라는 제한적 신념을 가지고 있었다. 그 때문에 부모님, 선생님, 친구들에게서 사랑과 인정을 받기 위해 내 삶의 모든 면에서 완벽해지려고 애썼다. 내 외모가 불만족스러워서 섭식 장애가 생겼고 자존감이 낮아졌다. 하지만 다른 사람들에게서 완벽함을 기대한 적은 없었다. 그저 나 자신에게만 완벽을 요구했다.

많은 사람이 인생에서 자신에 대한 생각을 형성하는 어떠한 순간들을 경험한다. 한순간이 대단히 선명한 기억을 남기기도 한다. 당신도 그런 순간으로 인해 자신이 부족하거나, 어디에도 속해 있지 않거나, 혼자이거나, 스스로에게 무슨 문제가 있다고 믿게 되었을지도 모른다. 지금 이 자리에서 당신에게 해주고 싶은

엄마의 멘탈 수업

말이 있다. 당신은 충분한 사람이다! 당신은 바로 여기에 속해 있다! 당신은 혼자가 아니다! 당신에게는 아무런 문제도 없다! 엄마들이여, 당신이 완벽하지 않다는 사실을 안다. 나 또한 완벽하지 않다.

완벽한 사람은 없다. 좋은 소식을 들려주겠다. 완벽한 엄마가 될 방법은 없다 해도 좋은 엄마가 되는 방법은 수백 가지나 된다. 그중 하나는 바로 최선을 다해 완벽주의를 내려놓는 것이다. 완벽주의의 올가미에서 벗어나는 데 도움이 될 몇 가지 전략을 소개한다.

✦ 자기 대화를 수정하기

완벽주의자들은 완벽해지는 게 불가능하다는 것을 알지만 그럼에도 계속 시도한다. 제 기준으로 완벽함에 미치지 못할 때, 내면의 비평가는 바짝 신경을 곤두세우고 자신이 발견한 실수와 결점을 낱낱이 지적할 준비를 마친다. 완벽주의자의 머릿속에서 '내가 실수했어'라는 생각이 '나는 실패했어'로 나아가고, 이는 다시 '나는 실패자야'로 변모한다. 2장에서 사실과 의견의 차이를 살펴봤다. 실수를 저지른다고 당신이 실패자가 되는 것은 사실인가, 의견인가? 의견이다. 심지어 대단히 잘못된 의견이다.

당신은 당신이 저지른 실수 그 자체가 아니다. 당신은 실패자가 아니다. 당신은 충분한 사람이다! 100퍼센트가 되지 못하면 부족한 사람이라고 말하는 내면의 목소리를 잠재울 때다. 그 목소리는 당신에게 진실을 말하고 있지 않다. 목소리를 잠재우기 위해 자신과 대화하는 몇 가지 방법을 알려주겠다.

이렇게 말하는 대신	이렇게 말하자
나는 정말 나쁜 엄마야.	나는 좋은 엄마야. 내 아이들에게 필요한 엄마야.
내가 다 망쳤어.	그 선택은 별로였어. 다음에는 다르게 행동하겠어.
나는 항상 실수만 해.	실수했어. 이 실수를 통해 배우고 다음에 더욱 잘할 거야.
아이에게 소리를 지르다니, 나는 최악이야.	내가 왜 그렇게 행동했을까? 지금 내게 필요한 것은 무엇일까?
나는 부족한 엄마야.	나는 아이에게 관심과 애정을 쏟는 엄마야. 나는 충분한 사람이야.
나는 실패자야.	지금 내 모습과 앞으로 변해갈 내 모습을 사랑해.

엄마의 멘탈 수업

내게 무슨 문제가 있는 걸까?	내가 지금 잘하고 있는 일은 무엇일까?
전부 다 제대로 하지 못했어.	모든 일을 완벽하게 해내진 못했지만, 그렇다고 전부 다 망친 건 아니야.

✦ 완벽함이 아니라 교감을 목표로 하기

인간에게는 교감이 필요하다. 『어지러운 머릿속을 정리하라』 (*Cleaning Up Your Mental Mess*)에서 저자인 캐롤라인 리프 박사는 이렇게 적었다. "타인과 교감할 때 코르티솔 수치가 내려가는 동시에 세로토닌과 도파민 같은 신경전달물질이 두뇌에서 균형을 이룬다. 치유를 촉진하는 뇌파의 수치가 높아지고 불안과 관련된 베타파의 수치는 낮아진다. 그럼 기분이 좋아지고, 이것이 세포의 변화로 이어진다. 우리 뇌에 즐거움을 느끼게 하는 엔도르핀과 친밀감을 유도하는 옥시토신, 희열의 분자인 아난다마이드가 가득 차고, 우리는 좋은 감정이 신체로 이어지는 경험을 한다."[20] 좋은 친구들과 시간을 보낼 때 즐거운 이유를 이제 알겠는가? 연결이 우리를 치유한다.

완벽주의 때문에 타인과 교감하지 못한 경험이 있는가? 가령 외모가 별로여서(즉, '완벽'하지 않아서), 방이 깨끗하지 않아서(즉, '완벽'하지 않아서) 화상 통화를 피한 적이 있는가? 고등학생 때 쓰던 고물 휴대전화라면 뒤에 쌓인 세탁물이나 조금 전에 이상하게 잘라버린 앞머리가 상대방에게 흐릿하게 보일 수 있는데 무엇하러 새 휴대전화를 샀을까 하는 생각이 들 수도 있다. 완벽주의를 벗어던지기 위해 당신의 집을 현대미술 전시장이라고 생각해보자. 소파 위에 예술적으로 배치한 세탁 바구니와 어릴 적 쓰던 리코더가 우아하게 대치되며 끊어지기 직전인 한 여성의 이성이 내포한 연약함을 보여주고 있다. 사실, 사람의 뇌를 먹는 좀비들이 당신의 집을 습격한 게 아니고서야 다른 사람의 집도 비슷할 것이다.

당신의 아이나 친구 들은 당신의 집이나 몸매, 입고 있는 옷의 브랜드, 자동차 브랜드, 사진을 찍을 준비가 되었는지 등의 조건과 교감하지 않는다. 이들이 마음을 쓰는 대상은 당신이다. 당신의 본모습을 보여줘도 괜찮다. 지금 모습 그대로 타인과 교감을 나누길 바란다.

사실 타인과 교감하는 가장 효과적인 방법은 자신의 나약한 모습을 드러내는 것이다. 당신은 완벽주의에 갇혀 '빈틈없는' 모습을 유지하기 위해서 가외의 노력을 기울이겠지만 사실, 스스로가 빈틈없는 인간이 아니라는 사실을 인정할 때 타인과 가장 깊게 교감할 수 있다.

엄마의 멘탈 수업

『당신이 축복입니다』(쌤앤파커스, 2011) 저자인 숀 스티븐슨은 이렇게 말했다. "완벽하고 우월해 보이려는 노력이 교감을 망친다. 한번 생각해보길 바란다. 자신의 업적과 장점을 계속 떠드는 상대의 이야기를 들은 후 좀 더 가까워진 기분이 들었던 적이 있는가? 한 번도 없었을 것이다. 우리는 불완전함과 결점을 나누며 유대감을 형성한다. 진정성과 나약함이 교감의 접착제다."[21]

다시 말해 외모가 더 나아지거나 집이 깨끗해지길 기다리지 않아도 된다는 뜻이다. 지금 당장 교감을 시작할 수 있다! 두렵다면 그 두려움을 이겨내고 나아가야 한다. '빈틈없는' 사람처럼 보이려고 노력하지 않아도 된다. 그런 사람은 없으니까. 나는 걱정 관리 전문가지만 한 번씩 불안함에 손톱을 깨물기도 한다! 이제 알겠는가? 나도 결점이 많다. 나는 완벽하게 불완전한 인간이다.

완벽하게 불완전한 모습으로 오랫동안 보고 싶었던 친구와 산책할 날짜를 정해보길 바란다. 친한 친구에게 문자를 보내 커피 한잔을 함께할 날짜를 정하자.

타인과의 교감은 우리의 삶에 기쁨을 가져온다. 반면 완벽주의는 내면의 평화를 앗아간다. 교감은 치유하고 완벽주의는 앗아간다. 편안한 옷을 걸치고 당신이 사랑하는 사람과 교감하길 바란다.

✦ 완벽이 아니라 발전에 초점을 맞추기

혼란스러웠던 어린 시절, 여름 캠프에 참여했던 나는 대단히 멋진 티셔츠를 상품으로 받았다. 티셔츠 앞에는 이런 문구가 새겨져 있었다.

"인내하라. 신께서 아직 내 일을 끝마치지 않으셨다."

그 셔츠는 내게 굉장한 평온을 가져다줬다. 내가 아직 '진행 중'이라는 사실을 깨닫자 나를 괴롭히는 아이들이 내게 하는 말이나 뒤에서 나에 관해 하는 말을 믿지 않게 되었다. 그 아이들이 뭐라고 하든지 상관없었다. 내 일은 아직 끝나지 않았으니까. 나는 아직 진행 중이고, 당신도 마찬가지다!

완벽주의가 당신을 무너뜨리려 할 때면, 완벽이 아니라 발전에 초점을 맞춰야 한다. 오늘 하려고 계획했던 일을 전부 마치지 못했는가? 괜찮다! 완벽이 아니라 발전에 초점을 맞춰라. 어떠한 발전이 있었는가? 무엇을 완성했는가? 질문의 답변을 일기에 적으면 도움이 된다. 발전하는 모습을 기록으로 남기면 실제로 얼마나 멀리 왔는지, 어느 정도 발전했는지를 확인할 수 있다. "힘든 하루를 무사히 마쳤다"라고만 적는 날도 있을 것이다. 엄마들이여, 힘든 하루를 무사히 마친 것만으로도 충분히 발전한 것이나 다름없다. 스스로에게 인내심을 가져라. 당신의 삶은 진행 중이고, 당신과 당신이 지금까지 이룬 발전만으로도 이미 충분하다!

✦ '있는 그대로' 수용하기

삶은 결코 완벽해지지 않는다. 우리의 삶이 지금과 다르길 바랄 때가 많을 것이다. 다만 우리는 마땅히 통제할 수 있는 일을 통제하기 위해 행동하고 통제할 수 없는 일은 '있는 그대로' 수용하며 내려놓아야 한다.

'있는 그대로' 수용한다고 해서 '있는 그대로' 좋아해야 한다는 뜻은 아니다. 가령 나는 개털을 있는 그대로 받아들였다. 개털이 싫은 건 여전했지만 개털과 우리 개가(내가 무척이나 사랑하는 대상이) 하나로 묶여 있었기 때문에 그 또한 받아들일 수 있었다.

'있는 그대로' 수용하기 위해서 나는 내 관점을 바꿨다. 개가 우리 가족에게 주는 기쁨에 초점을 맞췄고, 우리 집을 청결하게 유지하기 위해 내가 할 수 있는 일에 집중했다. 어느 날 이런 깨달음이 찾아왔다. '이제부터 털 날리는 바닥에 관심을 두지 않으면 되잖아. 그래, 자주 청소기를 돌리고 코디 털 관리도 꾸준하게 해야지. 하지만 우선 지금은 바닥을 보지 말자.'

당신도 위를 올려다볼 때가 되지 않았는가? 자신이 생각하는 결점과 단점 위로 시선을 올려보자. 자기 자신을 굉장히 멋진 엄마로, 아이들을 하늘만큼 땅만큼 사랑하는 엄마로 보기 시작하자. 위를 보며 삶을 '있는 그대로' 수용하길 바란다.

✦ 실수에 편안해지기

인정하자. 실수는 불가피하다. 하지만 실수를 저질렀다고 자책할지 말지는 스스로 선택할 수 있다. 실수가 편안하게 느껴져야 일이 벌어져도 빨리 회복할 수 있다. 무엇보다 당신이 실수에 편안해질수록 아이들도 실수를 편안하게 느낀다. 그럼 당신과 아이들 모두에게 삶은 더욱 즐겁고 자유로워진다. 그렇다면 실수에 어떻게 편안해질 수 있을까? 아래 소개된 여러 제안을 상황에 맞춰 적용해보길 바란다.

실수를 더 많이 저지른다. 뭐라고? 실수를 더 많이 하라고? 그렇다! 실수를 많이 할수록 실수를 저지르는 일이 점점 덜 두려워진다. 일부러 실수를 더 많이 하거나 어리석은 위험을 감수하라는 말이 아니다. 다만 실수가 벌어질 가능성을 아예 허용하지 않는다면 어떤 일을 시작조차 할 수 없다는 말이다.

이렇게 생각해보자. 실수했다는 건 지금 당신이 무언가를 제대로 하고 있다는 좋은 신호다. 최소한 당신은 무언가를 하고 있다! 성장하고 성공하기 위해서 모든 것을 완벽하게 해내야 할 필요는 없다. 성장하고 성공하려면 되도록 빨리 실수를 저지르고, 그보다 더 빠른 속도로 실수에서 배움을 얻어야 한다. 이는 두 번째 제안으로 이어진다.

실수를 통해 배운다. 월트 디즈니의 애니메이션 영화《로빈슨 가족》에서 내가 가장 좋아하는 장면은 루이스라는 어린 소년이 가족들 앞에서 선보인 새 발명품이 작동하지 않는 부분이다. 자책감에 사로잡힌 루이스를 향해 가족이 환호성을 지른다. "실패했구나!"라며 환호한다. "정말 대단해! 훌륭해! 뛰어나! 실패를 통해 배우는 거야. 성공에서는 그리 배울 것이 없다고."

페니실린과 콘플레이크의 탄생, 나의 경우 오토바이를 탄다는 이유로 사귀었던 그 남자까지, 엄밀히 말하자면 실수지만 최소한 이것들은 우리를 강하게 만들어주고 파티에서 써먹을 만한 멋진 이야깃거리를 남겨준다. 앞으로 실수할 때면 자책하지 않고 스스로에게 이렇게 묻자. "이 실수를 통해 무엇을 배웠고 또 다음에는 어떻게 다르게 행동하겠는가?" 우리는 실수를 통해 무언가를 배울 때 비로소 성장한다. 당신은 실수함으로써 더욱 강하고 현명한 사람이 될 수 있다!

내 가치에 부합하는 결정을 내리고 그에 따라 행동한다. 그러면 자신의 행동이 초래한 결과를 더욱 편안하게 받아들일 수 있다. 자신이 할 수 있는 선에서 최선을 다했고, 선한 동기를 가지고 스스로 내린 선택이었다는 확신도 생길 것이다. 자신을 자랑스러워해도 된다. 바라던 결과를 얻지 못했더라도 말이다.

원하는 것을 쫓되 완벽해지려는 마음은 버리자. 행동해서 바라던 결과가 나왔다면 정말 잘된 일이다! 바라던 결과가 나오지 않았다면 최선을 다한 자신의 등을 두드려주고, 자신이 원하는 결과를 얻을 때까지 다시 배우고 수정해서 움직이면 된다. 나는 셀 수 없이 많고도 많은 실수를 저질렀지만 이러한 접근법 덕분에 계속 성장해나갈 수 있었다. 당신도 이 접근법을 통해 성장할 수 있다!

✦ 완벽하게 불완전한 삶을 즐기기

완벽주의를 내려놓는 것은 하나의 과정이고 이 과정은 완벽하지 않을 것이다(말장난이다). 자기 대화를 수정하고, 교감과 발전을 목표로 하고, 삶을 '있는 그대로' 수용하고, 실수를 편안하게 느끼려고 노력하는 과정에서 인내심을 발휘해야 한다. 이 과정을 인내한다면 혼란 속에서도 당신의 삶에 더욱 큰 평온이 자리할 수 있다.

우리 가정의 경우, 코디는 내가 처음 생각했던 것보다 훨씬 좋은 선물이 되어주었다. 코디는 우리 가족을 사랑했고 든든하게 지켜줬으며 완벽주의를 조금씩 내려놓는 방법을 내게 가르쳐줬다. 실제로 나는 개털이 흩날리는 완벽하게 불완전한 상황에 너무도 편안해진 나머지, 코디가 18개월이 되었을 때 보호소에서

엄마의 멘탈 수업

다섯 살짜리 저먼 셰퍼드 암컷을 데려오기로 결심했다. 결국 나는 개 두 마리와 함께 두 배의 털과 두 배 이상으로 커진 사랑을 누리고 있다.

엄마의 삶에 동반되는 노동과 혼란에서 오는 스트레스를 덜고 싶다면, 당신 자신과 가족에게 좀 더 현실적인 기준을 마련하길 바란다. 완벽주의를 내려놓아야 인생에 즐거움과 행복, 무수한 사랑이 자리할 여유가 더욱 커진다.

16장

두려움
내려놓기

혼자가 아니라고 믿기

당신에게 기적 같은 이야기를 하나 해주고 싶다. 첫눈이 내린 겨울의 어느 날, 나는 남편과 어린 두 딸과 함께 디즈니월드에서 휴일을 보내고 집에 막 도착했다. 나는 그날을 절대 잊지 못한다!

집에 도착한 우리는 '휴가 후' 모드에 접어들었다. 나는 짐을 정리하고 세탁을 마친 후 미용실에 갔다. 미용실에서 일을 다 보고 나오니 산 지 2개월이 된 내 차와 도로에 5센티미터가량의 눈이 쌓여 있었다. 차에 쌓인 눈을 털어내고 집으로 향했다. 나는 아주 천천히 차를 몰았고 그 바람에 내 뒤로 차들이 죽 늘어서 있었다. 운전자들의 불만이 들리는 것 같았다. "저기요! 눈 조금 내린 것 가지고 참!" 하지만 나는 계속 서행했다. 그편이 안심되었기

엄마의 멘탈 수업

때문이다.

정지 표지판이 있는 교차로에 진입했고, 내게 우선 통행권이
있었다. 그때 정지 표지판 왼쪽에서 한 차량이 다가왔는데, 쌓인
눈 아래 빙판길이 있다는 사실을 모르는 듯했다. 사고가 날 게 뻔
했다. 그 운전자가 급히 브레이크를 밟았지만 차는 전속력으로
미끄러지며 교차로를 가로질렀다. 세상에! 브레이크가 말을 듣
지 않았다.

내 브레이크도 빙판길에는 어쩔 도리가 없었다. 상대 차와 내
차가 마주 보는 상태로 서로를 향해 미끄러지며 가까워지는 동
안, 시간이 슬로모션처럼 느리게 흘러갔다. 영화《매트릭스》를
본 적 있는가? 영화에서는 등장인물이 아주 빠른 속도로 움직이
는 총알을 눈으로 확인하고 피할 수 있을 정도로 시간이 느리게
흘러간다. 당시 사고를 목격한 사람들 눈에는 순식간에 벌어진
일처럼 보였을 것이다. 하지만 내게는 시간이 멈춘 것처럼 느리
게 흘러갔다.

나를 향해 다가오는 차를 보며 이런 생각이 들었다. '무슨 일
나겠는데. 여기서 죽는 건가?'

시간이 어찌나 느리게 흘러가는지, 안전벨트를 풀고 뒷좌석으
로 넘어가면 좀 더 안전하지 않을까, 고민할 정도였다.

'죽고 싶지 않아.' 생각했다.

그때 목소리가 들렸다. 내 목소리 같았지만 마음 깊은 곳에서

전해지고 있었다. 목소리는 내게 물었다. '왜?'

'아이들 곁에 더 있고 싶어.'

쾅. 상대 차가 내 차를 들이박았다.

'책도 더 많이 쓰고 싶어.'

그드드득. 금속 차체가 나를 향해 안쪽으로 밀려들어오는 모습이 보였다.

'더 많은 청중 앞에서 이야기하고 더 많은 사람을 돕고 싶어.'

그드드득.

'영국도 아직 못 가봤는데.'

쾅! 에어백이 터졌다. 내 차는 도로 밖으로 밀려나 들판으로 미끄러졌다. 시동이 아직 켜진 상태였고 연기가 피어올랐다. 폭발할 것 같은 차에서 나가고 싶었지만 다리가 부러진 것처럼 너무 아팠다. 차체 앞쪽이 내 쪽으로 밀려들어와 있었다.

그때 운전석 창을 내다보니 창문 바로 옆에 금발의 남성이 서 있는 것이 보였다. 굉장히 추운 날이었는데도 겨울옷을 입고 있지 않아 깜짝 놀랐다. 해변에서 하루를 보낸 듯한 복장에 건강한 서퍼 분위기를 풍기는 남성이었다. 그는 내게 아무 말도 안 했지만 내 눈을 들여다보는 그의 눈빛에서 사랑과 걱정이 느껴졌다. 설명하기 어렵지만 당시 그가 나를 굉장히 걱정하고 있는 것처럼 느껴졌고, 그는 감정을 가득 담아 이렇게 물었다. "괜찮으세요?"

그에게 말했다. "제가 차에서 나갈 수 있게 좀 도와주시겠어요?" 그에게서 시선을 떼고 내 다리를 내려다봤다.

다시 고개를 들자 그는 사라지고 없었다. 차가 폭발할지도 모른다는 두려움에 심장이 세차게 뛰었다. 차에서 나가고 싶었다.

어떤 여성이 누군가를 향해 고함을 치는 소리가 들렸다. "차에서 떨어져요. 그 사람은 당신과 대화하고 싶지 않을 거라고요!"

내 차를 들이박은 운전자가 내가 괜찮은지 확인하기 위해 다가오는 모습을 보고 이 여성이 고함을 친 것이었다. 이런 생각이 들었다. '괜찮아. 아직 내 정신은 멀쩡해. 사고가 난 것뿐이야. 우선 지금은 차에서 내리고 싶은데.'

고함을 친 여성은 사고가 일어난 과정을 전부 지켜봤다. 상대 운전자가 내 차에 도착하기 전에 그녀가 먼저 달려왔다. "괜찮아요?"

"차에서 나가야 할 것 같아요." 내가 답했다.

그녀는 내가 차에서 내릴 수 있도록 도와주고 자신의 차로 나를 안내했다. 나를 보조석에 앉힌 뒤 911에 신고하고는 내게 이런저런 질문을 했다. "성함이 어떻게 되세요? 자녀분들이 있으세요? 아이들은 몇 살이에요? 아이들 이름은 뭔가요?"

내가 정신을 잃지 않도록 이런 질문을 한다는 것을 알았다. 예의를 지키려고 성실하게 대답했지만 갑자기 너무 피곤해졌다. 눈을 감고 잠들고 싶은 생각뿐이었다.

이 여성이 질문하는 동안 내가 앉아 있는 보조석 옆에 아까 그 서퍼가 서 있는 모습이 보였다. 그는 좀 전에 내가 느꼈던, 사랑과 걱정을 가득 담은 눈빛으로 나를 바라봤다.

　이런 생각을 했다. '정말 좋은 사람이야. 이 여성의 파트너 같은데, 내가 보조석에 앉을 수 있도록 자리를 내어준 거겠지. 날씨가 이리도 추운데 이 남자는 외투도 안 입었어. 엄청 추울 텐데.'

　여성이 계속 질문하는 와중에 구급차가 도착했고 나는 병원으로 이송되었다. 내 차는 수리가 무의미할 정도로 망가졌지만, 정말 다행스럽게도 나는 큰 부상을 입지 않았다. 다리에 멍이 들었고(에어백이 터지면서 날아든 플라스틱 커버 때문이었다), 에어백이 얼굴을 향해 터지는 바람에 코가 부었고, 안전벨트가 내 몸을 꽉 붙잡아준 바람에 어깨가 아팠지만, 이게 다였다. 기적과도 같은 일이었다! 의사는 내 몸에 아무 이상이 없다는 소견을 전하고 나를 퇴원시켰다.

　집으로 돌아가는 길과 그날 밤까지도 별말 없이 내 영혼에 사랑을 듬뿍 전해준 그 슈퍼 남성이 누구였을지 생각했다.

　다음 날, 아이들이 다니는 학교의 교장 선생님에게 전화가 왔다. "데니즈, 괜찮아요?" 그가 물었다. "교통사고를 당했다는 소식을 들었어요."

　"어떻게 아셨어요? 아직 아무한테도 말 안 했는데."

　"사고 당시 데니즈를 도와준 사람이 제 딸이에요." 그가 설명했다. "제 딸이 학교에서 응급처치 수업을 듣고 집에 오는 길이었거든요. 딸아이가 어젯밤에 집에 도착해서 사고 이야기를 해주며 운

엄마의 멘탈 수업

전자에게 질문을 계속했다고 말하더군요. 운전자가 질문에 이렇게 저렇게 답했다는 이야기를 듣고는 제가 말했어요. '그 운전자가 린지와 브리애나 엄마인 데니즈 머렉인 것 같아!'라고요."

나는 이렇게 말했다. "따님과 남자친구에게 감사 인사를 하고 싶어요. 남자친구분은 성함이 어떻게 되나요?"

하지만 그는 이렇게 이야기했다. "데니즈, 제 딸은 그때 혼자였어요."

알고 보니 사고 현장에 금발의 서퍼는 없었다. 상대 차량에 타고 있던 사람들은 전부 겨울옷을 잔뜩 껴입고 있었다. 나를 도와준 사람은 여성이었고, 사고 현장을 보고 멈춘 차량도 없었다. 그 남자를 본 사람은 나뿐이었다.

하지만 여전히 나는 그날 그 자리에 나를 도와준 여성과 나만 있던 게 아니라고 생각한다.

당신은 두 눈에 사랑과 연민을 가득 담고 있었던 그 금발의 남성이 누구였다고(무엇이었다고) 생각하는가? 단지 사고의 충격으로 내가 헛것을 봤다고 생각하는가? 혹시 그 사람이 신이 보낸 천사는 아니었을까? 누군가 말도 안 된다고 반박할지라도 나는 그날 내가 무엇을 봤으며 어떤 감정을 느꼈는지 생생히 기억하고 있다. 참으로 기적 같은 경험이었다. 그 사고 당시 나는 절대 혼자가 아니었다.

✦ 혼자가 아니라고 믿기

이 사고는 몇 년 전에 일어났다. 당신에게 이 믿기 어려운 이야기를 들려준 이유는 엄마가 되는 경험이 가끔 외로움을 안겨준다는 사실을 잘 알기 때문이다. 엄마의 삶은 두렵고 예측하기 어렵다. 굉장히 지칠 때도 있다. 외로움이 당신을 짓누를 때면 당신은 혼자가 아니므로 절대 두려워하지 않아도 된다는 사실을 떠올리자. 패배감이 들거나 죄책감에 사로잡히거나 너무 지쳐서 계속할 수 없을 것 같은 감정을 느낄 때면, 그런 감정을 느끼는 사람이 당신 혼자가 아니라는 사실을 계속 상기하고 그 상황을 훌륭하게 이겨낼 수 있다는 것을 명심하자.

"두려움은 믿음의 후진기어다"라는 말을 들은 적이 있다. 그렇게 보면 두려움의 치료제가 믿음이라는 말은 맞는 것 같다. 통제할 수 있는 일을 통제하기 위해 모든 것을 다 했다면(그래서 통제할 수 없는 일을 마음에서 내려놓는 것 외에 할 수 있는 일이 없을 때는) 당신은 혼자가 아니며 곧 좋은 일이 일어날 거라는 믿음을 가지고 두려움을 떨쳐내야 한다. 종교를 가지고 있다면 각자 마음속에 품고 있는 대상을 떠올리며 믿음을 다지고, 종교인이 아니더라도 반드시 내 옆을 지켜줄 존재가 있다고 믿자.

이 세상이 당신에게 줄 좋은 것들을 이미 마련해두었다고 믿자. 당신에게 희망과 행운을 가져다줄 계획을 준비해두었다고 믿어야 한다. 걱정스러운 상황에도 좋은 결과가 있을 거라는 믿음을 가져야 한다. 기적은 매일같이 일어난다. 암에 걸린 사람이 어느 날 의사로부터 암이 작아지고 있다는 소식을 듣는다. 임신에 어려움을 겪고 있는 한 여성이 갑자기 임신하거나 첫 아이를 입양할 기회를 얻기도 한다. 중독 문제에서 벗어나기 위해 싸우던 아이가 중독 물질에 의존하지 않고 1년을 무사히 보낼 수도 있다.

걱정스러운 상황 한가운데 서 있다 해도 당신에게 반드시 좋은 결과가 찾아올 거라는 믿음을 가지고 마음을 편안히 먹어야 한다.

힘든 상황을 마주할 때면 자신의 추측을 의심하고, 통제할 수 있는 일은 통제하고, 통제할 수 없는 일은 내려놓고 상황이 어떻게 흘러가는지 지켜보면 된다.

나는 기독교인이기 때문에 사고가 일어난 날 신이 내게 천사를 보내셨다고 믿고 싶다. 덕분에 찌그러진 차체 안에 갇혀 있을 당시에 혼자가 아니라고 느낄 수 있었다. 내 곁을 지켜주는 이가 존재했으며, 지금 당신 곁에도 분명히 누군가 함께하고 있다. 두려움이 당신의 현관을 두드릴 때면 이 사실을 떠올리길 바란다. 내일 아주 좋은 일이 일어날 거라고 믿으며 오늘 하루 마음을 평온히 하길 바란다.

'아이 스파이' 게임을 해보자!

'아이 스파이 I spy' 게임(한 명이 눈에 보이는 사물의 이름 첫 글자를 말하면 나머지 사람이 그것을 추측해내는 놀이. 우리나라의 스무고개와 비슷하다— 편집자)을 해본 적 있는가? 여기서는 두려움을 이겨내는 믿음이라는 메시지를 강조하기 위해 게임 방식을 조금 다르게 변형했다. 아래의 문구를 읽고 답을 글로 적거나 소리를 내서 말해보자. 시간이 많지 않다면 하나만 골라 답을 해도 좋다.

나는 혼자가 아니에요.

주변을 둘러보길 바란다. 당신이 혼자가 아니라는 증거를 주변에서 찾을 수 있는가? 아이들이 보이는가? 아이들이 학교에 가기 전에 아침 식사를 한 접시가 테이블 위에 놓여 있는 것이 보이는가? 휴대전화 속 친구나 가족의 문자가 보이는가? 엄마가 되는 경험은 때로 외로움을 동반한다. 엄마들이여, 당신이 혼자가 아니라는 믿음을 가져야 한다. 비록 여기서는 '아이 스파이' 게임을 통해서 의도적으로 찾고 있지만, 당신이 혼자가 아니라는 사실을 반드시 물리적인 증거로만 찾아야 하는 건 아니다.

엄마의 멘탈 수업

내 바람이 이루어질 거예요.

고민하던 문제의 답을 찾았던 경험을 떠올려본다. 어떤 답을 찾았는가? 당신이 읽거나 보거나 듣거나 경험한 일 속에서 찾을 수 있었는가? 지금 그것이 보이는가? 또는 떠올릴 수 있는가? 어쩌면 당신은 걱정에서 벗어나 평안을 얻을 수 있기를 바랐고, 그에 대한 답으로 당신을 도울 수많은 전략이 가득한 이 책을 읽게 되었을 수도 있다. 걱정스러운 상황에 놓인다면 과거에 답을 찾았던 기억을 떠올리거나 훗날 반드시 찾을 수 있을 거라는 믿음으로 마음을 평온하게 하자.

나는 강인한 사람이에요.

강인한 엄마란 단지 헬스장에서 무거운 기구를 번쩍 들어 올리는 사람이 아니다. 여기서 강인함의 기준은 아이들을 사랑하고 돌봄을 행하는 방식이다. 당신의 아이들을 향한 사랑을 보여주는 증거는 무엇이 있을까? 아무리 피곤해도 아이들을 태워 오가던 발표회와 운동 경기에서 찍은, 활짝 웃고 있는 아이들의 얼굴이 담긴 사진들이 보이는가? 아이들을 안전하게 지키기 위해 당신이 세웠던 가정 규칙과 통금 시간, 예리하게 경계하는 눈이 보이는가? 당신이 아이들에게 심어준 인생의 가치와 아이들을 향한 무조건적인 사랑이 보이는가? 이것들이야말로 진정한 강인함이다. 엄마들이여, 당신은 강인한 엄마다! 훗날 강인함이 필요한 순간이 찾아오면 당신이 그 시기를 잘 이겨낼 수 있을 거라고 믿어야 한다.

✦ 깨끗한 옷장을 누리기

축하한다! 이제 당신은 불편한 감정과 아픔, 불쾌함, 죄책감, 비판, 완벽주의, 두려움을 흘려보내는 데 필요한 도구를 공식적으로 모두 갖췄다. 과거의 짐과 미래의 두려움, 현재 당신이 통제할 수 없는 일을 마음속에서 편히 내려놓을 수 있게 되었다.

무언가를 내려놓는 것은 옷장 정리와 비슷하다. 불가능할 것 같지만 하다 보면 언젠가 모두 끝이 난다. 그러고 나면 믿을 수 없을 정도로 상쾌한 기분을 느끼게 될 것이다. 하지만 몇 달 후에는 다시 한번 이 과정을 반복하게 될지 모른다. 내가 하고자 하는 말은 다음과 같다. 당신은 내려놓은 짐들을 어느샌가 다시 주워서 어깨에 지는 과정을 몇 번이고 반복할 수도 있다.

그런 일이 벌어져도 괜찮다! 3부를 다시 한번 읽은 뒤(또는 5부의 핵심 정리 요약본을 살펴본 뒤) 내려놓을 것들을 내려놓고 앞으로 나아가는 데 도움을 주는 전략들을 다시 적용하면 된다. 조금씩이라도 앞으로 계속 나아가면 된다. 이제 당신은 마음의 주인이 되는 법을 배울 것이다. 부정적인 생각을 바꾸면 걱정이 줄어들기 시작한다.

엄마의 멘탈 수업

마음의 주인이
되어라

Master
Your
Mind

부정적인 생각을 바꾸면
걱정이 줄어들기 시작한다.

걱정이 많은 성격은 타고나는 것일까? 맞다! 1996년 11월, '걱정 유전자'가 발견되었다는 소식이 『뉴욕타임스』 1면을 장식했다.[22] 기사는 『사이언스』 학술지에 걱정과 관련한 특정 유전자를 밝힌 논문이 게재되었다는 소식을 전했다.

이 '걱정 유전자'는 긴 버전과 짧은 버전이 있다. 막대 끝이 짧으면(다시 말해 유전자가 짧으면) 걱정과 불안, 부정적인 사고에 빠질 확률이 높다. 하지만 내 말을 잘 듣길 바란다. 유전적으로 걱정을 타고났더라도 희망은 남아 있다! 부정적이며 건강하지 않은 사고 패턴이 아무리 깊게 새겨져 있다 해도 이를 깨뜨릴 수 있다. 걱정을 줄이고 내면의 평온함을 키우는, 새롭고도 건강한 사고 패턴을 만들 수 있다. 당신의 마음을 말 그대로 새롭게 할 수 있다! CALM 프로세스의 마지막 단계를 통해 마음의 주인이 되는 Master 법을 깨우치게 될 것이다.

마음의 주인이 되려면 부정적인 생각을 다른 것으로 바꾸면 된다. 자기 자신과 파괴적인 이야기가 아니라 건설적인 이야기를 나누는 법을 배워야 한다. 자신과의 대화에 따라 마음에 걱정이 자리할지, 침착함이 자리할지 크게 달라지는 만큼 이는 대단히 중요한 기술이다. 이렇게 생각해보길 바란다. 당신의 생각이 부정적이고 두려움을 바탕으로 하고 있다면 늘 걱정을 불러오는 온

엄마의 멘탈 수업

갖 생각이 당신을 괴롭힐 것이다. 반면에 긍정적인 생각과 믿음을 가지고 있다면 평온함을 가져다줄 이야기를 스스로에게 들려줄 확률이 높다.

이 책에 등장하는 전략을 활용하면 두려움과 걱정, 고통을 불러일으키는 과거의 경험에 대한 반사적인 반응도 긍정적으로 변할 수 있다. 이를테면 '나는 나쁜 엄마야'라는 생각으로 자신을 비판하던 상황에서도 이제는 "난 좋은 엄마고, 오늘은 그저 힘든 하루를 보내는 것뿐이야. 나는 충분한 사람이야. 난 감당할 수 있어! 난 내 아이들에게 필요한 엄마야"라고 말하며 좀 더 이로운 방향으로 상황을 해석할 수 있게 된다.

앞으로 나올 전략을 활용해 마음의 주인이 된다면 스스로를 스트레스와 걱정의 올가미에 가두었던 생각의 거점에서 빠져나올 수 있다.

부정적인 생각으로 스트레스와 걱정에 시달리는가? 바로 오늘을 기점으로 전부 달라질 것이다. 생각의 통제력을 다시 회복할 것이다. 부정적인 생각을 변화시키면 걱정이 줄어들기 시작한다.

마음의 주인이 되기 위한 과정을 시작했다면 이 단계가 지속적으로 진행되는 하나의 과정임을 기억해야 한다. 새로운 언어나 악기를 배우는 데 훈련이 필요하듯, 마음의 주인이 되는 법 또한 마찬가지다. 처음에는 별로 달라지지 않는다고 느낄 수 있지만, 발전의 징후가 없다고 해서 거대한 변화가 오지 않는 것은 아니다.

동양에 서식하는 어떤 대나무 품종은 5년간 물을 주고 비료를 주며 가꾸어도 흙 위로 올라오는 싹이 아주 작다. 그 기간에는 아무런 성장도 일어나지 않는 것처럼 보인다. 하지만 5년간의 돌봄 끝에 6년차가 되면 갑자기 무섭게 빠른 속도로 쑥쑥 자란다. 하루에 약 75센티미터씩 자라는 소리가 들릴 정도다!

6주 동안 죽순은 27미터 이상 성장한다. 빅 존슨은 저서 『하루 한 장 제임스 앨런과 함께』(Day by Day with James Allen)에 대나무와 관련해 다음과 같이 적었다. "던져야 할 질문은 '대나무가 6주 동안 27미터를 성장한 것인가 아니면 5년 동안 27미터를 성장한 것인가?'이다."[23]

정답은 5년이다. 정확히는 5년하고도 6주다. 감감무소식이었던 5년 동안 물과 햇볕, 비옥한 토양이 없었다면 대나무는 살아남지 못했을 것이다. 그 5년 동안 도대체 무엇이 '잘못' 되었는지 알아보기 위해 땅을 헤집어 씨앗을 살폈다면 죽순을 보지 못했을 것이다. 대나무가 6주 동안 그토록 빠르게 성장하기 위해서는 기다림의 시간과 알맞은 조건이 필요하다.

어떠한 성과를 내려면 먼저 씨앗을 심어야 한다. 바로 이 내용

엄마의 멘탈 수업

을 이번 장에서 배운다. 새롭고 긍정적인 '생각의 씨앗'을 심는 법을 알아보고, 지금껏 당신을 옭아매고 당신에게 걱정이나 스트레스를 안겨줬던 부정적 사고를 침착함과 자신감, 평온함과 사랑, 기쁨을 더욱 많이 불러오는 생각으로 바꾸는 법을 배운다.

그다음으로는 대나무가 성장하려면 반드시 물과 비료, 햇볕이 필요하듯, 생각의 씨앗이 자라는 데 필요한 전략을 배운다. 이 긍정적인 생각의 씨앗을 잘 키운다면 긍정적 사고라는 멋진 뿌리 체계가 자라나고, 때가 되면 놀라운 속도로 정신적·정서적인 성장을 이룰 것이다. 적당한 때가 되면 당신은 바로 전날 옷을 새로 샀는데 하루가 다르게 성장해서 옷이 잘 맞지 않게 된 6학년 아이보다도 더욱더 빠른 속도로 성장할 것이다(그나저나 아이들은 어떻게 하룻밤 새 신발이 작아질 정도로 크는 걸까?).

17장

마인드셋 선택하기

부정적인 생각을 물리치고
긍정적인 결과를 이끌어내는 방법

브리애나가 아홉 살이었을 때 나는 이미 아이에게 역경과 변화에
도 굴하지 않고 다시 튀어 오르는 회복력이 있음을 알아봤다. 루
틴이 달라지고 학교가 달라지고 심지어 새로운 동네, 새로운 집
으로 이사를 했음에도 아이의 낙관적인 시각에는 어둠이 조금도
드리워지지 않았다.

아이의 이런 성향을 발견한 나는 이렇게 말했다. "브리애나,
너는 귀여운 탱탱볼 같아. 항상 다시 튀어 오르거든."

딸이 대꾸했다. "엄마, 바람 빠진 공 말고는 다 튀어 올라요."

아이는 자신이 얼마나 현명한 말을 했는지 잘 몰랐겠지만, 이
는 굉장히 심오한 말이었다. 살다 보면 정신적·정서적으로 약간

엄마의 멘탈 수업

바람이 빠진 것 같은 기분이 드는 순간이 있다. 이럴 때면 자신감이 떨어지고 낙천성이나 긍정성이 사라진다. 이러한 감정도 우리 삶의 자연스러운 일부분이다. 그런 기분을 느껴도 괜찮다. 하지만 그렇게 움츠러든 상태에 계속 머무르지 않아도 된다는 사실을 명심해야 한다. 마인드셋을 선택하는 방법을 훈련하면 더욱 큰 평안과 즐거움, 기쁨, 행복, 만족감을 경험할 수 있다. 그리고 어려움, 역경, 좌절로부터 더욱 쉽게 회복할 수 있다. 동기 부여의 스승인 지그 지글러의 말처럼 말이다. "얼마나 깊이 추락하느냐가 아니라 얼마나 높이 튀어 오르는지가 중요하다."[24]

이번 장에서는 불안감의 근원을 파헤쳐보고 스스로에게 건네는 이야기를 바로잡는 법을 배운다. 생각이 어떻게 형성되고 왜 그런 생각이 떠오르는지를 이해하는 법도 익힌다. 마지막으로 자신의 관점을 바꿈으로써 더욱 기분이 좋아지고 긍정적이게 되며 성공으로 나아가는 데 꼭 필요한 태도를 갖추는 법을 배울 것이다.

자신의 마인드셋을 선택하기 위해서는 마인드셋이 무엇인지부터 이해해야 한다. 간단하게 말해 마인드셋은 정립된 태도다. 태도는 당신이 주변 세상과 교류하는 방식을 결정한다. 스트레스가 심한 상황을 처리하는 능력뿐만 아니라 인생에서 기쁨과 즐거움을 얼마나 느낄지 결정하는 것도 태도다. 큰 성공을 거두는 사람들은 훌륭한 태도를 지니고 있다. 긍정적인 태도의 몇 가지 예시를 들어보겠다.

수용	협력	자유
애정	용감함	친근함
야망	결단력	재미
열정	헌신	관대함
솔직함	지구력	감사함
배려	열의	정직함
쾌활함	충실함	겸손함
자신감	유연함	기쁨
사려 깊음	용서	친절함
성숙함	신의	강인함
열린 마음	책임감	공감
낙관성	자제력	생각이 깊음
끈기	이타심	관용
긍정성	세심함	신뢰
현실성	진실함	의지

이 리스트에서 현재 당신의 태도를 적절하게 묘사하는 단어가 있는가? 또는 당신이 지니고 싶은 태도가 있는가?

엄마의 멘탈 수업

태도는 훈련으로 만들거나 바꿀 수 있다. 훈련하지 않는 사람은 아주 자연스럽게 부정적인 태도에 사로잡히고 만다. 다행스럽게도 긍정적인 태도를 체득하기 위한 첫 단계는 바로 당신의 선택이다. 리더십의 대가 존 C. 맥스웰은 이렇게 말했다. "당신의 태도는 선택으로 만들어진다. 당신의 하루를 걸작으로 만들고 싶다면 훌륭한 태도를 지녀야 한다. 현재 태도가 좋지 않다면 바꿔야 한다. 결정을 내려라."[25]

매일 올바른 태도를 선택하겠다고 결정해야 한다. 더욱 큰 기쁨과 즐거움, 희망, 자신감, 행복, 내면의 평안을 가져오는 태도를 당신이 직접 선택할 수 있다.

긍정적인 태도를 선택하겠다는 당신의 결정은 자녀의 행복에도 영향을 미친다. 『태도의 힘』(*The Power of Attitude*)에서 저자 맥 앤더슨은 이렇게 적었다. "대다수의 사람들이 자신의 태도가 단순히 본인의 행복과 성공에만 영향을 미치는 것이 아니라 주변 사람들의 행복과 성공에도 영향을 미칠 수 있다는 점을 미처 깨닫지 못한다. 가족과 친구, 함께 일하는 동료들까지 말이다. 태도에는 실제로 전염성이 있고, 우리는 스스로에게 물어야 한다. '지금 나의 태도는 타인에게 전염시킬 만한가?'"[26]

당신의 태도는 타인에게 전염시킬 만한 것인가? 아니라면, 그럴 수 있는 태도를 지니면 된다! 이 모든 변화는 매일 긍정적인 태도를 선택하겠다는 당신의 결정으로 시작된다.

✦ 매일 긍정적인 태도를 선택하기

자신의 생각에 대한 통제력을 되찾겠다고 굳건히 마음을 먹어야 한다. 당신은 스스로에게 하는 이야기를 바로잡는 법을 배울 수 있다. 다만 그러기 위해서는 노력이 필요하다.

결정은 행동이다. '결정하다'라는 단어는 '차단하다decidere'라는 의미의 라틴어에서 왔다. 다시 말해, 결정할 때는 다른 대안을 모두 차단해야 한다.

감사하는 태도를 가진다는 것은 바꿔 말하면 내 삶에서 부족하다고 여겼던 모든 일을 차단하기로(더는 찾지 않기로) 결정한다는 뜻이다. 나의 가장 좋은 모습만을 보기로 결정한다는 것은 스스로 달라져야 한다고, 내 결점이라고 여긴 것들을 차단하거나 더는 찾지 않기로 결정한다는 의미다. 당신의 삶에서 차단하거나 더는 찾지 않아야 할 것은 무엇인가?

부정적인 생각을 차단하려고 노력하는 행위가 좋은 이유는, 바로 부정적인 생각이 내가 가지지 못한 무언가가 어떻게든 내 눈에 띄도록 만드는 고약한 습성이 있기 때문이다. 내 경험담을 들려주겠다(오래전에 있었던 일이고, 그때 나는 지금 당신이 배우는 멋진 전략과 기술을 아직 몰랐다는 점을 고려해주길 바란다).

첫 딸이 태어났을 때 나는 스물두 살이었다. 임신한 후부터 일을 쉬고 있던 나는 내 삶의 새롭고도 특별한 이 시기를 갓 태어

엄마의 멘탈 수업

난 아이와 함께 보낼 생각에 마냥 들떠 있었다. 이런 생각을 했다. '정말 멋진 시간을 보낼 거야! 아이가 태어나면 아이가 잘 때 나도 자고, 아이가 자는 동안 청소를 하거나 햇볕을 쬐며 쉬거나 원래 하던 운동도 다시 시작할 수 있겠지. 드디어 여름휴가를 보낼 수 있다니 너무 신나. 정말 멋진 휴가가 될 거야.'

그런 일은 벌어지지 않았다. 갓 태어난 딸은 참 많이도 울었다! 그리고 나도 많이 울었다. 아이는 잠을 거의 자지 않았다. 나도 잠을 못 잤다. 실제로 이런 생각까지 들었다. '끝났어! 내 인생의 가장 멋진 날들은 완전히 가버렸어.' 이런 생각을 한 사람이 나뿐만은 아니었다고 말해주길 바란다! 당신은 육아라는 현실에 맞설 준비를 완벽하게 했는가?

가까운 동료 한 명이 나보다 2주 앞서 아이를 출산했다. 그뿐만 아니라 동료는 이제 막 돌이 지난 첫째 아이를 동시에 돌봐야 했다. '그 친구에게 전화해야겠어.' 이렇게 생각했다. '분명 나랑 비슷한 기분을 느끼고 있겠지. 이 비참함을 함께 나눌 수 있을 거야.'

"여보세요." 전화를 받은 친구에게 이렇게 말했다. "지금 뭐해?"

"어, 데니즈!" 친구는 굉장히 행복한 목소리로 응답했다. "굉장히 맛있는 초콜릿 칩 쿠키를 구웠어. 너한테 레시피를 보내줄게. 넌 어때? 잘 지내?"

'뭐라고?' 이런 생각이 들었다. '어떻게 저렇게 에너지가 넘칠 수 있지? 쿠키를 구웠다고? 나는 이틀째 씻지도 못하고 있는데.'

머릿속으로 우리 두 사람의 현실을 비교하기 시작했다. 친구가 잘해내는 것들과 내가 실패한다고 느꼈던 것들을 떠올릴수록 비교 대상이 점점 더 늘어갔고, 내 기분은 더욱 최악으로 치달았다.

당신도 이런 적이 있는가? 당신 자신과 다른 누군가(다른 엄마, 친구, 소셜 미디어 속 다른 부모)를 비교하고 순식간에 초라해지는 듯한 기분에 휩싸인 적이 있는가? 왜 그런 기분이 든 걸까? 당신의 생각이 불안함의 씨앗을 싹틔웠기 때문이다.

✦ 불안함의 씨앗을 파악하기

내 부정적인 생각의 원인은 내 친구가 잘 지내고 있기 때문이 아니었다. 진짜 문제는 내가 엄마가 되기 전부터 이미 내 마음에 심어졌던 불안함의 씨앗에서 비롯되었다. 바로 "나는 부족한 사람이야"라고 말하는 씨앗이다.

불안함의 씨앗은 과거의 경험과 타인이 우리에게 표출했던 불안함에서 탄생해 우리의 마음에 심어진다. 이러한 씨앗은 패배적인 사고방식을 만들어낸다. '아무도 나를 안 좋아해' '난 부족한 사람이야' '난 이곳에 속하지 않아' '아무도 나를 원하지 않아' '내 뜻대로 되는 게 하나도 없어' '나는 평생 행복해지지 못할 거야' '나는 절대로 성공하지 못할 거야'. 생각은 감정이 되고, 이러한 생각만으로도 움츠러드는 느낌을 받을 수 있다.

인간은 자신 안에 자리한 불안함의 씨앗을 세상 밖으로 꺼내 이 씨앗이 사실임을 뒷받침하는 근거를 찾아다닌다. 그 결과 어떤 일이 벌어질까? 정말로 근거가 나타난다. 찾아라, 그리하면 얻을 것이다. 하지만 당신이 근거(자신에 대한 부정적인 생각이 사실임을 입증하는 것처럼 보이는 증거)를 찾았다고 해서 그 씨앗이 곧 사실은 아니다. 사실처럼 느껴질 수는 있다. 초콜릿 칩 쿠키를 굽는 친구와 비교해 나 자신이 초라한 기분이 들었을 때처럼 말이다. 하지만 내가 그런 기분을 느낀 이유는 내가 품고 있던 생각 때문이었다. 감정은 사실이 아니다.

스스로 실패했다고 느낄 때, 자기 돌봄에 시간을 들일 때, 힘든 하루를 보낼 때, 분노를 느낄 때, 아이가 떼를 부릴 때도 당신이 여전히 좋은 엄마라는 사실에는 변함이 없다. 잠시 쉬고 싶다는 생각이 들거나 정신 건강 문제로 힘들거나 아이가 말을 듣지 않을 때도 당신은 좋은 엄마다. 엄마가 되는 일은 힘들다. 당신이 무언가를 잘못하고 있는 게 아니다. 그런 기분이 들 때조차 말이다.

✦ 생각이 어떻게 형성되는지 이해하기

앞에서 이미 감정이 스스로 하는 생각에 대한 정서적 반응이라는 이야기를 했다. 긍정적인 생각을 하면 기분이 좋아진다. 부정적인 생각을 하면 기분이 나빠진다. 이 사실을 알고 있는데도 우리는 왜 기분을 나쁘게 만드는 생각을 계속하는 걸까? 부정적인 추측이 걱정을 불러온다는 것을 알면서도 왜 항상 지레짐작하며 같은 결론에 이르는 걸까?

무려 20년 넘게 그 이유가 궁금했던 나는 사고가 어떻게 형성되는지 알아보기 위해 인간의 사고 과정과 방식을 조사하기 시작했다. 생각이 어떻게 형성되고 전개되는지를 이해한다면 어딘가에 갇힌 기분이나 암담함, 불안함을 계속 느끼게 만드는 잘못된 믿음에서 벗어나는 데 도움이 될 것이다.

특정한 생각을 하는 이유를 이해하면 부정적인 생각을 하는 자기 자신을 가혹하게 비판하는 일을 멈출 수 있다. 무엇이 나를 부정적인 생각으로 이끄는지 알게 되고 생각을 더욱 나은 방향으로 전환할 수 있다! 이제 본격적으로 생각이 어떻게 형성되는지를 이야기해주겠다.

당신의 생각은 뉴런과 화학 물질, 전기 신호로 이루어져 있다. 성장과 발달 과정을 거치면서 뉴런에 나뭇가지 형태의 가지돌기가 생기는데, 당신이 듣고 보고 경험한 것들이(기억들이) 이 가지돌기에 저장된다.

이제 나무가 빼곡한 숲을 떠올려보자. 숲에서는 나뭇가지들이 자라면서 다른 나뭇가지들과 뒤얽힌다. 마찬가지로, 당신의

엄마의 멘탈 수업

머릿속에서는 당신이 생각할 때마다 가지들(가지돌기)이 자라며 다른 생각 및 기억의 가지들(가지돌기)과 연결되기 시작한다. 현실의 숲속 나뭇가지와 달리 두뇌 속 가지돌기들은 망을 형성하는 과정에서 실제로 서로 연결된다. 저장된 기억들이 머릿속 신경망으로 물리적으로 구축되는 것이다. 특정한 생각에 집중하고 빠져들수록 가지들은 더욱 많이 자라고 더욱 긴밀하게 연결되며 그 생각이 더욱 '영구히' 자리 잡는다.

과거 어떤 경험으로 '나는 부족한 사람이야' 또는 '나는 이곳에 속하지 않아' '나는 똑똑하지 않아' 같은 생각을 했다면 그때 나뭇가지와 유사한 가지 하나가 머릿속에서 자라난다. 같은 생각을 자주 떠올릴수록 그 가지는 더욱 크게 자라고 더욱 강해지며 다른 생각 및 기억들과 더욱 단단하게 연결되는데, 이 과정을 통해 그 생각이 영구적으로 자리 잡는다.

마인드셋을 선택하는 데 훈련이 필요한 이유도 이러한 생각의 영속성 때문이다. 부정적인 사고 패턴으로 되돌아가기 너무 쉬운 이유도 이와 같다. 2장에서 언급한 거터에 갇힌 볼링공과 비슷하다. 거터가 너무 깊고 움푹하게 파여 있어 한번 그곳으로 굴러 들어가면 레인 끝까지 그 길 하나로만 갈 수 있다. 무언가 또는 누군가가 그 길을 가로막지 않는 한 말이다. 이처럼 우리의 생각도 깊이 새겨진 신경 연결 통로에 갇히고 만다.

두뇌가 우리의 생각을 영구적으로 만드는 것은 보호 기제 때문이다. 기억과 생각이 영구적으로 각인되면, 이 때문에 생긴 신경 연결 통로를 이용해 가능한 한 빠르고 효율적으로 상황을 분석하고 평가하고 그에 반응할 수 있다. 어렸을 때 뜨거운 가스레인지를 만졌다가 손을 덴 적이 있다고 생각해보자. 그 고통을 경험하며 이런 생각을 하게 된다. '아야! 뜨거운 가스레인지는 만지지 말 것.' 이 생각은 영구 기억으로 저장되어 나중에 뜨거운 가스레인지를 다시 만지지 않도록 방지함으로써 화상 위험을 낮춰준다. 일상에서는 이 보호 기제가 위험을 방지하는 데 큰 도움이 된다.

한편 삶에는 정서적 고통으로 얻는 '화상'도 존재하기 마련이다. 동반자가 이별을 고하거나 학교에서 놀림을 당하거나 시험에 떨어졌다고 생각해보자. 이러한 정서적 고통을 경험하며 '나는 부족한 사람이야' '나는 이곳에 속하지 않아' '나는 그리 똑똑하지 않아'라고 결론을 내릴지도 모른다. 이런 생각은 결코 사실이 아님에도 계속 자란다. 생각을 강화하는 경험을 할 때마다(기억을 떠올리거나, 이에 대해 이야기를 하거나, 비슷한 상황을 또 경험하거나, 다시 이별을 겪거나, 누군가의 이별 소식을 전해 듣거나, 양육 방식을 두고 비판을 듣거나, 나는 씻을 시간도 없는 상황에서 친구가 여유롭게 홈메이드 쿠키를 굽고 있다는 소리를 들어서 비교를 하게 될 때 등) 생각의 씨앗은 계속 자라고 더욱 튼튼해지며 더 깊이 각인된다. 그 결과, 특정한 사고방식으로 굳어진다.

엄마의 멘탈 수업

이제 당신이 왜 특정한 생각을 계속하게 되는지 이해가 되는가? 다행인 소식이 있다. 생각이 '영구적'으로 형성된다고 해서 절대 바뀌지 않는 건 아니다.

사전 사이트는 '영구적'이란 단어를 "본질적인 변화 없이 지속 또는 유지되는" 혹은 "현상이나 상태, 위치가 변하지 않을 것으로 예상되는"으로 정의한다.[27] 무언가 '지속 또는 유지된다'고 해서, '변하지 않을 것으로 예상된다'고 해서 변할 수 없다는 뜻은 아니다. 이 경우에는 변할 수 있다! 당신의 생각은 끊임없이 활동 중이다. 생각은 자라고 변한다.

새롭고 건강한 생각을 키울 수 있고, 더욱 긍정적인 가지들끼리 연결을 강화하고 성장시킬 수 있다. 새롭고 건강한 생각들로 바꾸기 위해 노력하는 동안 부정적이고 고통스럽고 오래된 해로운 생각들은 사라진다. 말 그대로 당신의 정신을 새롭게 할 수 있다!

그렇다고 해서 불안과 스스로를 가두는 생각이 다시 머릿속에 들어오지 못하는 건 아니다. 그런 일은 벌어진다. 의식적으로 새로운 생각을 떠올리기로 선택하고 노력하는 동안, 이미 자리 잡고 있던 오래된 생각이 완전히 사라지기 전까지는 오래된 생각과 새로운 생각이 얼마간 공존한다. 그 동안 머릿속은 친척들이 당신의 집에 반려동물까지 데리고 와서 머무는 상황보다 더욱 복잡해진다! 바로 이때가 지속적인 노력을 쏟아야 하는 순간이다. 오래된 생각이 가지치기를 당하는 동안 새롭고 긍정적인 생각을 가꾸고 강화해야 한다. 부정적인 생각을 분재나무 가지치기하듯 싹둑 잘라내버리자!

그렇다면 새롭고 긍정적인 생각들을 어떻게 키울까? 이 새로운 생각의 씨앗들을 어떻게 심고 가꾸며 강화시켜야 할까? 역설적이지만 거름으로 덮기만 해선 안 된다. 생각을 훈련해야 한다. 여기에는 두 가지 과정이 필요한데, 바로 부정적인 생각을 물리치고 초점을 조정하는 것이다.

✦ 생각 훈련하기: 부정적인 생각을 물리친다

아이와 텃밭을 가꾸기로 했다고 생각해보자. 텃밭에 어떤 채소를 심고 싶은가? 토마토를 심고 싶은가? 오이와 완두콩은 어떨까? 당근은? 좋다! 멋진 텃밭이 될 것 같다.

이 채소들을 키우기 위해 어떤 씨앗이 필요할까? 당연히 토마토와 오이, 완두콩, 당근 씨앗이 필요하다. 이 씨앗을 심고 돌보다 보면 어느새 맛있는 채소들을 맛볼 수 있다. 하지만 채소가 아닌 민들레 씨앗을 심는다면 풍성한 채소들을 수확하고 싶은 마음이 아무리 크더라도 그럴 수 없을 것이다. 콩 심은 데 콩 나고 팥 심은 데 팥이 나기 마련이니까.

생각의 씨앗을 심을 때도 마찬가지다. 긍정적인 감정을 자라게 하고 싶다면 긍정적인 생각을 심어야 한다. 긍정적인 태도를 기르고 싶다면 긍정적인 생각을 심어야 한다. 기존의 부정적인 생각들(자라게 하고 싶은 감정과 태도, 결과에 도움이 되지 않는 사고방식)을 물리치고 그 자리를 긍정적인 생각으로 대체하면 좋은 출발점이 될 수 있다.

부정적인 생각이 떠오를 때 어떻게 물리쳐야 하는지 몇 가지 예시를 보여주겠다.

- '나는 부족한 사람이야.' 이것이 진실인가? 사실인가? 유익한가? 그렇지 않다. "나는 충분한 사람이다"라고 말하며 부정적인 생각을 진실로 물리친다.
- '나는 엄마로서 실패한 것 같아.' 이것이 진실인가? 사실인가? 유익한가? 그렇지 않다. "내 아이는 완벽한 엄마를 원하는 게 아니야. 내 아이에게는 관심과 애정을 쏟는 엄마가 필요해. 나는 관심과 애정을 쏟는 엄마야. 내 아이에게 필요한 엄마야"라고 말하며 부정적인 생각을 진실로 물리친다.
- '나는 이곳에 어울리지 않아. 사람들이 나를 싫어해.' 이것이 진실인가? 사실인가? 유익한가? 그렇지 않다. "나는 이곳에 어울려. 나는 무척이나 가치 있고 대단히 중요한 사람이야"라고 말하며 부정적인 생각을 진실로 물리친다.

당신의 머릿속을 라디오 방송국이라고 생각하라. 밝고 신나는 노래에 맞춰 몸을 흔들 수 있는데, 왜 굳이 부정적인 생각이 웅얼대는 소리를 듣고 있어야 하는가? 자, 이제 팔꿈치를 움직여보자. 아니, 그게 아니라 칼턴 댄스(미국 드라마 《더 프레시 프린스 오브 벨에어》에서 칼턴 뱅크스라는 등장인물이 춰서 유명해진 춤이다―옮긴이) 말이다. 그렇지. 바로 그거다!

스스로에게 계속 들려주고 있는 부정적인 이야기를 하나 생각해보라. 그 생각을 물리쳐야 한다. 스스로에게 이렇게 묻는다. "그것이 진실인가? 사실인가? 유익한가?" 그리고 이 생각을 대체할 긍정적인 이야기를 적은 다음 시선이 자주 닿는 곳에 붙여두자.

불안이라는 오래된 생각의 씨앗은 처음에는 강력하게 맞서며 당신을 잡초 속으로 잡아끌려고 할 것이다. 바로 이때가 정원을 가꿀 타이밍이다. 새로운 씨앗들을 잘 돌봐야 이 씨앗들이 뿌리를 내리고 성장한다. 4부 첫 장에서 소개한 대나무 이야기가 기억나는가? 새롭고 긍정적인 생각의 씨앗들을 충분히 시간을 들여 돌봐야 한다. 대나무처럼 말이다. 긍정의 말을 반복함으로써 새로운 생각을 키우고 튼튼하게 만들 수 있다.

부정적인 생각을 물리친 후에는 부정적인 생각이 옳다는 근거를 찾아다닌 것처럼 긍정적인 생각이 옳다는 근거를 찾아야 한다. 초점 조정이 필요한 일이다.

엄마의 멘탈 수업

✦ 생각 훈련하기: 초점을 조정한다

초점을 조정한다는 것은 큰 그림을 본다는 뜻이다. 인생에서 잘못되고 있는 문제에만 초점을 맞추면 결국 그 문제만 눈에 들어오는 상황이 벌어진다. 자신의 초점을 조정하려면 한 걸음 물러나 좋은 것, 올바른 것, 아름다운 것을 보기로 선택해야 한다. 어떻게 해야 한 걸음 물러나 초점을 조정하고 상황을 긍정적으로 볼 수 있을지 몇 가지 예시를 보여주겠다.

- "나는 타인의 최악이 아니라 최고의 모습에 집중하기로 선택했다."
- "나는 내가 생각하는 결점이 아니라 내 안의 가장 좋은 면에 집중하기로 선택했다."
- "나는 잘못될지도 모를 일이 아니라 잘될 수 있는 일에 집중하기로 선택했다."
- "나는 실패가 아니라 성공에 집중하기로 선택했다."
- "나는 한계가 아니라 가능성에 집중하기로 선택했다."
- "나는 내가 잃은 것들이 아니라 내가 가진 모든 것들에 집중하기로 선택했다."

지금 당신의 삶에서 일어나고 있는 가장 부정적인 사건은 무엇인가? 떠오르는 일이 있는가? 이제 자신의 초점을 조정하자.

좋은 일, 올바른 일, 사랑스러운 일에 집중하고, 가장 부정적이라 여겼던 일에서 긍정적으로 볼 수 있는 면을 세 가지 정도 떠올려본다. 시간이 걸려도 괜찮다. 처음에는 훈련이 필요하다. 자전거 타는 법을 배우는 것과 같다. 처음에는 보조 바퀴가 필요할지도 모른다. 자꾸 덜컹거리고 흔들리고 익숙하지 않을 수 있으며 상당한 노력과 집중력이 필요하다. 심지어 자전거에서 떨어질지도 모른다. 하지만 계속 연습하다 보면 어느새 보조 바퀴를 떼고 크게 의식하지 않은 채 동네를 자유롭게 달리고 있을 것이다. "엄마, 이것 봐요. 핸들에서 손을 뗐어요!"

부정적인 일에서 긍정적인 면을 도무지 찾을 수 없다면 우울증을 앓고 있다는 뜻일지도 모르니 의사나 전문 치료사를 만나보길 바란다. 나는 한 차례 우울증을 앓았을 때 긍정적인 면을 보려고 노력하는 일이 너무도 어려웠다. 도움을 받으면서 상태가 한결 나아졌다. 당신도 할 수 있다!

✦ 긍정적인 마인드셋이 긍정적인 결과를 만든다

생각을 바꾸는 데 들이는 노력은 그만큼 가치가 있다. 긍정적인 마인드셋을 선택하면 당신의 삶 모든 면면에서 긍정적인 결과가 따라올 것이다. 이렇게 생각해보자. 토마토 씨앗을 심으면 땅

엄마의 멘탈 수업

에 뿌리를 내린다. 뿌리가 자라고 토양을 뚫고 식물이 올라와 마침내 토마토가 열린다. 생각의 씨앗도 마찬가지로 고찰과 반복을 통해 강화하며 뿌리를 내린다. 생각의 씨앗이 자라며 머릿속 신경망의 일부가 된다. 이 생각의 씨앗은 감정을 낳는다. 이 감정이 행동을 이끌고, 행동은 결과를 부른다.

생각이 감정을 낳고, 감정이 행동을 낳고, 행동이 결과를 낳는 과정이 어떻게 전개되는지 사례를 들어보겠다. 부모 모임에 가입한 당신은 '나는 여기에 속하지 않아. 어울리지 않아. 사람들이 나를 싫어해'라는 생각을 하고 있다. 당신이 듣거나 본 무언가가 불안함의 씨앗을, 어떠한 생각을 자극했다. 과거에 '나는 여기에 속하지 않아. 나는 이곳에 어울리지 않아. 사람들이 나를 싫어해'라고 느꼈던 순간들이 있었고, 그때 저장된 기억과 연결된 생각이 자극을 받았다. 현재의 생각이 진실처럼 느껴지는 것은 이 생각이 아주 깊은 기억에서 비롯되었기 때문이다. 하지만 어떠한 감정이 아무리 진실처럼 느껴지더라도 감정이 진실이 되는 것은 아니다. 감정은 사실이 아니라는 점을 명심해야 한다.

부정적인 생각을 물리치지 않았다고 가정해보자. 만약 당신이 그 모임에 속한 것 같지 않고 사람들이 당신을 싫어하는 것 같다는 느낌을 받고 그 생각을 사실로 받아들인다면 다른 부모들과 대화를 꺼리게 될 수 있다. 당신의 이러한 태도는 상대의 불안을 자극하고, 그 사람들은 당신이 그들을 싫어한다고 생각할 수 있다. 이들은 또 본인의 불안감에서 비롯된 행동을 보이고, 이들의 행동은 당신의 잘못된 믿음을 더욱 강화한다. 계속해서 최악의 상황을 믿는 당신은 더 이상 모임에 나가지 않기로 결정하고 '내 생각이 맞았어. 나는 그곳에 속하지 못해. 내가 그곳에 어울리지 않았던 거야. 사람들이 나를 싫어하잖아'라고 믿는다. 이 부정적 생각은 당신의 삶에 부정적인 결과를 불러온다. 모임에서 얻을 수 있는 이점을 모두 놓치게 된다. 그뿐만 아니라 이 과정에서 부정적 믿음이 강화되었고, 심지어 힘이 더욱 세졌다.

더 나은 결과를 얻고 싶다면 더 나은 생각을 해야 한다. 당신의 초점을 조정해야 한다. 인정과 관심, 사랑을 받는다고 느꼈던 때로 초점을 맞춘다. 자신이 생각하는 본인의 결점이 아니라 가치에 집중하라. 불안이라는 오래된 씨앗을 새롭고 건강한 진실로 대체하라. 그러면 시나리오가 이렇게 달라진다.

부모 모임에 가입한 당신은 '나는 여기에 속하지 않아. 어울리지 않아. 사람들이 나를 싫어해'라는 생각이 든다. 이번에는 그 생각을 물리치기로 선택했다. 스스로에게 이렇게 물었다. '이 생각이 진실이야? 사실이야? 유익해? 아니야! 나는 이곳에 속한 사람이야. 무척이나 가치 있고 대단히 중요한 사람이야.' 자신의 초점도 조정하기로 했다. '내가 이 모임에 기여할 수 있는 점에 집중하기로 선택하자. 어떻게 다른 사람들과 좋은 관계를 맺을 수 있는지에 집중하기로 선택하자. 과거에 내가 인정과 관심, 사랑을

엄마의 멘탈 수업

받는다고 느꼈던 모든 순간에 집중하기로 선택하자.'

이러한 생각이 긍정적인 감정을 불러오고 이는 긍정적인 행동과 결과로 이어진다. 한번 생각해보길 바란다. 긍정적인 마인드셋을 가질 때 사람들과 친목을 다질 수 있고 부모 모임이 계속 유지될 가능성도 훨씬 커진다! 동반자와 보내는 금요일 저녁도 물론 좋지만 또래들과 어울리면서 《브리저튼》(19세기 초 리젠시 시대 영국을 배경으로 한 미국의 로맨스 드라마—편집자) 이야기를 나눈다면 곧장 두뇌 속 세로토닌과 도파민의 균형이 이뤄질 것이다!

스스로에게 들려주는 말을 바로잡는 것이 태도에 어떠한 영향을 미치는지 알겠는가? 자신감 있는 생각을 할 때 자신감 넘치는 태도를 선택하기가 훨씬 쉬워진다. 감사한 일을 생각할 때 감사한 태도를 갖기가 훨씬 쉽다. 이겨내겠다고 생각할 때 긍정적인 마인드셋을 갖기가 훨씬 쉬워진다.

좋은 점, 아름다운 점, 올바른 점에 계속 집중하면 긍정적인 생각들이 더욱 강해진다. 시간이 흐를수록 놀라운 일이 벌어진다. 과거에 당신의 불안을 자극했던 상황이 점차 그 힘을 잃는다. 스스로 더 건설적이고 고무적으로 변하는 모습을 발견하게 되고, 이런 변화는 점점 더 반사적으로, 더 적은 노력으로 가능해진다.

이번 장에서는 패배적이고 움츠러든 사고방식을 물리치는 방법을 배웠다. 생각은 그저 생각일 뿐이고 변할 수 있다. 이 변화는 당신의 선택으로 시작된다. 오늘부터 새로운 마인드셋을 만들어

가겠다고 흔쾌히 결정하길 바란다. 매일 긍정적인 태도를 선택하기로 결정하고, 부정적인 생각은 물리치고 좋은 점, 올바른 점, 아름다운 점에 자신의 초점을 맞춰서 생각을 훈련하자. 새롭고 긍정적인 마인드셋은 승리하는 태도를 불러오고, 당신은 인생의 모든 면에서 더욱 긍정적으로 변할 수 있다.

엄마의 멘탈 수업

· 쉬어 가기 ·

난이도 UP! 단어 찾기

엄마들이여, 잠시 쉬는 시간이다. 이 게임은 이번 장에서 생각과 마인드 셋에 관해 배운 내용을 다시 한번 새길 수 있도록 도와준다. 표에서 단어를 찾고 아래 문장을 완성해보자(정답을 도무지 모르겠거나, 시간적 여유가 없다면 이 책의 가장 마지막 페이지인 주석에서 답을 확인할 수 있다).[28]

아	장	마	유	생	장	힘	육	체	경
명	다	너	로	방	덤	지	반	력	혼
치	바	랑	람	별	달	현	다	생	결
유	그	림	바	합	미	재	통	과	경
문	을	종	경	로	사	실	바	기	고
태	누	덤	개	경	안	파	홍	쁨	민
체	북	민	이	태	도	자	각	옹	택
통	선	생	각	숨	전	려	친	절	교
택	다	진	공	함	꿈	두	영	려	장
눔	바	나	존	위	호	성	모	전	기

1. 의식적으로 새로운 생각을 떠올리기로 선택하고 노력하는 동안, 오래된 생각이 완전히 사라지기 전까지 오래된 생각과 새로운 생

각이 얼마간 _____ 해야 한다.

2. 간단하게 말해, 마인드셋은 정립된 _____ 다.

3. 긍정적인 마인드셋이 긍정적인 _____ 를 불러온다.

4. 긍정적인 감정을 자라게 하고 싶다면 긍정적인 _____ 을 심어
   야 한다.

5. 초점을 조정한다는 것은 큰 _____ 을 본다는 뜻이다.

6. 당신의 생각은 뉴런과 화학물질, _____ 신호로 이루어져 있다.

7. 감정은 _____ 이 아니다.

8. 긍정적인 태도를 키우는 일은 _____ 으로 시작되고 훈련으로
   지속된다.

엄마의 멘탈 수업

18장

생각
통제하기

생각을 통제하는 5단계 경로

한 장면을 머릿속에 그려보길 바란다. 아름다운 날이다. 오늘 하루 좋은 일이 일어날 것 같은 예감에 휩싸여 잠에서 깼다. 다른 가족들이 깨기 전에 가장 좋아하는 음료를 마시며 책을 읽으려고 평소보다 일찍 침대에서 나왔다. 머릿속이 맑다. 아이들도 무사히 등교시켰고, 기분이 상당히 좋은 상태다!

그때 갑자기 부정적인 생각 하나가 머릿속에 들어왔다. 쿵! 평온했던 마음이 순식간에 패닉에 접어든다. 도대체 무슨 일이 벌어진 걸까? 방금 당신은 생각이 당신을 통제하도록 허락했다. 하지만 바로 지금부터 생각의 통제력을 다시 회복할 수 있다. 이 장에서 생각이 당신을 통제하는 게 아니라 당신이 생각을 통제할 수 있도록 돕는 5단계 경로를 알려주겠다. 다만 그 전에 두뇌가 작동하는 방식에 관해 제법 놀라운 사실 하나를 이해하고 넘어가 야 한다.

생각이 처음 당신의 머릿속에 들어오면 이 생각을 바꿀 수 있 는 시간이 고작 24시간에서 48시간밖에 되지 않는다는 사실을 아는가? 새로운 신조어가 잠시 유행하다가 Z세대에게 버림받고 한물간 유행어가 되는 주기보다도 짧은 시간이다. 내 식대로 말 하자면, 생각은 순식간에 '구려'진다.

캐롤라인 리프 박사는 『누가 내 뇌의 스위치를 껐을까?』에서 이렇게 설명했다.

생각과 기존의 기억으로 만들어진 전기 정보는 두뇌 앞쪽(전뇌 기저부라는 영역으로, 눈 앞머리의 뒤쪽에 자리한다)으로 이동해 '휙' 하고 빠른 속도로 해마를 거쳐 의식에 자리한다. 해당 정보는 두 뇌에서 24시간에서 48시간 동안 머무는데, 같은 정보가 두뇌 앞 쪽으로 전달될 때마다 정보가 증폭된다.

여기서 증폭이란 생각이 굉장히 의식적이고 동요하거나 불안정 하다는 의미다. 다시 말해 변형이 가능하고 변할 수 있다. 사실 생각이란 반드시 변화해야만 한다. 생각의 과학적 원리를 따져 보면, 생각이 강화되든 일부 또는 전체가 변하든 변화는 반드시 일어나야 한다.[29]

엄마의 멘탈 수업

다시 말해 생각이 처음 머릿속에 들어온 후 우리는 그 생각을 자꾸 곱씹으며 생각을 강화할 수도 있지만, 위에서 언급한 시간 안에 스스로를 도와 그 생각을 거부하고, 평안함을 안겨주는 진실된 이야기로 대체할 수도 있다는 뜻이다.

이 증폭 과정을 유리하게 활용한 사례를 하나 보여주겠다. 그날 나는 옷을 입고 준비를 마친 뒤 아침 TV 프로그램을 진행할 스튜디오로 출발할 예정이었다. 두 딸은 등교한 후였고, 스튜디오로 출발하기 전 쓰레기를 도로에 내놓는 일만 남아 있었다. 진입로 끝에 다다랐을 무렵, 그만 발이 걸려 넘어지고 말았다. 바닥에 어찌나 세게 넘어졌는지 양손과 무릎에서 피가 나기 시작했다. 집으로 다시 돌아간 나는 내 처지를 한탄하며 워킹맘으로 사는 삶이 얼마나 힘든지, 쓰레기를 내놓는 일까지 모든 일을 전부다 해내야 하는 게 얼마나 피곤한지 온갖 부정적인 이야기를 스스로에게 풀어놓기 시작했다. '불쌍한 나'라는 생각이 내 머릿속을 잠식했고, 금방이라도 울음이 터질 것만 같았다.

그러다 나는 잠시 멈춰 스스로에게 이렇게 말했다. "데니즈, 네가 선택할 수 있어. 자기 자신을 계속 안쓰러워하기로 선택할 수 있고 아니면 오늘 하루를 가능한 한 멋지게 보내겠다고 선택할 수도 있어."

그 순간 나는 결정을 내렸다. 이미 지나간 일을 비관하는 대신 멋진 하루를 보내기로 결심했다. 스튜디오로 차를 몰며 나는 소리 내어 선언했다. "오늘은 정말 멋진 하루가 될 거고, 그 무엇도 날 가로막지 못해. 누구도 나를 막을 수 없어. 즐거운 하루를 보낼 거야. 비록 넘어져서 상처가 생겼지만 그 상태에 머물러 있지 않을 거야. 나는 이미 일어났고 멋지게 이겨냈어! 내 삶을 사랑해. 정말 멋진 아이들이 내 곁에 있어 감사하고, 나는 오늘 최고의 하루를 보내겠어!"

기분이 완전히 달라진 건 물론이고, 그날은 프로그램을 진행하면서 가장 즐거웠던 날로 남았다. 과장이 아니다! 내 생각을 바꾸자 하루가 달라졌다. 상황이 자기 대화를 그대로 반영해 긍정적으로 바뀌었다. 당신도 마찬가지다! 당신의 세상은 결국 당신이 자신에게 (비밀스럽게 또는 소리를 내서) 온종일 들려주는 이야기대로 펼쳐진다. 자신의 사고 체계를 통제하는 법을 배워야 하는 이유가 여기에 있다.

하지만 어떻게 할 수 있을까? 앞 장에서 새로운 생각의 씨앗을 심어 불안이란 오래된 생각의 씨앗을 몰아내는 법을 배웠다. 자신의 초점을 조정하기로 선택한다면 이 새로운 생각을 성장시킬 수 있다는 사실 또한 배웠다. 이 장에서는 생각에 대한 통제력을 회복하는 5단계 경로를 익혀서 앞에서 배운 기술을 더욱 발전시킨다. 생각에 대한 통제력을 회복한다면 일상에서 어떤 일이 벌어지든 생각이 당신을 통제하는 일은 일어나지 않는다.

엄마의 멘탈 수업

✦ 생각을 통제하는 5단계 경로

우선, 생각이 당신을 통제할 때 어떤 일이 벌어지는지부터 살펴보자. 새로운 정보에서 비롯된 생각이든 저장된 기억에서 떠오른 생각이든, 어떠한 생각이 머릿속에 등장한다. 당신은 이 생각을 곱씹거나 이야기하거나 일기에 쓰거나 심지어 소셜 미디어를 들여다보며 그 생각에 더욱 집중한다. 그러면서 생각을 강화한다. 생각은 더욱 강해지고 이로 인해 당신에게 (부정적이든 긍정적이든) 강렬한 감정이 촉발된다.

이제 그 생각이 당신의 감정을 관장하게 된다. 으악!

이제부터 5단계 경로를 따라가며 생각을 통제할 때 어떤 일이 벌어지는지 순서대로 살펴보겠다.

1. 생각이 머릿속에 등장한다. 그 생각은 새로운 정보에서 비롯될 수도, 저장된 기억에서 떠오를 수도 있다.

2. 그 생각을 수용할지 거부할지 결정한다. 스스로에게 이렇게 묻는다. "이것이 진실인가? 사실인가? 유익한가?" 그렇다면 생각을 수용한다. 아니라면 거부하기로 결정한다.

3. 진실을 밝힌다. 생각을 거부하기로 결정했다면 스스로에게 이렇게 묻는다. "실제로는 무엇이 진실인가?"

4. 진실에 초점을 맞춘다. 무엇이 진실인지 생각하거나 글로 적

거나 소리 내어 말하거나 이를 모두 실행한다면 진실에 집
중할 수 있다.

5. 부정적인 생각과 그에 따른 감정이 사라질 때까지 새로운 생
   각에 계속 집중한다.

생각을 통제할 때와 생각에 지배당할 때 가장 먼저 일어나는
일은 바로 생각이 머릿속에 등장하는 일이다. 이 일은 5단계 경
로에서 당신이 통제할 수 없는 유일한 단계다. 그다음부터 벌어
지는 일은 모두 당신이 통제할 수 있다. 이 5단계 경로가 실제로
어떻게 진행되는지 내가 쓰레기를 버리러 가다가 넘어졌던 상황
을 예로 들어 설명하겠다.

1. 생각이 머릿속에 등장한다. 그날 내 머릿속에 떠오른 생각은
   '내가 너무 불쌍해'였다.

2. 그 생각을 수용할지 거부할지 결정한다. 나는 거부하기로 결
   정했다. 내게 유익하지 않기 때문이다. 자기 연민을 느끼고
   싶지 않았다. 이 생각을 거부하기로 결정한 또 다른 이유는
   그 생각이 사실도 진실도 아니었기 때문이다. 나는 피해자
   가 아니었다. '내'가 넘어지는 바람에 이 모든 일이 벌어졌
   다. 그 사건을 두고 구구절절한 사연을 만들어가며 기분을
   더 나쁘게 만들 필요가 없었다.

엄마의 멘탈 수업

3. 진실을 밝힌다. 스스로에게 이렇게 물었다. "실제로는 무엇이 진실인가?" 그 질문에 이렇게 답했다. "오늘은 정말 멋진 하루가 될 거고, 그 무엇도 날 가로막지 못해. 누구도 나를 막을 수 없어. 즐거운 하루를 보낼 거야. 비록 넘어져서 상처가 생겼지만 그 상태에 머물러 있지 않을 거야. 나는 이미 일어났고 멋지게 이겨냈어! 내 삶을 사랑해. 정말 멋진 아이들이 내 곁에 있어 감사하고, 나는 오늘 최고의 하루를 보내겠어!"

4. 진실에 초점을 맞춘다. 이 말을 입 밖으로 소리 내어 말하면서 진실에 집중했다.

5. 부정적인 생각과 그에 따른 감정이 사라질 때까지 새로운 생각에 계속 집중한다. 차를 타고 일터로 향하는 동안, 그 진실을 계속 소리 내어 말했고, 이내 기분이 훨씬 나아졌다. 부정적인 생각들이 사라졌다. 내 생각을 통제한 덕분에 하루가 달라졌다.

생각을 지배하는 법을 배우는 일은 침착함을 유지하는 데(회복하는 데) 중요한 역할을 한다. 모두가 알다시피 하루, 한 주, 일 년을 지내는 동안 우리를 큰 혼란 속에 빠뜨리고 엄청난 스트레스를 주는 일들이 계속 벌어진다. 사소하지만 짜증스러운 일도 있다. 약속 시간이 코앞으로 다가왔는데 베이비시터가 일정을 어기는 바람에 데이트를 취소해야 하는 상황처럼 말이다. 묻지도 않았는데 낯선 사람이 당신의 양육 방식을 두고 한마디 하는 일도 있다. 아이들과 외출하기 위해 집을 나선 직후에 꼭 필요한 물건을 챙기지 않았다는 사실을 깨닫기도 한다. 이런 일들이 짜증스러울 수는 있지만, 자신의 생각을 통제하는 5단계 경로를 훈련할 훌륭한 기회가 되기도 한다. 생각을 통제하기 위해서 할 수 있는 일을 하면 작은 일에 조바심내지 않는 기술을 얻을 수 있다.

하지만 큰일은 어떻게 해야 할까? 살면서 벌어지는 일이 아주 중대하고 고통스럽게 다가올 때가 많다. 건강이 안 좋다고 진단받거나 아이가 크게 다치거나 일자리를 잃어서 당장 생계가 걱정된다면? 큰일이 벌어졌을 때는 용기를 내야 한다! 5단계 경로는 큰일이 벌어진 순간에도 내면의 평화를 회복하고 유지하도록 돕기 위해 만들어졌다.

✦ 제니퍼가 평정심을 찾은 사연

또 다른 사례를 들려주겠다. 5단계 경로를 활용해 삶에서 벌어진 '큰일'에 대처한 사람의 이야기다. 사생활을 보호하기 위해 사연 속 여성의 이름을 '제니퍼'로 바꿨고, 당사자에게 책에 사연을 싣는 것을 허락받았다.

엄마의 멘탈 수업

당시 제니퍼는 내 온라인 교육 과정을 듣는 학생이었다(해당 과정은 calmonline.denisemarek.com에서 확인할 수 있다). 수업에서 대화를 나누던 중 제니퍼는 내게 이런 이야기를 들려주었다. "아들과 며느리는 저와 좀 복잡한 관계예요. 이 교육을 받는 것도 그 때문이고요. 사실 저는 걱정이 많은 사람은 아니에요. 52살이 된 지금까지 살면서 걱정에 시달렸던 적이 없거든요. 그런데 3년 전부터 달라졌어요. 아들이 결혼한 후부터 걱정이 시작되었죠. 지금은 그 때문에 지속적으로 스트레스를 받는 상태예요."

그녀는 한숨을 내쉬고는 말을 이었다. "휴우우. 걱정은 정말 사람의 진을 빼놓는군요."

그녀는 아들이 아주 어린 나이에 결혼했으며, 며느리가 본인과 가족에게 잔인하게 굴어서 상처를 주는 것처럼 느낀다고 설명했다. 제니퍼는 살면서 며느리 같은 사람을 실제로 만나본 적이 없다고 토로했다. 그녀는 이렇게 말했다. "제 나이가 되면 굳이 그런 사람들을 내 삶에 들여놓지 않아요. 함께 어울릴 사람들을 제가 선택할 수 있으니까요. 만약 다른 형태로 만났다면 잘못된 느낌이 드는 순간 그 아이에게서 등을 돌렸을 거예요. 하지만 그녀는 제 아들과 결혼한 사람이니 제가 곤란해졌죠."

제니퍼는 아들과 아들의 딸(제니퍼의 손녀)과 관계가 끊어질지도 모른다는 생각 때문에 두려워하고 있었다. 큰 걱정거리였고 나는 진심으로 그녀를 돕고 싶었다. 그래서 CALM 프로세스의 두 번째 단계, '통제할 수 있는 일은 통제하라'를 바탕으로 제니퍼가 만든 행동 계획을 함께 살펴봤다.

- **그녀를 도와줄 상담가와 지지해줄 사람들을 찾아본다.**
- **관계에 대한 기대감을 낮추고 '있는 그대로' 수용한다.**
- **자신만의 영역을 확보하고 경계를 설정한다.**
- **아들과의 관계에 매달리지 않고 약간의 시간을 두고 지켜본다.**
- **아들에게 주 1회 손녀와 함께 자신의 집에 방문해달라고 요청한다.**

행동 계획을 읽어 내려가던 중 제니퍼는 말을 멈추고 노트에서 시선을 떼어 고개를 들었다. 그녀가 말했다. "다 읽기 전에 하고 싶은 말이 있어요. 예전에 저 자신을 향해 쓴 메모가 여기에 남아 있어서요. '예전에도 늘 계획을 세웠지만 누누이 실패했지. 그래서 두려워.'"

그녀가 두려움을 느끼는 건 당연했다! 새로운 영역이었으니까. 그녀는 모자 관계가 위협받고 있다고 느꼈고, 이 위협이 스트레스 반응에 신호를 보내고 있었다(1장에서 배운 스트레스 반응을 기억하는가? 이 두려움과 스트레스의 순간이야말로 5단계 경로를 이용해 생각의 통제력을 되찾을 때다!).

나는 제니퍼의 감정이 타당하다고 인정하는 말을 건넨 후 그녀에게 물었다. "과거에 세웠던 행동 계획과 CALM 프로세스를

엄마의 멘탈 수업

배운 후 세운 새로운 행동 계획에는 어떤 차이가 있나요?"

그녀는 곧장 답했다. "며느리와의 관계에 대한 기대감을 낮춘다는 거요." 그런 뒤 말을 이었다. "기대감을 낮춘다고 해서 앞으로 며느리와 아무런 관계도 갖지 않겠다는 건 아니에요. 언젠가 어느 정도 교류를 하게 되겠죠. 다만, 제 기대치가 굉장한 스트레스를 불러온다는 것을 깨달았어요. 저 자신에게 며느리와 아들 가족과 가깝게 지내야만 한다고 말하고 있었던 거예요. 며느리와 반드시 어떤 식으로 지내야 한다고 누가 정하나요? '이래야만 한다'라는 건 누가 정하는 건가요?"

아하! 이제야 문제의 핵심이 드러나고 있었다. 제니퍼의 생각에 정체를 유발하고 내면의 평화를 앗아가는 생각 말이다.

제니퍼가 처한 상황을 모두 파악했으니 이제 그녀의 근본적인 신념 체계에 5단계 경로를 어떻게 적용했는지 살펴볼 차례다.

1. 생각이 머릿속에 등장한다. 제니퍼가 알아챈 생각은 이것이었다. '며느리와 가깝게 지내야 한다.'

2. 그 생각을 수용할지 거부할지 결정한다. 제니퍼는 이 생각을 거부하기로 결정했다. 그녀는 며느리와의 관계에 대한 기대치를 조정하며 '해야만 한다'는 생각을 거부하고 관계를 '있는 그대로' 수용하기로 결심했다.

3. 진실을 밝힌다. 제니퍼는 이제 진실을 밝힐 수 있는 위치에

섰다. 그녀는 누구도 상대에게 변화를 강요할 수 없다는 사실을 인정하고 이렇게 말할 수 있다. "나는 성공적으로 건강한 경계를 설정할 수 있어. 내 아들에게는 다정한 엄마로, 손녀에게는 다정한 할머니로 계속 지낼 수 있어. 내 기대치를 견제하면서 며느리와의 관계를 열어둘 수 있어. 새 행동 계획을 끝까지 해낼 수 있어."

4. 진실에 초점을 맞춘다. 제니퍼는 과거 신념이 튀어나올 때마다 새로운 다짐을 소리 내서 말할 수 있다.

5. 부정적인 생각과 그에 따른 감정이 사라질 때까지 새로운 생각에 계속 집중한다. 제니퍼는 건강한 경계를 설정하고, 다정한 엄마이자 할머니라는 역할을 유지하고, 자신의 기대치를 견제하면서 며느리와의 관계를 열어놓는 데 자신의 생각을 집중했다. 그러고 나서 그녀가 느꼈던 스트레스와 걱정이 줄어들었다. 5단계 경로를 활용해 제니퍼는 내면의 평화를 회복했다.

CALM 프로세스의 첫 3단계를 짚어보고 마지막 단계인 '마음의 주인이 되어라'에 나온 전략을 적용한 후 나는 제니퍼에게 이렇게 물었다. "이 사건이 당신에게 벌어지는 일이 아니라 당신을 위해서 일어나는 일이라고 생각한다면 이 상황에서 어떤 좋은 점을 찾을 수 있을까요?"

엄마의 멘탈 수업

그녀는 이렇게 답했다. "언젠가 저와 비슷한 일을 겪고 있는 사람을 도울 수 있을 것 같아요. 도움을 베풀기 위해 제가 이런 일을 겪는 것 같기도 하고요. 며느리와의 관계가 아니더라도 자녀와 문제를 겪는 사람일 수도 있고, 지금 제가 느끼는 기분을 똑같이 경험하는 사람일 수도 있고요. 이 고통스러운 경험을 발판 삼아 누군가를 돕는 제 모습이 그려져요."

그녀가 말을 이었다. "사람들이 깊은 성장을 경험하는 계기가 기쁜 일이 아닌 경우가 대부분이죠. 우리는 비극과 아픔, 고통을 통해 성장합니다. 이렇게 힘든 경험들은 (생각의) 씨앗이 자라도록 흙에 뿌리는 물과 같아요. 그렇게 성장하는 거니까요. '카리브해에서 편안하게 휴가를 보내며 깊고 의미 있는 정서적 성장을 이뤘어'라고 말하는 사람들은 거의 없어요. 이렇게 말하죠. '끔찍한 일이 벌어졌지만 나는 잘 버텼고, 모든 일이 끝나고 나니 지식과 깊은 통찰을 얻었어'라고요."

바로 이것이 내가 말하는 전환이다! 전환을 통해 제니퍼와 며느리의 관계가 하룻밤 사이에 달라졌을까? 아니다. 하지만 전환을 경험하며 관계에 대한 제니퍼의 감정이 바뀌었다. 전환을 통해 제니퍼는 평안을 얻었다. 희망을 얻었다. 새로운 자기 대화를 나누고 변화한 제니퍼의 세상에 이제 그 성과가 드러날 것이다. 그때가 오기 전까지 제니퍼는 지속적인 스트레스 상태에서 벗어나 내면의 평화 속에서 그 시간을 보낼 수 있다.

당신은 어떠한가? 통제력을 다시 회복해야 하는 생각이 있는가? 생각에 집중함으로써 이 과정을 시작할 수 있다. 어쩌면 지금 당신은 마음속으로 스스로에게 이런 말을 하고 있을지도 모른다. '오늘 하루를 어떻게든 버텨보려고 노력하는 중이야! 양육은 너무 어려워. 이보다는 쉬워야 하는 거 아니야? 사는 게 너무 힘들어. 내가 잘 감당하지 못하는 것 같아.'

지금 당장 이런 생각을 바꿔라! 진실을 확언하기 시작하라. "당연히 잘 감당할 수 있어! 나는 강한 사람이야! 나는 지혜로운 사람이야! 그저 살아 있기에 사는 게 아니라 멋지게 살아갈 수 있어! 나는 압도당하지 않을 거야. 나는 이겨내는 사람이니까."

부정적인 생각과 그로 인한 감정이 사라질 때까지 이 진실한 생각에 집중해야 한다. 꾸준히 노력하며 이 전략을 실천한다면 패배적이고 움츠러든 사고방식에서 벗어날 수 있다. 자신의 생각에 대한 통제력을 가지면 더는 생각이 당신을 통제할 수 없다!

엄마의 멘탈 수업

CALM 엄마들의 행복한 빈칸 채우기

이번 장에서 배운 내용을 즐겁게 다시 한번 되새겨보자. 제시어를 보고
순서대로 빈칸을 채우며 아래의 목록을 완성하거나 다른 사람에게 제시
어를 제공해서 그들의 답변으로 빈칸을 채우면 된다. 또는 상대가 제시어
를 불러주고 당신이 답하는 방식도 가능하다! (이렇게 하면 나중에 완성될 이
야기를 슬쩍 보고 싶다는 유혹에서 벗어날 수 있다.)
이 게임을 할 수 있을 정도로 큰 아이가 있다면 자녀와 함께 해보자. 재미
는 물론이고, 어떻게 생각에서 격한 감정이 생겨나는지 대화를 시작할 수
있는 좋은 기회다. 생각에 지배당하지 않기 위해 생각을 통제하는 방법에
관한 이야기를 나눌 수도 있다. 자, 그럼 이제 게임을 시작해보자!

1. 매우 긍정적인 형용사 _____
2. 본인 이름 _____
3. 숫자 _____
4. 숫자 _____
5. 부정적인 감정 _____
6. 동사 _____
7. 패스트푸드 음식점 이름 _____
8. 명사 _____
9. 명사 _____
10. 명사 _____
11. 본인 이름 _____
12. 긍정적인 형용사 _____

4부 • 마음의 주인이 되어라

13. 동사 _____

14. 매우 긍정적인 형용사 _____

15. 명사 _____

16. 형용사 _____

17. 명사 _____

18. 동사 _____

19. 명사 _____

20. 19번과 동일한 명사 _____

21. 긍정적인 감정 _____

22. 신체 부위 _____

이제 당신이 적은 단어들로 아래의 이야기 속 빈칸을 채우자.

옛날 옛적, [1. 매우 긍정적인 형용사]인 한 엄마가 살고 있었다. 그녀의 이름은 [2. 본인 이름]이었다. 그녀에게는 아이가 [3. 숫자]명 있었고, 아이들은 모두 [4. 숫자]살이 안 되었다.

어느 날, 그녀는 대단히 [5. 부정적인 감정]에 휩싸였다. 지난 며칠 동안 늦게까지 [6. 동사] 했던 그녀는 또 한 번 [7. 패스트푸드 음식점 이름]에서 저녁 식사를 주문했다.

'나는 더 나은 [8. 명사]가 되어야 하는데.' 그녀는 이렇게 생각했다.

그 순간, 그녀는 자신의 [9. 명사]가 감정을 통제하고 있다는 것을 깨달았다. 생각의 통제력을 회복하기 위해 그녀는 엄마들을 위한 CALM 프로세스에서 배운 5단계 경로를 활용하기로 결심했다.

1. [10. 명사]가 머릿속에 등장한다. [11. 본인 이름]을 괴롭히는 생각은 '나는 [12. 긍정적인 형용사] 엄마여야 한다'는 것이었다.

엄마의 멘탈 수업

2. 그 생각을 [13. 동사]할 것인지, 거부할 것인지 결정한다. 이 [14. 매우 긍정적인 형용사]한 엄마는 자신이 할 수 있는 한 최선을 다한다는 것을 알고 있었고 [15. 명사]를 거부하기로 결심했다.

3. 진실을 밝힌다. 그녀는 "나는 [16. 형용사]하고, 상냥하고, 다정하며, 열심히 노력하는 [17. 명사]야"라고 확언했다.

4. 진실에 초점을 맞춘다. 진실에(을) [18. 동사]한 그녀는 자신이 잘하고 있는 모든 일을 깨닫게 되었다.

5. 부정적인 [19. 명사]와 그에 따른 감정들이 사라질 때까지 새로운 [20. 19번과 동일한 명사]에 집중을 계속한다.

   어느새 그녀는 [21. 긍정적인 감정]을 다시 한번 느끼기 시작했다. 감사한 마음이 [22. 신체 부위]에 가득 차오른 그녀는 이제부터 자신에게 '이렇게 해야만 해' '이렇게 되어야만 해' 같은 사고방식을 강요하지 않기로 결심했다.

19장

감정 조절하기

자기 파괴적 행동을 멈추고
정서적 고통을 끝내는 방법

스스로 정말, 진심으로, 간절하게 원했지만 목표(살을 빼거나, 아이
들에게 소리를 그만 지르겠다고 다짐하거나, 술을 끊는 등 당신이 성취하
려고 노력했던 일 등)를 달성하지 못한 이유가 궁금했던 적이 있는
가? 이는 성취하고자 하는 목표와 그에 따라 발생하는 스트레스
에 대처하는 전략이 완전히 상충했기 때문이다.

과식, 과소비, 약물 과다 복용 등 기분이 나아지기 위해 하는
일 대부분이 자신이 성취하고자 하는 바로 그 대상을 파괴하면
서 끝날 때가 많다. 걱정과 스트레스에 대처하는 현재 전략이 목
표를 없애버리고 오히려 더 큰 스트레스를 주고 있다면 도대체
왜 그런 전략을 끊어내지 못하는 걸까? 그 이유는 바로 위에 언

엄마의 멘탈 수업

급한 건강하지 않은 대응 기제들이 안도감을 주기 때문이다.

✦ 술에 관한 진실

음주라는 스트레스 대응 기제를 예로 들어보겠다. 음주가 얼마나 흔한 현상이 되었는지 육아의 고충을 덜기 위해 엄마들이 음주하는 현상을 가리키는 용어까지 생겼다. 바로 '엄마의 와인 문화mommy wine culture'라는 용어다. 조심해야 한다. 엄마의 와인 문화가 위험한 이유는 엄마들이 감정에 잘 대처할 수 없다는 잘못된 믿음을 조장하기 때문이다. 이런 믿음 때문에 알코올 의존 문제가 가볍게 다뤄지고 남용 위험이 더욱 높아진다. 또한 음주는 당신이 겪고 있는 문제를 더욱 악화한다. 문제에 맞서지 않고 그저 문제를 감추는 데 그치는 방법이기 때문이다.

한편 스스로 알코올 관련 문제가 있다고 생각한다면 죄책감이나 도움을 요청하기 부끄러워 느끼는 수치심은 저 멀리 뻥 차버리길 바란다. 대담하게 행동을 결심하고 의료진이나 인근 치료 프로그램을 찾아가야 한다. 중독을 이기는 데 도움이 필요하다고 해서 당신이 나쁜 엄마가 되진 않는다. 중독을 이기기 위해 도움을 요청하는 당신은 용감한 엄마다!

스트레스를 해소하기 위해 마신 알코올은 은밀한 방식으로 몸에 해를 끼치는데, 그중 하나가 수면 문제다. 여러 과학 연구를 통해 알코올이 수면에 영향을 미친다는 사실이 밝혀졌다. 수면 주기를 전반부와 후반부로 나누었을 때, 수면 전반부에는 알코올이 숙면을 유도하는 것처럼 보이지만 수면 후반부로 갈수록 얕은 수면이 이어진다. 이에 따라 휴식의 효과도 떨어진다.

수면이 조금이라도 부족하면 기억력과 판단력, 정서에 영향을 미칠 수 있다. 미국심리학회에 따르면 "많은 사람이 수면 시간과 질이 낮아질 때 스트레스가 높아진다고 보고했다. 충분한 수면을 취하지 못할 때 성인 21퍼센트가 더욱 스트레스를 받는 기분이라고 보고했다. 평소 스트레스 지수가 높다고 보고한 성인은 이보다도 상황이 안 좋았다. 그들 중 45퍼센트는 잠을 충분히 자지 못하면 더 스트레스를 받는 것 같다고 보고했다."[30] 결국 스트레스에 대처하기 위해 알코올을 마신다면 더욱 좋지 않은 결과가 돌아올 수 있다.

게다가 술을 마시면 미처 깨닫지 못하는 새 음식을 더욱 많이 먹게 된다는 사실이 입증되었다. 《더 트루스 어바웃》이라는 다큐멘터리 시리즈 가운데 '알코올' 편에서 대학 두 곳의 스포츠 팀이 맥주를 마시는 실험에 참가했다.[31] 참가자들에게는 알코올이 기억에 미치는 영향을 확인하는 시험이라고 설명했지만, 사실은 술을 마실 때 음식 섭취량이 늘어나는지를 확인하는 실험이었다. 두 스포츠 팀의 실험참가자 전원에게 각각 맥주 약 1리터를 제공

엄마의 멘탈 수업

하고 두 집단이 있는 공간에 각각 간식거리가 담긴 그릇을 두었다. 한편 참가자들 모르게 통제 집단의 맥주는 무알코올로 제공했다. 결과는 어땠을까? 알코올이 든 맥주를 마신 집단은 통제 집단과 비교해 1인당 300칼로리의 간식을 무의식적으로 더 먹었다. 알코올이라는 대처 전략의 역효과가 얼마나 큰지 이제 알겠는가?

건강하지 않은 대응 기제가 큰 안도감을 전해주는 만큼, 우리는 나중에 죄책감을 느낌에도 불구하고 스트레스를 받을 때마다 그 행동들을 반복한다. 이를 잘 보여주는 또 다른 사례로는 스트레스 섭식 사이클이 있다.

✦ 스트레스 섭식 사이클: 사이클에 갇히는 이유와 벗어나는 방법

이 책에서는 스트레스 섭식을 예로 들지만 과소비나 약물 과다 복용 등등 당신이 끊어내고자 하는 원치 않은 습관이 있다면 무엇이든 대입할 수 있다. 스트레스를 받을 때 하는 행동 중에서 자신에게 해가 되는 행동이 있는가? 스트레스 섭식의 일반적인 진행 단계를 살펴보는 동안 자신만의 문제 행동을 머릿속에 떠올려보길 바란다.

자, 이제 당신은 건강한 식습관을 실천하기로 (다시 한번) 마음 먹었다. 하지만 스트레스를 받아서, 압박감을 느껴서, 피곤해서, 아이들 때문에 마음이 괴로워서, 심지어 그저 심심하다는 이유로 도넛이나 컵케이크, 쿠키를 한두 개 정도, 어쩌면 12개나 먹어버리고 말았다. 잠시 마음에 안도감이 찾아온다. 하지만 그 안도감이 사라지면 이내 후회가 자리 잡는다. 후회는 더 큰 스트레스를 불러오고 당신은 컴포트 푸드(마음에 위안을 주는 음식―옮긴이)에 다시 한번 손을 뻗는다!

왜 이런 상황이 벌어지는 걸까? 오늘 어떤 음식을 먹을지 계획도 완벽하게 세워놨는데 말이다. 어제 당신은 내일은 반드시 계획을 지키겠다고 스스로에게 약속했다. 목표를 달성하겠다는 마음은 정말로 진심이었다. 그런데 대체 왜 멋지고 똑똑하고 성공적인 당신이 또 실수를 저지르고 말았을까?

이제부터 당신에게 그 비밀을 알려주겠다. 당신이 스트레스 등의 고통을 피하고(혹은 피하거나) 맛있는 간식을 먹는 즐거움을 얻고 싶어 하기 때문이다. 이 고통과 즐거움 원칙이 스트레스 섭식 사이클에 어떻게 적용되는지 살펴보자.

___ 1단계: 스트레스

아야! 아이들에게 몇 번이나 치우라고 말한 레고 조각을 밟고 말았다. 좀 전에 시댁 식구들로부터 집에 방문하겠다는 문자를 받은 차였다. 갑작스러운 방문을 삼가 달라고 딱 꼬집어 선을 그었는데도 소용없다. 어제 청소를 했지만 또 어질러져 있는 집을 바라보며 다른 사람의 뒷정리를 계속해야 하는 자신의 처지에 짜증이 올라온다. 스트레스가 쌓인다. 스트레스를 받으면 신체는 당신의 장기적 목표는 고려하지 않은 채 당장 그 고통을 무디게 만들기 위해 행동한다.

___ 2단계: 탐닉

당신은 고통을 줄이기 위해 설탕 같은 중독적인 음식을 먹고 싶은 생각이 들기 시작한다(음식 외에도 당신이 바꾸고 싶은 자신의 대응 기제를 대입할 수 있다). 자신이 좋아하는 컴포트 푸드를 떠올리다 보면(또는 눈으로 보다 보면) 본능적으로 그 음식에 손이 간다. 생존의 관점에서 그 음식을 먹으면 살고, 먹지 않으면 죽는다는 공식이 성립되었다.

무엇보다 초콜릿, 파스타, 빵 등 고탄수화물 음식이 컴포트 푸드로 불리는 데는 이유가 있다. 탄수화물은 두뇌 속 강력한 화학 물질인 세로토닌을 증가시킨다. 세로토닌은 우울감을 낮추고 쾌감을 느끼게 해주는 신경전달물질이다(걱정과 스트레스에 사로잡힐 때 가공 탄수화물에 끌리는 이유가 이 때문이다).

세로토닌 증가와 우리에게 깊이 내재된 스트레스에 대한 생존 반응 기제가 합쳐지며 강력한 식욕이 솟구친다. 음식을 향한 욕구가 의지를 자주 이긴다는 건 놀랄 일이 아니다. 이는 내 의지력이 약해서 일어나는 게 아니다. 생존 반응이 그만큼 강력하다는 뜻이다. 이 때문에 당신은 욕구에 굴복하고 음식을 탐닉한다.

___ 3단계: 안도감

탐닉에 빠져 있는 동안 무슨 일이 벌어질까? 당신은 안도감과 달콤한 위안을 느낀다. 좋지 않은가? 하지만 엄마들이여, 좋아하기엔 이르다. 그 순간에는 만족스러울지라도 그 안도감은 일시적이다. 연구를 통해 가공 탄수화물을 섭취하고 채 20분도 지나지 않아 좋은 감정이 사라진다는 사실이 밝혀졌다. 안도감이 서서히 잦아들면 음식이 고통을 피하는 데 도움을 주지 못했다는 사실을 깨닫는다. 오히려 다른 종류의 고통, 즉 후회의 고통을 불러온다.

___ 4단계: 후회

여기에 후회까지 더해지면 고통을 피하고 싶다는 욕망이 더욱 커진다. 당신의 몸은 고통을 무디게 하려고 다시 한번 행동을 개시한다. 당신은 악순환에 갇혔다는 것을 깨닫게 된다.

바로 이 때문이다! 당신이 목표를 이루기를 정말, 진심으로, 간절하게 원했지만 삐끗한 이유는 고통을 피하고 싶어 하거나 즐거움을 얻고 싶어 하거나 둘 다 원했기 때문이다. 이런 딜레마는 당신만 겪는 문제가 아니다.

엄마의 멘탈 수업

문제는 사람들이 기분이 좋아지려고 하는 많은 행동(술을 마시거나 돈을 쓰거나 약물을 복용하거나 컴포트 푸드를 먹는 등)이 스트레스와 걱정을 더욱 악화할 뿐만 아니라 일시적인 안도감만 전해준다는 데 있다. 컴포트 푸드를 먹으면 고작 20분 동안 안도감을 느끼고 술을 마시면 자신도 모르는 새 더욱 많은 음식을 먹게 되고 수면의 질도 떨어지는데, 안도감을 얻기 위해 다른 방법을 시도해보는 건 어떨까?

이 질문에 '좋아'라고 답했다면(부디 그랬길 바란다) 계속 읽어나가자. 나중에 후회할지도 모를 방식으로 먼저 반응하기에 앞서, 자신의 감정을 조절하는 법을 곧 배울 것이다.

✦ 감정을 조절하는 8단계 행동

이번에 배울 전략을 활용하면 자기 파괴적인 행동과 정서적 고통을 멈추는 데 더욱 유리한 위치를 차지할 수 있다. 일시적인 안도감만 가져다주는 건강하지 않은 대처 방법과는 다르게, 8단계 행동을 따라 감정을 조절한다면 훨씬 건전한 방식으로 더욱 오래 안도감을 지속할 수 있다. 이번에는 정말로 해낼 수 있다!

하루 동안 어떤 일이 벌어질지는 예측할 수 없다. 출근하려고 집 밖을 나서는 순간, 아이가 당신 옷에 토를 하기도 한다. 아이가 가게에서 떼를 쓰는 일도 있다. 이제 막 걷기 시작한 아이가 옷을 입지 않겠다고 고집을 부린다. 어쩐지 변덕이 더 심해진 10대 아이는 문을 쾅 닫아버린다. 이렇게 격렬한 감정에 휩싸이는 순간에 8단계 행동은 상황을 완전히 바꾸는 게임 체인저가 되어준다. 이 행동을 따른다면 나중에 후회할지도 모를 방식으로 반응하거나 임시방편에 손을 뻗기에 앞서 감정을 조절하고 내면의 평화를 되찾을 수 있다.

감정이 격해질 때면 임시방편으로 상황을 빨리 종료하고 싶은 충동이 대단히 강력해진다. 하지만 충동에 휩싸여 반응하기 전에 자신의 감정을 조절하는 편이 현명하다. 순간 격렬한 감정에 휩싸이게 된다면 8단계 행동을 적용해 감정을 조절할 수 있다(이 단계별 행동의 영문 요약본을 출력하고 싶다면 www.denisemarek.com/endemotionalsuffering을 방문하길 바란다. 요약본을 출력해서 냉장고나 욕실 거울 등 어느 곳이든 자유롭게 붙여놓고, 감정을 조절해야 할 때가 오면 이 요약본을 확인하길 바란다).

1. 멈춘다.

잠시 멈춰서 심호흡하며 신경계를 포함한 신체를 진정시킨다.

2. 감정을 관찰한다.

아래의 질문을 하며 자신의 감정에 주의를 기울인다.

- '10점 만점 척도(1=감정이 그리 격렬하지 않다, 10=감정이 매우 격렬하다)로 지금 내 감정의 강도가 어느 정도인가?'
- '지금 나는 어떠한 감정을 느끼고 있는가?'

자신의 감정을 관찰하는 과정에서 당신은 당신이 느끼는 감정 자체가 아니라는 사실을 명심해야 한다. 감정을 표현할 때 "나는 슬퍼" "나는 스트레스를 받았어"처럼 '나는 어떻다'라는 식의 화법을 피해야 한다. 대신 "나는 슬픔을 느껴" "나는 스트레스를 느껴"라고 말하는 것이 좋다.

3. 자신의 반응을 되돌아본다.

과거의 감정이 어떠한 반응을 불러왔고, 또 현재 어떠한 반응을 불러오고 있는지 생각하는 시간을 갖는다. 스스로에게 이렇게 묻는다.

- "이 감정이 과거에 어떠한 반응을 불러왔는가?"
- "지금 내 감정이 어떠한 반응과 선택, 행동을 불러왔는가?"
- "지금 내 감정이 불러온 행동 또는 반응은 무엇인가?"

4. 근원적인 신념을 밝힌다.

아래의 네 질문을 이용해 감정을 자극하는 믿음 또는 생각이 무엇인지 파헤치는 시간을 갖는다. 세 번째와 네 번째 질문은 앞의 두 질문과 거의 비슷하지만, 질문을 반복하는 의도는 당신이 근원적인 신념에 닿을 때까지 깊이 파고들도록 유도하기 위함이다. 스스로에게 이렇게 묻는다.

- "나 자신이나 상황, 주변 세상에 관해 내가 생각하거나 믿고 있는 진실은 무엇인가?"
- "내 생각 또는 믿음이 진실이라면, 내가 어떤 사람이라는 의미일까? 이것이 사실이라면 그 결과로 어떤 일이 벌어질까?"
- "나 자신이나 상황, 주변 세상에 관해 내가 생각하거나 믿고 있는 또 다른 진실은 무엇인가?"
- "만약 그것이 사실이라면, 나는 어떤 사람이라는 의미인가? 이것이 사실이라면 그 결과로 어떤 일이 벌어질 것 같은가?"

5. 진실을 확언한다.

이 전략은 앞서 잘못된 신념 체계를 바로잡고 부정적인 생각을 물리치고 끝내는 데 활용한 것과 같다. 감정을 조절할 때도 이 전략을 적용할 수 있다. 스스로에게 이렇게 묻는다.

- "그 잘못된 신념이 진실인가? 사실인가? 유익한가?"
- "실제로 무엇이 진실인가?" 무엇이 진실인지 생각하거나 글로 적거

엄마의 멘탈 수업

나 소리 내어 말하거나 이를 모두 행하며 진실을 확언한다.

6. 감정을 수용한다.

감정은 파도와 같다. 올라갔다 내려갔다 잠깐 머물다 사라진다. 자신이 원하는 감정을 붙들거나 원치 않은 감정을 억지로 밀어내지 말고 감정을 그저 수용하라. 평온함은 항상 돌아온다는 사실을 명심하길 바란다. 스스로에게 이렇게 확언한다.

• **"이 또한 지나가리라."**

7. 자신의 반응을 선택한다.

반응을 선택할 때, 무반응이 가장 좋은 반응일 때도 있다는 것을 기억하길 바란다. 스스로에게 이렇게 묻는다.

• **"내 감정을 자극하는 상황에서 어떠한 반응을 보이는 것이 최선인가?"**

8. 자신의 초점을 감사함으로 전환한다.

자신이 감사함을 느끼는 일들에 초점을 맞추면 기분이 나아지고, 덕분에 감정이 이전보다 진정될 수 있다. 스스로에게 이렇게 묻는다.

• **"내가 감사하게 여기는 일 세 가지는 무엇인가?"**

양육을 할 때 당신에게 특정한 감정을 불러일으키는 가장 큰 요인은 무엇인가? 식사 시간인가, 아이의 행동인가 아니면 수면 패턴인가? 감정이 격렬해질 때 당신은 보통 어떻게 반응하는가? 반응하기에 앞서 깊이 심호흡하는 자신의 모습이 그려지는가? 이 단계별 행동을 따르는 모습이 그려지는가? 단계별 행동이 실제 상황에서 어떻게 적용되는지 보여주겠다.

✦ 린지와 브리애나의 엄마(내가 맞대!)가 평정심을 찾은 사연

'이거다!' 거울을 들여다보며 생각했다. '내가 꿈꾸던 신부 엄마 드레스가 바로 이거야.'

몇 달 후면 딸 린지가 결혼할 예정이었고(엄마의 인생에서 상당히 중요한 일이었다) 그 중대한 행사에서 입을 만한 드레스를 드디어 발견했다. 다만 한 가지 문제가 있었다.

점원(에너지 넘치는 배우 셸마 헤이엑을 떠올리게 하는 외모였다)이 탈의실 밖에서 외쳤다. "어떠세요?" 그녀는 잔뜩 기대에 찬 목소리로 물었다.

"너무 마음에 들어요. 그런데 사이즈가 안 맞네요." 내가 답했다.

그때 예고도 없이 '셀마'가 우리 둘 사이를 막고 있던 하얀색 커튼을 벌컥 걷으며 자신 있게 선언했다. "제가 그 드레스를 입게 해드릴게요!" 그녀가 내 뒤에 서서 지퍼를 올리려 씨름하는 동안, 내게 젖 먹던 힘까지 써서 배를 집어넣으라고 지시한 뒤 양손으로 흉곽을 꽉 누르게 했다. 마침내, 드르르르륵.

지퍼가 잠겼다! 생각했다. '드레스가 맞아!'

(뭐, 맞긴 했다. 신데렐라의 이복언니가 유리 구두에 발을 욱여넣은 것처럼 들어가긴 했지만!)

나는 활짝 웃으며 새 드레스를 입고 빙그르르 돌았다. "이 드레스예요." 내가 말했다. "이 옷으로 할게요." 값을 치르는 동안 점원에게 말했다. "식전에 몇 킬로그램 빼야 할 것 같아요. 살이 좀 빠져도 드레스가 괜찮겠죠?"

점원은 신용카드를 내게 돌려주며 말했다. "살을 빼는 건 문제가 없는데 살이 찌면 안 돼요."

그래서 내가 살을 뺐을까? 아니다. 사실은 여름 동안 몇 킬로그램이 늘고 말았다. 결혼식 6주 전에 드레스를 다시 한번 입어보자 지퍼가 올라가지 않았다. 배를 아무리 집어넣어도, 흉곽을 아무리 밀어 넣어도, 지퍼를 아무리 올려봐도 지퍼가 닫히지 않았다.

'좋아. 결혼식까지 아직 6주가 남았잖아. 괜찮아. 심호흡하자.

이제부터 식단을 지키면 돼. 괜찮을 거야.'

예전에 효과를 본 식단을 지킨 지 2주가 흘렀고, 나는 체중계 위에 올라갔다.

'뭐야? 몸무게가 하나도 안 줄었어?'

나는 욕실 문을 쾅 닫았다(참고로 나는 원래 문을 세게 닫는 사람이 아니다). 그 순간 말도 못할 정도로 화가 났다. 나 자신에게 말이다. 체중계와 내 몸에도 화가 났다. 패닉에 빠지기 시작했다.

화가 나거나 패닉에 사로잡히거나 이성을 잃거나 언짢거나 상처를 받았거나 상심에 빠졌다면, 나중에 후회하게 될 순간적인 반응을 내보이기에 앞서 8단계 행동으로 감정을 조절하길 바란다. 패닉에 사로잡혔던 그날, 내가 단계 행동을 어떻게 활용했는지 들려주겠다.

1. 멈춘다.
먼저 나는 깊고 차분하게 호흡했다.

2. 감정을 관찰한다.
그런 뒤 몇 가지 질문을 통해 내가 어떠한 기분을 느끼는지 주의를 기울이고 감정을 관찰했다.

• "10점 만점 척도(1＝감정이 그리 격렬하지 않다, 10＝감정이 매우 격렬하

엄마의 멘탈 수업

다)로 지금 내 감정의 강도가 어느 정도인가?" 10점이라고 할 수 있을 것 같았다. 심장이 세게 뛰고 온갖 생각이 뒤섞여서 정신이 없었다.

- **"지금 나는 어떠한 감정을 느끼고 있는가?"** 화가 나고 두려웠다. 잠깐! 나는 감정 그 자체가 아니므로 고쳐 말해야 한다. 나는 분노와 두려움을 느끼고 있었다.

3. 자신의 반응을 되돌아본다.

과거 이 감정이 어떠한 반응을 불러왔고 또 현재 어떠한 반응을 불러오고 있는지 생각해보는 시간을 가졌다.

- **"이 감정이 과거 어떠한 반응을 불러왔는가?"** 예전에도 이렇게 통제가 불가능한 감정 때문에 섭식 장애와 극단적인 다이어트에 빠졌었다.
- **"지금 내 감정이 어떠한 반응과 선택, 행동을 불러왔는가?"** 갑자기 문을 쾅 닫아버렸다.
- **"지금 내 감정이 불러온 행동 또는 반응은 무엇인가?"** 사자처럼 집 안을 어슬렁거리며 뭘 먹어야 기분이 나아질지 생각하고 있다. 폭식한다고 해서 내 정서적 고통이 나아지지 않으리라는 걸 알면서도 말이다.

4. 근원적인 신념을 밝힌다.

내 감정을 자극한 근원적인 믿음과 생각을 파헤치기 위해 깊이 파고들었다.

- **"나 자신이나 상황, 주변 세상에 관해 내가 생각하거나 믿고 있는 진실은 무엇인가?"** 나는 내 몸을 통제하지 못하는 사람이라는 믿음.
- **"내 생각 또는 믿음이 진실이라면, 내가 어떤 사람이라는 의미인가? 이것이 사실이라면 그 결과로 어떤 일이 벌어질까?"** 나는 결코 살을 뺄 수 없는 사람이고, 결국 드레스를 입을 수 없을 거라는 생각.
- **"나 자신이나 상황, 주변 세상에 대해 내가 생각하거나 믿고 있는 또 다른 진실은 무엇인가?"** 나는 볼품도 없고 실패자라는 생각.
- **"만약 그것이 사실이라면, 내가 어떤 사람이라는 의미인가? 이것이 사실이라면 그 결과로 어떤 일이 벌어질 것 같은가?"** 다른 사람들에게서 관심이나 사랑을 받지 못할 거라는 믿음.

이쯤에 이르자 마음이 점차 진정되기 시작했다. 내 패닉과 분노의 원인이 사실 몸무게가 아니었음을 깨달을 수 있었다. 맞지 않는 드레스가 과거의 상처(그리고 불안의 씨앗)를 자극한 것이다. 어렸을 때 나는 체중 때문에 괴롭힘을 당했다. 어린 시절에 아이들이 나를 불렀던 별명이 너무 잔인했던 나머지, 나는 거부당했으며 외톨이인 데다가 사랑받을 가치가 없는 사람이라고 느꼈다.

엄마의 멘탈 수업

이번 드레스 사태로 과거에 경험했던 트라우마가 수면 위로 올라왔다. 내가 이번에 느낀 정서적 고통이 내게 아직 치유되지 못한 정신적·정서적 상처가 남아 있다는 증거였다.

이 글을 읽는 몇몇 독자도 어쩌면 과거의 어떤 일로 나와 비슷한 기분을 느낄지 모른다. 타인의 입에서 나온 가혹한 말이 스스로를 바라보는 시각을 형성한 것이다. 사람들이 당신에게 또는 당신에 관해 어떠한 말을 오랫동안 하면 당신은 그 말이 진실이라고 믿기 시작한다. 그렇게 시간이 지나 스스로에 대한 어떠한 부정적인 믿음이 형성된다. 그 믿음은 고정관념이나 윗세대, 실패와 과거의 실수들로 형성되기도 한다. 그러다 보면 어느 순간에 그것이 진짜 자신의 모습이라고 믿게 된다. 당신의 정체성에 관해 당신이 믿어온 거짓말들이 이내 당신을 가두는 감옥이 된다. 하지만 자신의 진정한 정체성을 깨닫고 나면 그 감옥에서 곧장 걸어 나올 수 있다. 당신의 진짜 모습은 무척이나 가치 있고 대단히 중요한 사람이다. 당신이 무엇을 하든 (또는 하지 않든) 그 사실은 변하지 않는다!

5. 진실을 확언한다.

위의 질문에 답을 하고 내 감정 저변에 자리한 신념을 깨닫고 나자 마음이 한결 나아졌고 진실을 확언하기 더욱 나은 상태가 되었다.

- **"그 잘못된 신념이 진실인가? 사실인가? 유익한가?"** 아니다. 진실이
아니다. 사실도 아니다. 유익하지도 않다.

- **"실제로 무엇이 진실인가?"** 나는 가치 있고 중요하며 사랑받는 사람
이라는 것이다. 체중계 위에 어떤 숫자가 찍히든, 내가 어떤 드레스를
입든, 내 생일 케이크 위에 초가 몇 개나 꽂히든, 그 무엇도 나라는 사람
에 대한 진실을 바꿀 수 없다.

당신도 마찬가지다. 당신은 사랑과 용서를 받을 자격이 있고 관
심과 수용, 축복을 받은 사람이다. 당신은 자격이 있고 가치가 있
는 사람이다. 이것이야말로 당신이 확언해야 할 위대한 진실이다!
이 진실을 확언하면 시간이 지날수록 이 이야기들이 당신의 생각
에 영향을 미치고, 새로운 생각에 맞춰 감정 또한 변할 것이다.

6. 감정을 수용한다.

진실을 확인하고 나자 더는 분노도, 패닉도 느껴지지 않았다.
딸의 결혼식에 입을 드레스를 새로 찾아야 할지도 모른다는 생각
에 약간의 실망감을 느꼈지만, 그래도 괜찮다. 내가 느끼는 감정
(그리고 당신의 감정)은 타당하다. 물론 실망스러웠다. 그 드레스가
정말 마음에 들었고 그 드레스를 입을 생각에 신이 나 있었으니
까. 하지만 실망감을(그 어떤 감정이든) 느껴도 괜찮다. 괜찮지 않
다고 느껴도 괜찮다. 당시 나는 실망감을 물리치려 애쓰지 않고

엄마의 멘탈 수업

내가 느끼는 감정을 있는 그대로 수용했다. 평온함은 항상 돌아 온다는 사실을 상기하며 이렇게 말했다.

- **"이 또한 지나가리라."**

감정을 수용하는 지금 이 단계에서 행복에 관한 오해를 짚고 넘어가야겠다. 이 오해로 인해 우리는 항상 행복을 느껴야 하고 행복을 느끼지 않는다면 무언가 잘못되었다는 믿음을 갖게 되었 다. 완전히 잘못된 생각이다.

엄마가 되는 경험은 선물이다. 놀라운 경험이다. 마치 기적과 도 같으며 숨을 멎게 하고 경외심을 불러일으키는 경험이다. 하 지만 동시에 복잡하고 골치 아프고 가슴이 미어지고 도전적인 경 험이기도 하다. 이런 이유 때문에 아이를 키우면 행복과 슬픔을 동시에 느낀다. 축복을 받은 듯한 기분을 느낄 때도 있지만 스트 레스를 받는 순간도 분명히 있다. 인내심을 발휘하는 순간과 초 조함을 느끼는 순간이 있다. 스스로 마치 환자가 된 것 같은 기분 을 느끼는 초보 엄마 시절도 있다. "선생님! 제가 아이 시리얼에 오렌지 주스를 붓고 제 커피에는 소금을 넣었는데요. 아, 정상이 라고요? 월요일에는 원래 컨디션이 안 좋은 거라고요? 제가 감옥 에 갈 형편없는 사람이 아니라고요? 감사합니다."

모든 감정을 느껴라. 감정은 파도와 같아서 올라갔다 내려가고 잠깐 머물다 사라짐을 기억하라. 우리 모두에게 적용되는 이야기다. 자신이 원하는 감정을 붙들거나 원치 않은 감정을 억지로 밀어내지 않고 감정을 그저 수용하라.

7. 자신의 반응을 선택한다.

단계별 행동 가운데 벌써 여섯 가지를 수행하고 나자, 내 반응을 선택할 차례가 되었다. 무반응이 좋은 반응일 때도 있다는 사실을 떠올리며 아래의 질문에 답했다.

- **"내 감정을 자극한 상황에서 어떠한 반응을 보이는 것이 최선인가?"**
  내게 너무 작은 드레스에 억지로 몸을 맞추기 위해 극단적인 다이어트라는 괴로움 속으로 자신을 몰아 넣는 일은 더는 하지 않겠다. 이는 해결되지 못한 어린 시절의 트라우마에서 비롯된 욕구였다. 대신 고급 의류 수선 가게에서 가장 좋아하는 재단사를 찾아가 드레스를 늘릴 수 있는지 물어보겠다. 그게 어렵다면 내 몸에 맞는 새 드레스를 사서 결혼식 때 입으면 된다.

8. 자신의 초점을 감사함으로 전환한다.

마지막으로 내가 감사하게 여기는 일들을 떠올리며 기분을 개선하기로 결정했다.

엄마의 멘탈 수업

• **"내가 감사하게 여기는 일 세 가지는 무엇인가?"** 내 딸을 무척이나 사랑해주는 훌륭하고 다정한 남자와 딸이 결혼하게 되어 감사하다. 신부의 엄마로 함께하고 내 딸이 결혼하는 모습을 지켜볼 수 있어서 감사하다. 드레스를 수선하거나 새 드레스를 구매할 경제적 여유가 있어서 감사하다.

수선 가게로 차를 몰던 나는 내가 내린 선택에 마음이 편안해졌다. 드레스 수선이 가능할 수도 있고 새 드레스를 사야할 수도 있다. 힘들게 다이어트 식단을 다시 지킨다거나 내 결점에 자책할 필요는 없었다. 페르난다는 수선할 방법이 있는지 확인하기 위해 내게 드레스를 입어달라고 요청했다. 마지막 시도였고, 그녀도 지퍼를 올릴 수 없었다.

"지퍼를 채울 수 없네요." 그녀가 말했다. "그래도 늘릴 수 있겠어요. 솔기에 여분의 원단이 충분해요. 수선한 티도 나지 않을 거예요." 정말 그랬다. 그녀가 완벽하게 수선한 드레스는 내 몸에 꼭 맞았다. 전에는 내 몸이 잘못되었다고 생각했었다. 알고 보니 지금껏 문제가 된 건 내 신념 체계였다.

8단계 행동이 어떤 과정을 통해 패닉을 평온함으로 전환했는지 잘 보았는가? 당신이 주워 담을 수 없는 말을 내뱉기 전에 이 단계별 행동을 이용해 분노를 잠재우고 침착함을 다시 되찾을 수 있겠는가? 이 단계별 행동이 두려움이나 좌절감이 아니라 사랑에서 비롯한 좋은 선택을 내릴 수 있도록 돕는다는 것을 이해했는가?

8단계 행동을 따르면 감정이 좀 더 중용의 범위 안에 자리하게 된다. 감정이 이 범위에 머물러야 충동적으로 반응하지 않고 사려 깊게 대응하기 훨씬 수월해진다. 현명한 선택과 행동은 감정이 극단적으로 강하거나 약할 때가 아니라 이 중용의 범위에 있을 때 가능해진다.

감정을 조절하고 정서적 고통에서 벗어나는 데는 훈련이 필요하다. 하지만 연습하다 보면 얼마 지나지 않아 정신력 올림픽에 출전하는 사람처럼 고통의 운동장을 빠르게 달리고 부정적인 생각의 허들을 마구 뛰어넘고 있을 것이다. 그나마 올림픽이 4년에 한 번 열린다는 사실이 얼마나 다행인지!

엄마의 멘탈 수업

20장

말
길들이기

목소리가 지닌 힘으로 내면의 평화를 되찾기

친구가 토론토에서 진행하는 세미나에 참석한 적이 있다. 세미나가 끝난 뒤 나는 친구와 대화를 나누려고 세미나장 앞으로 걸어갔다. 청중이었던 한 남성도 친구와 대화를 나누려고 다가왔다. 셋이 함께 이야기를 나누던 중, 그 남성이 친구에게 물었다. "몇 개월 되셨어요?"

친구는 임신하지 않았다고 설명했다. 그 남성이 자리를 떠난 후 친구는 나를 돌아보며 믿을 수 없다는 표정을 지었다. "내가 들어본 작업 멘트 중에 가장 이상했어!"

정말 정제된 화법이 아닌가? 당신이라면 같은 상황에서 어떻게 반응하겠는가? 자신의 외모나 입고 있는 옷이나 그 남성에 관해 부정적인 말을 했을 것 같지 않은가? 내 친구는 부정적인 말은 단 한 글자도 내뱉지 않았다.

오래전에 나도 비슷한 경험을 했지만 나는 이렇게 멋지게 넘어가지 못했다. 14장에서 린지를 출산하고 며칠 지나지 않아 한바탕 유선염을 앓았던 이야기를 했다. 그로부터 2주 후 나는 초음파 추적 검사를 받으러 홀로 병원에 갔다. 할머니가 아이를 봐주기로 하셨다. 할머니가 예정보다 일찍 와주신 덕분에 아이가 태어난 후 처음으로 하는 혼자만의 외출을 앞두고 샤워를 한 후 말끔한 옷으로 차려입었다.

병원에 도착했다. 로비에서 한 남자가 나를 스쳐 지나갔다. 유도 분만을 하러 두 차례 병원에 왔을 때 내 휠체어를 밀어준 관리인이었다. "안녕하세요." 그가 인사했다. "아직도 출산을 못 하셨나 봐요."

으악! 그 자리에서 사라지고 싶었다. 그의 말을 못 들은 척하고 반대 방향으로 향했다. 관리인의 말을 듣기 전까지만 해도 나는 나 자신에게 만족하고 있었다. 그의 말이 내 마음속 불안의 씨앗을 건드렸다. 당시 나는 생각의 힘을 미처 알지 못했고, 생각을 어떻게 통제해야 하는지도 몰랐다. 지금 아는 것을 그때도 알았더라면 감정을 진정시키고 부정적인 생각을 이렇게 전환할 수 있었을 텐데. '당연히 아직 배가 나왔지. 출산한 지 얼마 안 됐잖아. 내 경이로운 몸에서 사랑스러운 아기가 태어났다고. 엄마가 되어

엄마의 멘탈 수업

서 얼마나 감사한지 몰라.' 이런 생각을 했다면 확실히 내면의 평화를 회복하는 데 도움이 되었을 것이다.

대신 나는 병원에서 집으로 돌아오는 내내 자책감에 휩싸였다. 나중에는 퇴근한 남편을 붙잡고 내 외모에서 마음에 들지 않는 부분을 모두 읊으며 불만을 쏟아냈다. 그것도 꽤 오랫동안. 하지만 전혀 도움이 되지 않았다.

마음에 들지 않거나 가지지 못한 것, 문제가 있거나 제대로 돌아가지 않는 것처럼 느껴지는 모든 일에 관해 이야기하는(즉, 불평하는) 것은 열심히 노력해서 심은 긍정적인 생각의 씨앗을 삽으로 파내는 것과 같다. 당신의 목소리는 잠재의식에 굉장한 힘을 발휘한다. 당신의 마음은 그 무엇보다 당신이 들려주는 이야기를 그대로 믿는다. 자신의 목소리로 하는 생각은 더욱 커지고 강해진다. 당신의 말은 잠재의식에 깊은 인상을 남기고 결국에는 그 말들이 당신의 마음을 지배한다.

당신이 하는 말에는 굉장한 힘이 있다. 이 힘을 이용하면 내면의 평화를 회복할 수 있다. 그러기 위해서는 말을 길들여야 한다. 말을 길들인다는 것은 자기 자신과 타인, 자신이 처한 상황, 자신의 삶에 대해 긍정적으로 이야기하는 것이다. 자기 자신과 타인, 자신이 처한 상황, 자신의 삶에 대해 부정적으로 이야기하지 않는다는 뜻도 된다. 머릿속에 어떠한 생각이 떠오를지 항상 선택할 수 있는 건 아니지만, 사용하는 말은 선택할 수 있다.

쉽지 않다는 걸 잘 안다. 하지만 분명 가능한 일이고 당신이 할 수 있는 일이다! 말을 길들이는 데 도움이 될 몇 가지 전략을 소개하겠다. 우리가 함부로 툭 내뱉는 말에는 무엇이 있고 또 이를 어떻게 고쳐야 할지부터 살펴보자.

✦ '툭 내뱉는' 말을 포착하고 바로잡기: 우리 아이들이 듣고 있다!

"너무 피곤해." 우울한 화요일 오후, 내 새빨간 쉐보레 캐벌리어 차를 몰고 집으로 향하던 나는 큰 한숨을 내쉬며 말했다.

그때 뒷좌석에서 울리는 작은 목소리에 순간 정신이 번뜩 들었다. "아니야. 엄마는 안 피곤해. 엄마는 힘이 넘치고 기분도 좋아!"

생각에 잠겨 있느라 잠시 딸들이 뒷좌석에 앉아 있다는 사실을 깜빡하고 말았다. 엄마들이여, 조심해야 한다. 아이들이 듣고 있다!

그 작은 목소리의 주인은 내 딸 린지였다. 당시 린지는 아홉 살이었다. 나는 아이들에게 입 밖으로 소리 내어 확언하고 다짐하는 말에 유의하라고 항상 가르쳤다. 그런데 이제는 내가 아이들에게 실수를 지적당하고 있었다.

백미러로 아이의 작은 얼굴을 쳐다보며 말했다. "린지 말이 맞

엄마의 멘탈 수업

아! 엄마는 벌써 힘도 넘치고 기분도 좋아졌어!"

　말을 길들인다는 것은 이런 것이다. 입 밖으로 내뱉는 말에 주의를 기울이고 잘못된 생각을 포착하고 바로잡는 것이다. 자신의 감정을 인정하지 않거나 무시하라는 이야기가 아니다. 자신의 감정을 인정하고 욕구를 살피고 자기 자신을 돌보는 일은 중요하다. 상담사나 친한 친구에게 자신의 감정을 털어놓으며 도움을 구하거나 위안을 얻거나 무엇을 할 수 있을지 아이디어를 모으고, 다른 부모들과 대화를 나누며 비슷한 감정을 느끼는 사람이 나뿐만은 아니라고 서로 공감하고 도움을 주고받는 일은 현명하다. 이러한 대화는 유익하고 긍정적이며 꼭 필요하다. 어떤 순간에도 자신의 감정에 솔직해야 한다.

　다만 '툭 내뱉는' 말을 경계해야 한다. 내 생각과 감정, 인생에서 성취하고 싶은 일과 완벽하게 어긋나지만 습관처럼 나오는 말과 발언들 말이다. '나는 걱정이 너무 많아' '내 차가 너무 싫어' '너무 피곤해' 같은 표현들이다. 곤도 마리에(세계적인 정리 컨설턴트이자 베스트셀러 작가―옮긴이)의 논리를 따르자. 당신이 부정적으로 이야기하는 말이 당신에게 설렘을 주는가? 아닌가? 그렇다면 삼각형으로 접어 돌돌 말아 거리에 내놓고 삶에서 지워버리자. 그래도 책은 30권 이상 소장하도록 허락하겠다(곤도 마리에는 개인 장서를 30권 미만으로 유지하는 것이 이상적이라고 밝혔다―옮긴이).

　차 안에서 "너무 피곤해"라고 말했을 때 사실 나는 그렇게까지 피곤하지 않았다. 그건 우중충했던 화요일 오후처럼 조금 나른한 기분이 들 때 그냥 하는 말 중 하나였다. 그 말이 나쁜 습관으로 자리 잡았다. "엄마는 벌써 힘이 넘치고 기분이 좋아졌어"라고 소리 내어 말하자 내 안에 다른 생각과 기억들이 떠올랐다. 그리고 나는 실제로 힘이 넘치고 기분이 좋아지기 시작했다.

상대가 사용하는 말을 보면 그 사람의 사고 체계에 대해 많은 것을 알 수 있다. 말은 우리의 생각과 신념을 반영한다. 말이 지닌 힘을 그리 깊게 생각하지 않고 쉽게 내뱉는 순간이 너무나도 흔하다. 우리가 매일 사용하는 말은 (긍정적이든 부정적이든) 삶에 영향을 미치는 자기 확언이나 다름없다.

확언은 곧 선언이다. 당신이 "오늘 하루를 즐겁게 보낼 거야! 나는 매사에 감사함을 느껴! 세상에는 기회가 무척 많고 그 기회들이 내게 오고 있어"라고 말할 때 이것은 확언이다. 당신이 "제대로 되는 일이 하나도 없어. 나는 걱정이 너무 많아. 나는 돈도 없고 성공도 못할 거야"라고 말하는 것도 모두 자기 확언이다.

당신이 습관적으로 내뱉는 부정적인 말이 있는가? 툭 내뱉는 말에 주의를 기울여야 한다. 그런 말이 다시금 튀어나오려 할 때면 이를 대단히 멋진 기회라고 여기자. 이 순간은 당신의 잠재의식에서 활동 중인 부정적인 생각을 파악할 수 있게 해준다. 툭 내뱉는 말을 인지한다면 이를 바꿀 기회도 생긴다. 말을 바꾼다면 부정적인 생각이 더는 은밀하게 당신의 머릿속을 조종하지 못하

엄마의 멘탈 수업

도록 막을 수 있다. 멋지지 않은가?

자신의 감정을 인정하고 자신의 욕구를 따라 행동한 다음, 자신을 긍정적으로 설명해보자! 당신이 소리 내어 말할 수 있는 '나는 ○○이다'라는 형태의 긍정적인 문장은 어떤 것들이 있을까? 몇 가지 예시를 소개하겠다.

나는 자신감 넘친다.	나는 놀라운 존재다.
나는 여유롭게 이긴다.	나는 번영한다.
나는 사랑받고 있다.	나는 성공한다.
나는 이겨낼 수 있다.	나는 재능이 넘친다.
나는 보호받고 있다.	나는 건강하다.
나는 축복받았다.	나는 에너지가 넘친다.
나는 용서받았다.	나는 강인하다.
나는 인정받고 있다.	나는 관대하다.
나는 승리한다.	나는 가치 있다.
나는 자유롭다.	나는 지혜롭다.
나는 멋지게 살아간다.	나는 감사하는 마음으로 가득 차 있다.

자신의 삶을 진실하고 긍정적으로 확언하기 시작하면 부정적인 생각이 점차 옅어진다. 모든 생각, 즉 습관적인 생각까지도 달

라질 수 있다. 긍정 확언은 새로운 사고 체계를 구축하고 마음을 새롭게 하도록 도와준다. 이러한 변화는 당신의 삶 면면에 대단한 영향을 미친다.

'하지만 그 결과가 너무 늦게 오면 어떡하지?'라는 생각이 들기 시작한다면 틈을 조심해야 할 때다.

✦ 틈을 조심하기: 승리를 선언하고 의심을 이겨내기

'틈을 조심하세요Mind the gap'는 지하철역에서 승객들에게 열차와 승강장 사이의 공간을 조심하라고 경고할 때 쓰는 표현이다. 열차에서 안전하게 타고 내리려면 승객들은 이 틈새를 주의해야 한다.

그토록 애써서 심은 새로운 긍정적 생각의 씨앗을 잘 키우기 위해서는 당신 또한 틈을 조심해야 한다. 다만 여기서 틈이란 열차와 승강장 사이의 틈이 아닌 당신이 현재 자리한 곳과 앞으로 가고자 하는 곳 사이의 공간을 의미한다.

무엇을 하든 처음에는 긍정적인 마음을 가지기 쉽다. 새로운 희망과 흥분으로 가득 차 있으니까. 긍정적인 생각이 낳는 감정은 긍정적인 행동과 결과를 이끌어내기 마련이다. 그러다 어느

　　　　　　　　　　　　엄마의 멘탈 수업

날, 생각보다 기대했던 결과가 잘 안 나는 것 같은 기분이 들기 시작한다. 이미 결론이 났어야 한다고 예상했던 시기보다 늦어지는 것 같기도 하다.

이런 생각이 들기 시작한다. '잠깐. 지금까지 너무 긍정적으로만 생각했잖아. 감정을 조절하려고 8단계 행동도 따랐는데 아무런 효과가 없어. 너무 오래 걸려. 포기할래. 나는 원래 되는 일이 없다고.'

이것이 틈의 위험성이다. 틈 속에 의심이 자리한다. 의심은 당신이 처한 상황을 부정적으로 이야기하도록 유도한다. 당신이 심은 긍정적 사고의 씨앗을 파내도록 유도한다.

중간 과정을 견디는 데 필요한 건 바로 믿음이다. 믿음으로 심은 씨앗을 의심하면서 파헤치고 싶은 충동에 저항해야 한다. 즉각적인 결과를 보지 못하더라도 그 과정이 현재 진행 중이라고 믿어야 한다. 승리가 당신을 향해 다가오고 있다! 온종일 선언하고 다녀라. "나는 축복받았어. 나는 승리할 거야. 나는 준비가 되었어. 나는 자격을 갖췄어." '나는 ○○이다'의 힘을 활용한다면 의심이 더는 당신을 패배시킬 수 없을 것이다.

칼 융의 말을 이렇게 고쳐 말해보겠다. "당신이 말하는 당신은 당신이 아니다. 당신이 하는 말이 당신이다." 자기 자신을 긍정적으로 이야기할 때 놀라운 일이 벌어진다. 부정적인 생각이 옳다는 근거를 찾아다녔던 것처럼 긍정적인 생각이 옳다는 근거를 찾아야 한다. 그렇게 하다 보면 어느새 스스로에게 속삭인 그 모습 그대로 변해 있을 것이다. 더욱 평온하고, 더욱 강인하며, 더욱 감사함을 느낄 줄 아는 사람 말이다.

✦ 눈이 아닌 확신을 따라 걷기

마거릿 머렉은 자기 확언의 힘을 일평생 잘 알고 실천해온 여성이다. 마거릿은 93세의 나이에 처음 엄마가 되었다. 우와! 나는 내 꿈이 이뤄지기까지 꽤 오래 걸렸다고 생각했는데.

어떻게 93세에 처음으로 엄마가 될 수 있었을까? 93세 때 그녀는 아내와 사별한 89세의 남성 멜과 결혼했다. 두 사람의 결혼식 날, 마거릿은 멜의 장성한 두 아들의 (새)엄마이자 (내 두 딸, 린지와 브리애나를 포함해) 네 아이의 할머니가 되었다.

새로 생긴 두 아들과 손자, 손녀들은 마거릿과 멜을 자주 방문하며 연락하고 지냈다. 이들은 어머니의 날마다 마거릿에게 꽃과 카드를 보냈다. 마거릿은 7년간 엄마의 삶을 경험한 뒤 (100세 생일을 석 달 앞두고) 세상을 떠났다.

당신이 그토록 바라고 있지만 아직 일어나지 않은 일이 있는가? 간절히 원하는 대상이 자신의 손이 닿지 않는 곳에 있다면 실망하는 게 당연하다.

엄마의 멘탈 수업

존 C. 맥스웰은 이런 말을 했다. "실망이란 기대와 현실 사이에 존재하는 틈이다."[32] 이 틈을 경험하는 동안 당신은 선택할 수 있다. 실망이 당신의 삶을(그리고 당신이 쓰는 언어를) 지배하도록 둘 수도 있고, 아니면 당장 눈에 보이는 것만이 아닌 마음의 확신을 따라 걷기로 선택할 수 있다.

확신을 따라 걷는다는 말은 좋은 일이 당신과 당신의 아이들, 당신의 삶에 벌어질 수 있다고 (상황이 어떤 식으로 전개되든 상관없이) 믿고 희망을 잃지 않기로 선택하는 것이다.

반면 눈에 의지해서 걷는다는 건 당신이 볼 수 있는 것에만 의존한다는 뜻이다. 바로 이런 태도가 꿈을 파괴하고 희망을 앗아가고 걱정을 불러온다. 자신의 눈에 보이는 것만 의지하다 보면 (특히 눈앞에 보이는 것이 당신이 원하던 것이 아닐 때는) 실망감이 두려움으로 바뀔 수 있다. 그렇게 되면 이렇게 생각하고 말하기 시작한다. "내게 자질이 없는 거라면 어떡하지? 너무 늦었다면? 그 일이 결코 일어나지 않는다면 어떡하지?"

기대와 현실의 틈에 갇혀 있을 때 어떻게 확신을 따라 걸을 수 있을까? 이번 장에서 배운 도구들을 활용하면 된다. 먼저 현재 상황에서 당신의 마음에 들지 않는 점을 자꾸 끄집어내지 않는다. 현재 상태에 골몰하다 보면 교착 상태에 빠지기 쉽기 때문이다. 그다음으로는 긍정 선언을 활용한다. 온종일 자신에게 상기시킨다. "너무 늦지 않았다. 내 삶은 무엇이든 가능하다!"

당신의 삶은 무엇이든 가능하다! 물론 마주해야만 하는 한계 (우리의 통제 밖에서 벌어지는 일)도 있다. 하지만 우리가 한계라고 여긴 일들은 사실 우리의 발목을 잡는 그저 오래되고 잘못된 믿음이자 생각일 때가 많다. 이러한 한계를 완벽히 치워버릴 수 있다. 당신의 눈이 마음을 교란시키도록 두어선 안 된다.

도약하라! 마음의 확신을 따라 도움닫기를 하며 크게 "아아아아아아아아!" 소리를 질러보자. 당신은 잘할 수 있다!

◦ 쉬 어 가 기 ◦

말을 길들이는 시간

지금껏 스스로를 어떻게 이야기했는가? 당신이 '툭 내뱉는 말' 가운데 바꿔야 하는 가장 중요한 말이 무엇인가? 그 말을 종이에 적어보자. 이때 습관처럼 입 밖으로 내뱉는 부정적인 표현들도 함께 적어보길 바란다. 그리고 앞으로 대신 말하고 싶은 긍정적인 문장을 '나는 ○○이다'의 양식으로 적어본다.

아이들이 좀 컸다면 아이들과 함께 "안 돼'라고 말하지 않기" 통을 만들어서 말을 길들이고, 틈을 주의하고, 확신하며 걷는 데 도움을 받을 수 있다. 당신이 '툭 내뱉는 말' 리스트에 포함된 말을 하는 모습을 아이들이 발견할 때마다(또는 스스로 깨달을 때마다) 정해진 벌금을 통에 넣으며 "나는 ○○이다"를 소리 내어 말하면 된다. 돈이 충분히 모이

엄마의 멘탈 수업

면 아이들과 맛있는 음식을 먹으며 축하하는 자리를 갖는다.

그렇다, 엄마들이여. 축하하는 자리! 부정적인 생각을 포착하고 바꾸기 위해 노력하고 있다면 인정받을 만하다. 그뿐만 아니라 당신은 이 활동을 통해 아이들에게 마음속으로 하는 말에 주의를 기울여야 한다는 점 또한 가르치고 있다. 아이들 역시 스스로에게 건네는 말을 양분으로 삼아 성장할 것이다. 지금 당장 마음을 지배하는 법을 배운다면 아이들은 자신감 넘치고 더욱 유쾌하며 당당한 성인으로 자랄 것이다.

엄마들이여, 정말 멋지다! 지금까지 마음을 지배하는 놀라운 전략들을 배웠다. 당신은 이제 마인드셋을 선택하는 법도 깨우쳤다. 생각의 통제력을 되찾는 방법도 알게 되었다. 감정을 조절하는 8단계 행동까지 장착했다. 자신의 말을 길들이기 위해 무엇을 해야 하는지도 알고 있다. 당신의 몫을 모두 마쳤고, 그런 당신에게 기립박수를 보낸다! (실제로 글쓰기를 멈추고 자리에서 일어나 당신을 향해 박수를 쳤다. 정말이다!)

이제 이 책의 마지막 부분으로 넘어가 핵심 정리한 내용을 함께 보자. 5부에서는 CALM 프로세스 전부를 한곳에 요약해놓았다. 지금까지 배운 모든 단계와 전략이 '한눈에' 들어오도록 정리되어 있다. 당신이 CALM 프로세스를 쉽게 적용하고 걱정 없는 새로운 삶을 즐기도록 도와줄 것이다.

5부

CALM 프로세스
실천하기

한 번에 걱정 하나씩, 한 번에 한 걸음씩,
CALM 프로세스는 걱정이 가득한
당신의 마음을 가볍게 만들어준다.

아이들이 걸음마를 어떻게 배우는지 아는가? 한 번에 한 걸음씩 내딛는다. 걱정을 내면의 평화로 바꿀 때도 마찬가지다. 한 번에 한 걸음씩, 한 번에 걱정 하나씩, CALM 프로세스가 당신의 마음을 가볍게 해줄 것이다. 당신에게 도움이 될 핵심 정리 노트를 마련했다.

이는 CALM 프로세스를 한곳에 모아 정리한 것으로, 당신이 걱정에서 해방될 수 있도록 (한눈에 들어오는) 템플릿을 제공하기 위해 만들었다. 이 노트는 두 가지 방식으로 이용할 수 있다.

하나, 걱정이 생겼을 때 노트의 첫 질문, "내가 무엇을 걱정하고 있는가?"부터 답하기 시작하면 된다. 그리고 이후 등장하는 질문에 계속 답하거나 지시를 따르며 단계별로 진행하면 된다.

둘, 당신에게 가장 필요한 내용을 찾아 건너뛸 수 있다. 강렬한 감정이 들어 힘든 상황이라면 다른 내용을 건너뛰고 4단계 '마음의 주인이 되어라' 내용을 살펴보고, 행동 계획을 세우는 방법이 궁금하다면 관련 아이디어와 전략을 얻을 수 있는 부분을 펼쳐서 바로 확인하면 된다.

당신의 넘치는 상상력으로 머릿속에서 계속 최악의 상황을 그려내고 있는 중이라면 1부 「자신의 추측을 의심하라」를 펼쳐서 읽자. 무슨 말인지 이해했을 것이다.

엄마의 멘탈 수업

엄마들이여, 이번 장을 자주 들여다보자. 오늘 하루 내면의 평화를 유지하고 걱정을 멀리할 수 있도록 이 책을 잘 활용하길 바란다.

21장

CALM 프로세스
핵심 정리 노트

거정 없는 삶을 위한 나만의 템플릿

CALM 프로세스를 제대로 수행하기 위해서는 자신의 추측을 의심한 뒤, 통제할 수 있는 일을 통제하고 통제할 수 없는 일은 내려놓고 마음을 지배할 줄 알아야 한다.

- **"내가 무엇을 걱정하고 있는가?"**

✦ 1단계: 자신의 추측을 의심하라

- "내가 지금 어떠한 추측을 하고 있는가? 내가 물리적인 위험

엄마의 멘탈 수업

에 처해 있는가?" 이 질문에 대한 답이 '그렇다'라면 당신은
이미 스스로를 지키기 위해 움직였을 것이다. 당신의 스트
레스 반응이 그러지 않고는 못 배기게 만들었을 테니까. 질
문에 대한 답이 '아니요'라면 심호흡을 차분하게 몇 번 하고
1장에 소개된 전략들을 이용해 생각을 현재의 순간으로 되
돌린다. "나는 안전해. 나는 위험에 처해 있지 않아"라고 확
언하며 당신이 실제로 위험에 놓여 있지 않다는 사실을 인
지하라.

- "이것이 진실인가? 사실인가? 유익한가?" 2장에 소개된 세
가지 질문을 이용해 자신의 생각을 시험한다. 이 질문에 답
하면서 더는 부정적인 추측이 당신의 마음으로 들어올 수
없도록 해라.

- 홀트HALT! 배가 고픈가, 화가 나는가, 외로운가, 피곤한가? 이
중에서 한 가지 이상의 증상을 경험하고 있다면 지금 부정
적인 방향으로 추측하기 쉬운 상태임을 인식해야 한다. 3장
에 소개된 방법을 따르며 자신의 욕구를 치료하자.

- "내가 걱정하는 일이 실제로 벌어질 확률이 10점 만점을 기
준으로 몇 점이나 되는가?" 4장에 등장하는 이 질문에 5점
이하로 답했는가? 발생 확률 점수가 이렇게 낮다면, 이는 당
신이 걱정하는 일이 벌어지지 않을 거라는 명확한 신호다.
당신의 걱정 점수가 6점 이상 9점 이하로 나왔는가? 엄마들

이여, 진정하라. 당신이 걱정하는 일이 벌어지지 않을 가능성은 여전히 높다. 만약 10점이 나왔다면? 깊이 심호흡하길 바란다. 아직 희망이 있으니까! CALM 프로세스의 남은 3단계를 통해 (설사 10점짜리 걱정이라도) 걱정을 내려놓는 법을 배울 수 있다!

- "'혹시'라는 생각에 사로잡혔는가?" 5장의 세 가지 해결책을 시도한다. 스스로에게 "무엇이?"라고 묻는다. 자기 자신에게 "1년 후에도 중요한 일인가?"라고 묻는다. "나는 잘 감당할 수 있고, 내 아이들도 할 수 있다!"라고 스스로에게 확언한다.
- "다른 이야기가 있을 수 있는가?" 스스로에게 새로운 이야기를 들려줄 수 있도록 도와주는 질문이다. 걱정이 처음 슬며시 찾아오는 순간과 사실관계를 파악하며 안도감을 얻는 순간 사이에 긍정적인 생각을 떠올리고 집중하면 이야기를 다시 쓸 수 있다. 때때로 강렬한 감정이 너무 빠르고 압도적으로 촉발되는 바람에 어쩌다 그런 감정을 느끼게 되었는지 파악하기 어려운 경우도 있다. 6장의 제안을 따르면 생각을 정리하고 내면의 평화를 회복하는 데 도움이 된다.

  ▶ 걱정을 유발하는 원인을 밝힌다. 스스로에게 이런 질문을 한다. "내가 무엇을 보고 듣고 읽어서 지금 이 감정을 느끼는 걸까?"

  ▶ 당신을 두려움에 빠뜨리는 생각이 무엇인지 파악한다. 스스로에게 이렇게 묻는다. "내가 두려워하는 이야기는 무엇인가?"

▸ 사실을 파악하기 시작한다. 스스로에게 이렇게 묻는다. "실제로 어떤 일이 벌어졌는가 또는 벌어지고 있는가?"

▸ 긍정적인 추측으로 이야기의 공백을 채운다. 스스로에게 이렇게 묻는다. "다른 이야기가 있을 수 있는가?"

✦ 2단계: 통제할 수 있는 일은 통제하라

• 걱정이 어떠한 행동의 계기가 되었는가? 그렇다면 다음 안내를 따라 행동 계획을 세워보자.

▸ "누구에게 물어야 하는가?" "무엇을 할 수 있는가?" "어떤 글을 읽어야 하는가?" 7장에서 이 질문에 답한 내용을 바탕으로 5분에서 10분 정도 시간을 들여 행동 계획을 세운다. 꼭 순서대로 답하지 않아도 되고, 모든 질문에 답할 필요도 없다. 이 질문의 목적은 당신이 할 수 있는 행동이 무엇인지 알아보기 위함이다. 세 질문에 떠오르는 대로 답을 적어본다. 이때 답을 꼭 종이에 적어야 하며 크게 생각하고 창의적으로 접근해야 한다.

• 거절당할까봐 두려워서 행동하지 못하고 있는가? 이 두려움을 극복하기 위해서는 (8장에 나와 있듯이) 거절을 사적으로 받아들이지 않아야 한다.

• 다른 사람들이 나를 어떻게 생각할지 걱정되어서 행동하지

못하고 있는가? 그 마음을 내려놓기 위해 내가 스스로를 어떻게 생각하는지에 더욱 신경 쓰기로 결심한다.

• 비판받을까 봐 두려워서 행동하지 못하고 있는가? 이런 두려움을 내려놓기 위해 누구의 의견인지를 고려한다.

• 자기 자신을 의심하느라 행동하지 못하고 있는가? 자기 의심을 내려놓기 위해 스스로 할 수 있는 일에 집중한다.

• 스트레스가 신체적·정서적으로 미치는 영향을 낮추기 위해 무엇을 할 수 있을까? 9장에 안내한 엄마들이 할 수 있는 열두 가지 자기 돌봄 방법 중에서 하나 이상을 시도해본다.

  ▶ 거슬리는 소음을 줄인다. 스스로에게 이렇게 묻는다. "지금 내 주변 환경에서 낮출 수 있는 소음이 있는가?"

  ▶ 자연 속에서 자기 자신을 보살핀다. 스스로에게 이렇게 묻는다. "오늘 하루 어떤 일로 밖에 나가볼까?"

  ▶ 어수선한 환경을 정리한다. 스스로에게 이렇게 묻는다. "오늘 잡동사니 정리하면서 버리거나 기부하거나 재활용하거나 팔 수 있는 물건 세 가지는 무엇인가?"

  ▶ 재미를 찾는다. 스스로에게 이렇게 묻는다. "어떻게 하면 오늘 더 많이 웃을 수 있을까?"

  ▶ 걱정을 '몸에서 털어낸다'. 스스로에게 이렇게 묻는다. "무엇을 해야 몸을 더 자주 움직일 수 있을까?"

  ▶ 사소한 일 하나를 완수한다. 스스로에게 이렇게 묻는다. "오늘

침대를 정리했는가?"

▸ 영적인 삶을 함양한다. 스스로에게 이렇게 묻는다. "오늘 나는 무엇을 위해 기도할 수 있을까?"

▸ 세로토닌 수치를 높인다. 스스로에게 이렇게 묻는다. "오늘 누구에게 친절을 베풀 것인가?"

▸ 도움을 요청하는 일이 어렵다면 극복해야 한다. 스스로에게 이렇게 묻는다. "오늘 내게 도움이 필요한 일은 무엇인가? 누구에게 도와달라고 부탁할 수 있는가?"

▸ 감사함을 느낀다. 스스로에게 이렇게 묻는다. "오늘 내가 감사했던 일 세 가지는 무엇인가? 오늘 하루를 멋지게 만들어준 일은 무엇인가?"

▸ 삶을 단순하게 만든다. 스스로에게 이렇게 묻는다. "오늘 내가 해야 할 일에서 지울 수 있는 일은 무엇인가?"

▸ 적절히 거절한다. 스스로에게 이렇게 묻는다. "오늘 부탁을 거절하는 일이 신체적·정서적·정신적으로 내게 도움이 되는가?"

• 너무 두렵거나 어려워서 그간 미루거나 피해왔던 대담한 행동이 있는가? 그렇다면 10장에 소개한 제안을 따라 가치에 기반해 결정을 내리고 용감한 발걸음을 내딛어보자.

▸ 자신이 중요하게 생각하는 가치를 파악한다. 스스로에게 묻는다. "내 삶에 의미와 목적을 주는 것이 무엇인가? 나에게 중요한 것이 무엇인가? 나에게 가장 큰 기쁨을 주는 것이 무엇인가?"

▶ 가치를 기준으로 자신의 결정을 검토한다. 10장에 소개한 의사 결정 도구를 시도한다. 그리고 어떠한 대담한 행동이 당신의 가치에 부합한다는 생각이 들면 오늘 당장 그 행동을 시작하길 바란다. 그러면 당신은 반드시 무언가를 얻을 수 있다. 바로 더욱 충만하고 더욱 용감하고 더욱 행복해진 당신 자신을 말이다!

✦ 3단계: 통제할 수 없는 일은 놓아줘라

• 자신이 통제할 수 없는 무언가를 걱정하고 있는가? 그렇다면 CALM 프로세스의 세 번째 단계에 따라 통제할 수 없는 일을 놓아주는 법을 배울 수 있다.

• 최근이나 오래전에 일어났던 일로 괴로운 감정을 느끼거나 자기 자신을 향해 안쓰러운 감정이 드는가? 그렇다면 다음에 설명할 방법을 통해 불편한 감정을 내려놓을 수 있다.

▶ 자신의 감정을 인정한다. 자신이 진정으로 어떤 감정을 느끼는지 주의를 기울이고, 그 감정을 인정하고 스스로에게 이렇게 말한다. "그런 감정을 느껴도 괜찮아."

▶ 인지 왜곡을 살핀다. 이렇게 묻는다. "스스로에게 어떤 이야기를 들려주고 있는가? 지금 내가 극단적으로 확대해석을 하고 있는가, 섣불리 추측하고 있는가, 최악을 상상하고 있는가, 긍

엄마의 멘탈 수업

정성을 평가절하하고 있는가, 감정을 사실로 받아들이고 있는가, 긍정적인 면을 차단하고 있는가, 당위적 사고에 사로잡혀 있는가?"

▸ 이야기를 반전시킨다. 11장에 소개한 '고약한 생각 유형과 해결책'을 활용해 더욱 정확한 이야기를 파악하고 인지 왜곡을 바로잡는다.

• 과거의 경험에서 비롯된 해소되지 못한 상처가 있는가? 그렇다면 12장에 소개한 방법에 따라 용서로 상처를 지운다.

▸ 스스로에게 묻는다. "용서해야 할 대상이 누구인가? 상대의 어떤 행동이나 발언이 나에게 상처가 되었는가? 당시의 경험이 나에게 어떤 기분을 안겨줬는가? 자기 자신에 대한 믿음에 어떠한 영향을 미쳤는가? 그 믿음은 사실인가? 아니라면 무엇이 사실인가?"

▸ "나는 용서하기로 선택할 수 있다"라고 선언한 뒤, 용서의 글을 작성한다.

"[상대가 한 일]로 내게 [당시 나의 감정]을 느끼게 하고 [당시 내가 굳게 믿게 된 신념]을 믿게 한 [상대의 이름]을 용서하기로 선택했다. [상대의 이름]에게 내 가치나 중요성, 내 삶의 질을 결정할 권한을 준 나 자신도 상대를 용서하는 마음을 통해 용서했다. 이제 나는 용서함으로써 상대에게서 그 힘을 빼앗았다."

▸ 그러고 나서 용서의 글을 잘게 찢어버린다. 그리고 이렇게 선언
한다. "나는 쉽게 흔들리지 않아. 나는 용서하는 사람이야"

• 죄책감을 느끼는가? 그렇다면 13장에 소개한 조언에 따라
죄책감을 흘려보낸다.

▸ "해야 한다"라는 단어를 지운다. 스스로에게 묻는다. "'해야 한
다'라는 단어가 죄책감의 기저에 자리하고 있는가?" 그렇다면
"이 감정이 진실인가? 사실인가? 유익한가?"를 물으며 자신의
추측을 의심한다.

▸ 당신이 최선을 다하고 있다는 사실을 인정한다. 스스로에게 이
렇게 묻는다. "내가 할 수 있는 최선을 다하고 있는가?" 우리는
가지고 있는 도구와 지식을 동원해서 할 수 있는 최선을 다하고
있다. 당신은 최선을 다하고 있고, 그것으로 충분하다.

▸ 적절하게 행동한다. 스스로에게 물어본다. "지금 내 행동이 이
상황에 적절한가?" 답이 '그렇다'라면 이를 인정하고 죄책감을
편히 내려놓는다. '아니요'라면 스스로에게 묻는다. "긍정적인
변화를 불러오기 위해 어떤 행동을 할 수 있을까?" 이 질문의
답을 행동 계획에 포함시키고 실천한다.

▸ 자기비판이 아닌 호기심을 갖는다. 스스로를 비판하지 않고
('아이에게 소리를 지르다니 난 정말 나쁜 엄마야') 호기심을
갖고 접근한다. 스스로에게 이렇게 묻는다. "지금 내게 무엇이
필요한가?"

엄마의 멘탈 수업

- 만회한다. 스스로에게 묻는다. "만회해야 하는 일인가?" 그렇다면 사과를 하고 자신의 행동에 책임을 지고 자신의 태도를 고치겠다고 결심한다.
- 실수를 통해 배운다. 스스로에게 이렇게 묻는다. "이 실수를 통해 무엇을 배웠으며 다음에는 어떻게 다르게 행동하겠는가?" 그 답에 '실수'를 가치 있는 일로 바꿀 힘이 있다.

· 맘 셰이밍을 겪고 있는가? 그렇다면 14장에 소개된 '해야 할 일과 해서는 안 되는 일'을 읽어보며 판단을 내려놓는다.
- 엄마들의 몸매나 체중을 언급하지 않는다.
- 외모와 관련 없는 칭찬으로 격려한다.
- 자신을 위해 시간을 내는 엄마를 비판하지 않는다.
- 엄마가 선택한 자기 돌봄 방식을 지지한다.
- 다른 자녀의 발달 단계에 의문을 갖지 않는다.
- 아이마다 발달 속도가 조금씩 다르다는 사실을 인정한다.
- 엄마의 육아 결정에 의문을 품지 않는다.
- 엄마가 최선을 다하고 있다는 사실을 인정한다.

· 맘 셰이밍을 당하는 기분인가? 14장에 소개된 방법을 따른다면 누구에게서 나온 비판인지 고려하고, 타인이 아닌 내가 생각하는 나 자신에게 더욱 신경 쓰며, 큰 그림을 보기 위해 노력하고, 자신의 결정을 굳건히 지켜내자.

· 완벽주의가 내면의 평화를 무너뜨리는가? 그렇다면 15장에

소개한 방법을 따른다.

▶ 자기 대화를 수정한다. 기준을 100퍼센트 충족하지 못하면 스스로를 부족한 사람이라고 말하는 내면의 목소리를 잠재울 때다. 자기 대화를 어떻게 고쳐야 할지 15장에서 자세히 살펴보자.

▶ 완벽함이 아니라 교감을 목표로 한다. 교감은 치유하고 완벽주의는 앗아간다. 무언가가 완벽해지길 기다리지 말고, 지금 바로 타인과 교감을 나누길 바란다.

▶ 완벽이 아니라 발전에 초점을 맞춘다. 당신은 현재진행 중이다. 스스로에게 인내심을 가져야 한다. 완벽주의가 당신을 무너뜨리려고 할 때면, 완벽이 아니라 발전에 초점을 맞춘다.

▶ '있는 그대로' 수용한다. 자신이 생각하는 결점과 단점에서 시선을 위로 올려 자신을 '있는 그대로' 수용한다.

▶ 실수에 편안해진다. 실수에 편안해지려면 세 가지 방법을 따라야 한다. 더 많이 실수하고 실수를 통해 배우고 당신의 가치에 부합하는 결정을 내린 다음, 이에 따라 행동한다.

• 두려움의 치료제는 믿음이다. 통제할 수 있는 일을 통제하기 위해 할 수 있는 최선을 다했다면 (그래서 통제할 수 없는 일을 마음에서 내려놓는 것 외에는 딱히 할 수 있는 일이 없을 때는) 곧 좋은 일이 일어날 거라는 믿음을 가져야 한다. 두려움이 아닌 믿음을 택하는 과정에서 도움이 필요하다면 16장을 참고한다.

엄마의 멘탈 수업

✦ 4단계: 마음의 주인이 되어라

- 부정적인 생각들이 스트레스와 걱정을 불러오는가? 그렇다면 CALM 프로세스의 마지막 단계 「마음의 주인이 되어라」에 나온 방법들을 활용한다.

- 정신적으로 그리고 정서적으로 약간 바람이 빠진 것 같은 기분이 드는가? 자신감이 좀 떨어지거나 낙천성 또는 긍정성이 사라지는 시기가 있다. 이러한 감정 또한 우리 삶의 자연스러운 일부분이다. 그런 기분을 느껴도 괜찮다. 하지만 그렇게 움츠러든 상태에 머무르지 않아도 된다는 사실을 명심하자. 17장에 소개된 전략을 따라 자신의 마인드셋을 선택한다. 이 전략이 부정적인 생각을 물리치고 긍정적인 결과를 이끌어낼 수 있도록 도와준다.

  ▶ 매일 긍정적인 태도를 선택하겠다고 결정한다. 스스로에게 묻는다. "오늘 내가 바라는 태도는 무엇인가?" 17장에 소개된 긍정적인 태도 목록을 참고한다.

  ▶ 생각을 훈련하라: 부정적인 생각을 물리친다. 스스로에게 계속 들려주던 부정적인 이야기를 하나 생각해보자. 그 생각을 물리쳐야 한다. 스스로에게 이렇게 묻는다. "그것이 진실인가? 사실인가? 유익한가?" 그러고 나서 이 생각을 대체할 긍정적인 이야기를 적고, 시선이 자주 닿는 곳에 이 긍정적인 생각을 붙여

둔다.

▸ 생각을 훈련하라: 초점을 조정한다. 초점을 조정한다는 것은 큰 그림을 본다는 뜻이다. 인생에서 잘못되고 있는 문제에만 초점을 맞추면 결국 문제만 눈에 들어온다. 자신의 초점을 조정하기 위해 한걸음 물러나 자신에게 이렇게 묻는다. "좋은 것, 올바른 것, 아름다운 것에는 무엇이 있는가?"

• 생각의 통제력을 회복해야 하는가? 그렇다면 18장에 소개된 5단계 경로를 활용해서 자신의 생각에 대한 통제력을 회복하자.

▸ 생각이 머릿속에 등장한다.

▸ 그 생각을 수용할지 거부할지 결정한다. 스스로에게 이렇게 묻는다. "이것이 진실인가? 사실인가? 유익한가?" 질문에 대한 대답이 '그렇다'라면 생각을 수용한다. '아니다'라면 거부하기로 결정한다.

▸ 진실을 밝힌다. 그 생각을 거부하기로 결정했다면 스스로에게 이렇게 묻는다. "실제로는 무엇이 진실인가?"

▸ 진실에 초점을 맞춘다. 무엇이 진실인지 생각하거나 글로 적거나 소리 내서 말하거나 이 모두를 실행한다면 진실에 집중할 수 있다.

▸ 부정적인 생각과 그에 따른 감정이 사라질 때까지 새로운 생각에 계속 집중한다.

엄마의 멘탈 수업

- 지금 강렬한 감정에 휩싸였는가? 나중에 후회할지도 모를 방식으로 반응하거나 임시방편으로 조치하기에 앞서, 19장에서 제시한 8단계 행동을 바탕으로 자신의 감정을 조절한다.
  - ▶ 멈춘다. 잠시 멈추고 심호흡하며 신경계를 포함한 신체를 진정시킨다.
  - ▶ 감정을 관찰한다. 아래의 질문을 스스로에게 하며 자신의 감정에 주의를 기울인다.
    - "10점 만점 척도(1=감정이 그리 격렬하지 않다, 10=감정이 매우 격렬하다)로 지금 내 감정의 강도는 어느 정도인가?"
    - "지금 나는 어떠한 감정(들)을 느끼고 있는가?" (답할 때 "나는 ○○이다"보다는 "나는 ○○을 느낀다"라고 적는다.)
  - ▶ 자신의 반응을 되돌아본다. 스스로에게 이렇게 묻는다.
    - "이 감정이 과거에 어떠한 반응을 불러왔는가?"
    - "지금 내 감정이 어떠한 반응과 선택, 행동을 불러왔는가?"
    - "지금 내 감정이 불러온 행동 또는 반응은 무엇인가?"
  - ▶ 근원적인 신념을 밝힌다. 스스로에게 이렇게 묻는다.
    - "나 자신이나 상황, 주변 세상에 대해 내가 생각하거나 믿고 있는 진실은 무엇인가?"
    - "내 생각 또는 믿음이 진실이라면, 내가 어떤 사람이라는 의미인가? 이것이 사실이라면 그 결과로 어떤 일이 벌어질까?"
    - 근원적인 신념을 파악할 수 있을 때까지 위의 두 질문을 계속해서 묻고

답한다.

▶ 진실을 확언한다. 스스로에게 이렇게 묻는다.

- "그 잘못된 신념이 진실인가? 사실인가? 유익한가?"

- "실제로 무엇이 진실인가?" 진실에 대해 생각하거나, 글로 적거나, 소리
  내어 말하거나 이를 모두 실천하며 진실을 확언한다.

▶ 감정을 수용한다. 자기 자신에게 확언한다.

- "이 또한 지나가리라."

▶ 자신의 반응을 선택한다. 스스로에게 이렇게 묻는다.

- "내 감정을 자극한 상황에서 어떠한 반응을 보이는 것이 최선인가?"

▶ 자신의 초점을 감사함으로 전환한다.

- "내가 감사하게 여기는 일 세 가지는 무엇인가?"

• 직접 목소리를 내서 나 자신과 아이들, 가족, 내 상황, 내 삶에
  대해 긍정 선언을 하는가? 20장에 소개된 방법을 훈련하고
  목소리의 힘을 이용해 내면의 평화를 회복한다.

▶ '툭 내뱉는' 말을 포착하고 바로잡는다. 입 밖으로 내는 말에 주
  의를 기울인다. "나는 강하다. 나는 승리한다. 나는 사랑받고 있
  다"처럼 긍정형의 "나는 ○○이다" 문장으로 부정적인 선언을
  대신한다.

▶ 틈을 조심한다. 승리를 선언하며 의심을 이겨낸다. 여기서 '틈'
  이란 당신이 현재 위치한 곳과 앞으로 가고자 하는 곳(목표) 사
  이의 공간을 의미한다. 틈 속에 의심이 자리한다. 의심은 당신

엄마의 멘탈 수업

이 처한 상황을 두고 부정적인 말을 하도록 유도한다. 즉각적인 결과를 보지 못할 때조차도 그 과정이 진행 중이라고 믿어야 한다. 이렇게 선언한다. "나는 축복받았어. 나는 승리할 거야. 나는 준비됐어. 나는 자격을 갖췄어."

▸ 눈에 의지해서 걷지 말고 확신을 따라 걷는다. 우리 모두에게는 마주해야만 하는 한계(우리의 통제 밖에서 벌어지는 일)들이 있다. 하지만 우리가 한계라고 여겼던 일들은 사실 우리의 발목을 잡는 그저 오래되고 잘못된 신념 체계이자 생각일 때가 많다. 이러한 한계를 완벽하게 치워버릴 수 있다. 당신의 눈이 마음을 교란시키도록 두어선 안 된다. 소리를 내서 긍정 선언을 한다. 스스로에게 상기시킨다. "너무 늦지 않았다. 내 삶은 무엇이든 가능하다!"

엄마들에게,

당신이 해냈다! 엄마들이여, 축하한다. 걱정을 내면의 평화로 바꾸는 4단계 CALM 프로세스를 성공적으로 마쳤다! 모노폴리 게임이었다면 당신에게 곧장 9장의 자기 돌봄 빙고 판으로 가서 '의미 있는 목표에 다가가기' 칸을 칠하게 하고, 게임 시작 지점인 Go를 통과하는 대가로 200달러를 지급했을 것이다!

브라보! 당신은 걱정을 멈추는 기술을 익혔다. 자신의 추측을 의심하고 '혹시'라는 생각을 멈추는 전략을 배웠다. 통제할 수 있는 일은 통제하고 통제할 수 없는 일은 내려놓는 방법도 이제 알고 있다. 긍정적인 결과가 나타나도록 마음의 주인이 되고 생각을 통제하고 감정을 조절하고 내면의 평화를 회복하는 데 필요한 도구들도 생겼다. 이제 당신은 더욱 평온하고 자신감 넘치며 기쁨으로 가득한 삶에 진정으로 가까워질 수 있는 기술과 전략, 방법을 모두 얻었다.

마음껏 축하하라! 이 책을 다 읽었다면 당신은 아이들뿐만 아니라 자기 자신에게도 대단히 중요한 무언가를 성취한 것이다. 아이들은 당신의 노력이 불러온 변화를 경험할 수 있다. 이 책에서 배운 침착한calm 엄마가 되는 방법을 활용한다면 더욱 행복해지고 현실에 집중하게 되며 전보다 스트레스를 덜 받을 것이다. 그리고 마찬가지로 우리 아이들이 더욱 행복하고 현실에 집중하며 스트레스를 덜 받는 어른으로 자라나는 데 도움이 된다. 정말 대단한 일이다.

당신에게 고맙다! 당신의 양육 여정에 내가 함께할 수 있어 감사하다. 지금껏 배운 모든 도구를 계속 활용하길 바란다. 삶이 당신에게 변화구를 던질 때 또는 걱정이 찾아올 때마다 이 책에 소개된 여러 단계를 다시금 참고하며 평정심을 굳건히 유지하고 내면의 평화를 회복할 수 있길 바란다. 얼마 지나지 않아 CALM 프로세스는 습관이 되고, 신기록을 수립할 정도로 무섭게 빠르게 걱정을 내면의 평화로 바꿀 수 있을 것이다!

항상 이 사실을 기억하길 바란다. 당신은 강인한 엄마다! 만약 내면의 강인함을 눈으로 볼 수 있다면, 멋진 식스팩 복근과 꽉 닫힌 피클 병을 단숨에 여는 이두박근의 형태를 띠고 있을 것이다!

당신은 똑똑하고 지혜로운 사람이다. 당신은 무척이나 가치 있고 대단히 중요한 사람이다! 당신은 충분한 사람이다. 당신은 이곳에 속한 사람이다. 당신은 몹시도 사랑받고 있으며 당신이 상상하는 것 이상으로 귀한 사람이다.

사랑을 담아,
데니즈 머렉

1. L. R. Knost, Facebook post, April 24, 2017, https://www.facebook. com/little-heartsbooks/photos/when-little-people-are-overwhelmed-by-big-emotions-its-our-job-to-share-our-calm/1449215911775675/.

2. Denise Marek, *CALM: A Proven Four-Step Process Designed Specifically for Women Who Worry* (Carlsbad, CA: Hay House, 2006).

3. Sanjay Gupta, *Keep Sharp: Build a Better Brain at Any Age* (New York: Simon and Schuster, 2021), 132.

4. CALM Online은 이 책의 저자인 데니즈 머렉이 운영하는 온라인 트레이닝 프로그램이다. 걱정을 흘려보내고 스트레스를 줄이고 더 행복하게 사는 전략을 배울 수 있다. 코스에 등록하고 싶다면 다음 주소를 방문하라. https://calm-online.teachable.com.

5. Bruce Aylward, https://www.ctvnews.ca/video?clipId=1762678, in Avery Haines, "Social distancing is the new norm as the world tries to contain COVID-19," CTV–W5, March 13, 2020, https://www. ctvnews.ca/w5/social-distancing-is-the-new-norm-as-the-world-tries-to-contain-covid-19-1.4850801.

6. *Letters to My Wonderful Mom Read Me When Box*, available at knockknockstuff. com/products/letters-to-mom-read-me-when-box. © Knock Knock LLC, 2016. Excerpt courtesy of Knock Knock LLC.

엄마의 멘탈 수업

7. Tiffany Field, "Postpartum Anxiety Prevalence, Predictors and Effects on Child Development: A Review," *Journal of Psychiatry and Psychiatric Disorders*, vol. 1, no. 2 (2017): 86–102, https://www.fortunejournals.com/articles/postpartum-anxiety-prevalence-predictors-and-effects-on-child-development-a-review.pdf.

8. *The Five-Minute Journal*, Intelligent Change, Inc., https://www.intelligentchange.com/products/the-five-minute-journal.

9. Jeff Herman and Deborah Levine Herman, *Write the Perfect Book Proposal: 10 That Sold and Why*, 2nd ed. (New York: Wiley, 2001).

10. *Ted Lasso*, season 1, episode 6, "Two Aces," featuring Jason Sudeikis, aired September 4, 2020.

11. Gupta, *Keep Sharp: Build a Better Brain at Any Age*.

12. William H. McRaven, *Make Your Bed: Little Things That Can Change Your Life... and Maybe the World* (New York: Grand Central Publishing, 2017), 110–12.

13. Caroline Leaf, *Who Switched Off My Brain? Controlling Toxic Thoughts and Emotions* (Nashville: Thomas Nelson, 2009), 115.

14. Jim Rohn, *The Treasury of Quotes* (Southlake, TX: Jim Rohn International, 2006), 98.

15. 당신에게 중요한 가치 약 400개의 목록을 다음 웹사이트에서 내려받을 수 있다. www.denisemarek.com/valueslist.

16. "Yesterday, Today, and Tomorrow," *The AA Grapevine*, vol. 2, no. 2 (July 1945), https://www.aagrapevine.org/magazine/1945/jul/yesterday-today-and-tomorrow.

17. Zig Ziglar, "We All Need a Daily Check-Up," Ziglar.com, https://www.ziglar.com/quotes/we-all-need-a-daily-check-up-from/.

18. Walt Disney, "Why worry? If..." D23: The Official Disney Fan Club, https://d23.com/walt-disney-quote/page/5/.

19. Amber Mamian, "70 Funny Parenting Quotes That Sum Up Parenting to a Tee," Rookie Moms, November 30, 2021, https://www.rookiemoms.com/funny-parenting-quotes/.

20.　Caroline Leaf, *Cleaning Up Your Mental Mess: 5 Simple, Scientifically Proven Steps to Reduce Anxiety, Stress, and Toxic Thinking* (Grand Rapids, MI: Baker Books, 2021), 262-63.

21. Sean Stephenson, *Get Off Your "But": How to End Self-Sabotage and Stand Up for Yourself* (San Francisco, CA: Jossey–Bass, 2009), 55.

22. Edward M. Hallowell, *Worry: Hope and Help for a Common Condition* (New York: Random House, 1997), xiv.

23. Vic Johnson, *Day by Day with James Allen* (Melrose, FL: Sylvia's Foundation, 2003), 59.

24. Zig Ziglar, "How High You Bounce," Ziglar.com, https://www.ziglar.com/quotes/its-not-how-far-you-fall/.

25. John C. Maxwell, *Make Today Count: The Secret of Your Success Is Determined by Your Daily Agenda* (New York: Center Street, 2004), 1.

26. Mac Anderson, *The Power of Attitude* (Nashville, TN: Countryman, 2004), 10.

27. The Free Dictionary, s.v. "permanent, adj.," https://www.thefreedictionary.com/permanent.

28. 쉬어가기 정답 1. 공존 2. 태도 3. 결과 4. 생각 5. 그림 6. 전기 7. 사실 8. 선택

29. Leaf, *Who Switched Off My Brain?*, 59-60.

30. "Stress and Sleep," *American Psychological Association*, 2013, https://www.apa.org/news/press/releases/stress/2013/sleep#:~:text=Adults%20who%20sleep%20fewer%20than,6.2%20hours.

31. *The Truth About*, episode 8, "Alcohol," produced and directed by David Briggs, 59:00, BBC, 2016.

32. John C. Maxwell, *Put Your Dream to the Test: 10 Questions to Help You See It and Seize It* (Nashville, TN: Thomas Nelson, 2009), xv.

감사의 글

먼저 우리 엄마, 로라 포브스에게 감사드려요. 이 세상 수많은 엄마 가운데 엄마가 나의 엄마라서 얼마나 감사한지 몰라요. 제게 보내준 사랑과 격려, 정말 고마워요. 엄마는 제게 내려진 축복이에요. 사랑합니다.

내 두 딸 린지와 브리애나, 내가 너희의 엄마라는 사실은 정말 귀하고도 특별한 선물이야. 너희는 우리 가족과 내 삶에 너무나 큰 행복과 기쁨, 웃음을 가져다줬어. 이 책을 너희에게 바칠게. 고마움과 온 진심을 담아 사랑한단다.

늘 내 편에 서서 함께 멋진 두 딸을 키운 남자, 테리 머렉. 내게 격려와 무조건적인 사랑, 변치 않는 지지를 보내줘서 고마워요.

엄마의 멘탈 수업

진심으로 당신을 사랑하고 고마워요!

내 사위들 제니선과 애덤. 딸들을 사랑해줘서 고마워요. 세상 모든 엄마는 자기 아이들이 행복하고 사랑받기를 바라죠. 내 딸들이 두 사람 덕분에 사랑받고 행복하게 지낸다는 걸 잘 알고 있어요. 당신들은 정말 멋진 남자들이에요! 두 사람과 가족이 되어 감사한 마음입니다.

내 손자들 에이드리언과 아지아, 포리스트 그리고 후에 태어날 모든 손자, 손녀들. 너희들의 할머니가 되어서 무척 기쁘단다! 우리에게는 앞으로 아주 재밌는 일이 가득할 거야. 이 글을 쓰면서도 너희와 시간을 보낼 생각에 미소가 지어지는구나. 할머니는 언제나 영원히 너희를 사랑한단다.

내 소중한 친구 리사 '베프Bestie' 산체즈, 더그 슈나이더, 디애나 토머스, 폴라 카터, 샌디 그랜트, 멜리사 애넌, 당신들은 내 영혼의 햇살이에요! 여러분과의 우정은 내게 둘도 없이 소중하고, 당신들을 내 편으로 두었다는 것만으로도 저는 정말 축복받은 사람이랍니다.

내 가족 로라와 머레이, 밥과 조-앤, 디애나와 테드, 닉, 에린, 코트니와 토비, 잰, 브렌트와 엘리사, 칼리, 엠마, 던과 릭, 멜리사, 제니퍼. 가족은 영원하죠! 모든 가족 구성원에게 고맙고 사랑해요.

파밀리어스 출판사 가족들, "가족들이 행복하도록 돕는다"라는 출판사의 철학을 보는 순간 제가 출판사를 잘 찾아왔다는 사실을 알았어요. 파밀리어스 창립자이자 회장인 크리스토퍼 로빈스, 가정에 긍정적인 변화를 전하기 위한 사명으로 당신이 하는 모든 일에, 나와 내 책을 믿어준 그 마음에 감사합니다. 뛰어난 에디터 티나 홀리, 당신의 솜씨와 재능은 이 책을 집필할 때 귀중한 자산이 되어줬어요. 이 책에 가장 좋은 글이 담길 수 있도록 당신이 보여준 모든 노고에 고맙습니다. 파밀리어스 출판사의 모든 식구 여러분, 책 한 권을 출간하기 위해서는 엄청난 팀워크가 필요하죠. 이 책이 세상에 소개될 수 있도록 도와주신 모든 분에게 정말 감사합니다!

성실하고 충직하며 능력도 뛰어난 내 에디터 캐서린 코이, 이 책을 만드는 데 함께 해줘서 고마워요. 15년 넘게 내 글을 수정해준 당신이라면 내 글이 좀 더 빛날 수 있도록 특별한 무언가를 더해주리라고 믿어 의심치 않았답니다. 마리사 솔리스, 출간 제안서를 손볼 때 깊은 통찰력으로 도움이 되어줘서, 이 책에 딱 어울리는 출판사를 찾는 시간 동안 내 편이 되어줘서 고마워요. 정말 감사한 마음입니다! 제니퍼 맥콜리프, 이 책에 딱 완벽한 정도의 '결정적인 느낌'을 더해줘서 고마워요. 웃음이 최고의 명약이라면, 당신은 정말 재밌는 약사입니다! 조던 르루, 당신의 창의적인 시각에 감사해요. 10년 넘게 웹 디자이너이자 그래픽 디자이너, 사진작가, 영상 제작자로 함께하며 나와 내 비즈니스를 멋지게 만들어줘서 고마워요!

엄마의 멘탈 수업

제이슨 서데이키스, 당신의 밝은 에너지와 유머 덕분에 저는 행복의 나무에서 떨어진 것 같은 기분이었어요. 당신이 이 세상을 더욱 밝게 만들어줬답니다! 이 책에 《테드 래소》 속 당신의 유명한 대사를 인용할 수 있도록(멋진 사촌 브렌트 게리스를 통해) 허락해줘서 감사합니다. 다들 《테드 래소》를 꼭 봐줬으면 좋겠어요! 지금 당장 본인의 행동 계획 목록에 넣으세요. 이 드라마를 보면 아주 든든해질 거예요.

내가 가장 좋아하는 세계 챔피언 연사 대런 라크루와 마크 브라운, 사람들에게 내 이야기를 잊지 못하도록 전달하는 방법을 알려줘서 감사합니다. 두 분의 시간과 재능을 제게 내어준 일은 정말 축복과도 같았어요!

그리고 당신(내 독자들과 커뮤니티의 충직한 구독자들, 학생들을 포함해), 당신의 삶에 내가 들어갈 수 있게 해줘서 고마워요. 당신이 마련해준 창구 덕분에 CALM 프로세스를 이 세상에 소개할 수 있었어요. 그 덕분에 세상의 많은 엄마가 걱정을 줄이고 내면의 평화를 더욱 크게 누리며 양육의 경험을 즐길 수 있도록, 그래서 엄마들이 자녀를 자신감 넘치고 친절하며 행복한 아이로 키울 수 있도록 도울 수 있었답니다.

엄마의 멘탈 수업

1판 1쇄 발행 2024년 9월 12일

지은이 데니즈 머렉
옮긴이 신솔잎
발행인 박명곤 **CEO** 박지성 **CFO** 김영은
기획편집1팀 채대광, 김준원, 이승미, 김윤아, 이상지
기획편집2팀 박일귀, 이은빈, 강민형, 이지은, 박고은
디자인팀 구경표, 유채민, 임지선
마케팅팀 임우열, 김은지, 전상미, 이호, 최고은

펴낸곳 (주)현대지성
출판등록 제406-2014-000124호
전화 070-7791-2136 **팩스** 0303-3444-2136
주소 서울시 강서구 마곡중앙6로 40, 장흥빌딩 10층
홈페이지 www.hdjisung.com **이메일** support@hdjisung.com
제작처 영신사

ⓒ 현대지성 2024

"Curious and Creative people make Inspiring Contents"
현대지성은 여러분의 의견 하나하나를 소중히 받고 있습니다.
원고 투고, 오탈자 제보, 제휴 제안은 support@hdjisung.com으로 보내 주세요.

현대지성 홈페이지

이 책을 만든 사람들
기획 박일귀 **편집** 이지은, 이은빈 **디자인** 어나더페이퍼